Mil Vezes
Mais Justo

Mil Vezes Mais Justo

*O que as peças de Shakespeare
nos ensinam sobre a justiça*

Kenji Yoshino

Tradução
Fernando Santos

wmf **martinsfontes**

SÃO PAULO 2019

Esta obra foi publicada originalmente em inglês com o título
A THOUSAND TIMES MORE FAIR
por HarperCollins publishers
Copyright © 2011 Kenji Yoshino, publicado por acordo com HarperCollins publishers.

Todos os direitos reservados. Este livro não pode ser reproduzido, no todo ou em parte, armazenado em sistemas eletrônicos recuperáveis nem transmitido por nenhuma forma ou meio eletrônico, mecânico ou outros, sem a prévia autorização por escrito do editor.

Copyright © 2014, Editora WMF Martins Fontes Ltda.,
São Paulo, para a presente edição.

1ª edição 2014
2ª tiragem 2019

Tradução
FERNANDO SANTOS

Acompanhamento editorial
Luzia Aparecida dos Santos
Preparação
Letícia Braun
Revisões gráficas
Marisa Rosa Teixeira
Sandra Garcia Cortés
Edição de arte
Katia Harumi Terasaka
Produção gráfica
Geraldo Alves
Paginação
Studio 3 Desenvolvimento Editorial

Dados Internacionais de Catalogação na Publicação (CIP)
(Câmara Brasileira do Livro, SP, Brasil)

Yoshino, Kenji
  Mil vezes mais justo : o que as peças de Shakespeare nos ensinam sobre a justiça / Kenji Yoshino ; [tradução Fernando Santos]. – São Paulo : Editora WMF Martins Fontes, 2014.

  Título original: A thousand times more fair : what Shakespeare's plays teach us about justice.
  ISBN 978-85-7827-863-2

  1. Direito na literatura 2. Shakespeare, William, 1564-1616 – Conhecimento – Direito I. Título.

14-06136   CDD-822.33

Índices para catálogo sistemático:
1. Teatro : Literatura inglesa   822.33

Todos os direitos desta edição reservados à
Editora WMF Martins Fontes Ltda.
Rua Prof. Laerte Ramos de Carvalho, 133 01325.030 São Paulo SP Brasil
Tel. (11) 3293.8150 e-mail: info@wmfmartinsfontes.com.br
http://www.wmfmartinsfontes.com.br

Para Ron Stoneham

"Tua vida é um milagre"

Sumário

	Introdução	IX
UM	**O VINGADOR** *Tito Andrônico*	1
DOIS	**O ADVOGADO** *O mercador de Veneza*	33
TRÊS	**O JUIZ** *Medida por medida*	65
QUATRO	**O DESCOBRIDOR DE FATOS** *Otelo*	97
CINCO	**O SOBERANO** *A Henríada*	139
SEIS	**NATUREZA** *Macbeth*	173

SETE	O INTELECTUAL *Hamlet*	201
OITO	O LOUCO *Rei Lear*	227
NOVE	O MAGO *A tempestade*	251

Epílogo	279
Agradecimentos	283
Bibliografia	287

Introdução

A PRIMEIRA VEZ QUE TENTEI ESCREVER SOBRE A RELAÇÃO DE Shakespeare com o Direito foi no primeiro ano da faculdade de Direito, logo depois de uma discussão com o professor de Direito Constitucional. Estávamos aprendendo sobre *stare decisis*, a doutrina que diz que os precedentes legais devem ser seguidos. Meu professor fez um comentário improvisado sobre como a relação do Direito com a originalidade era fundamentalmente diferente da relação da Literatura com a originalidade. Em poucas palavras, o Direito não valoriza a originalidade. Se um juiz encontra um caso essencialmente idêntico àquele que está examinando e o utiliza como referência, sua reputação cresce em vez de diminuir. Na Literatura, prosseguiu, nunca um autor viu sua reputação crescer por dizer que alguém já havia utilizado determinada abordagem.

Essa afirmação atiçou minha curiosidade, porque para mim a atividade extracurricular mais importante na faculdade de Direito era ficar me perguntando por que eu estava ali. Como estudante universitário de Inglês, eu tinha pensado seriamente em seguir a carreira de escritor ou de professor de Literatura. Escolhi a faculdade de Direito porque queria apropriar-me da linguagem do poder, para mim mesmo e para minhas causas. Não havia me dado conta de quão limitados ou áridos seriam os textos sobre o poder. (Não tenho certeza do que eu estava esperando – talvez o livro de feitiçaria ou o livro de magia de Próspero.) Portanto, eu me senti estimulado pelo fato de um professor de Direito dar-me uma ideia que eu poderia pôr à prova, comparando-a com aquilo que eu, tristemente, estava chegando a considerar minha vida literária anterior.

Refleti sobre sua afirmação durante algumas semanas antes de ir procurá-lo. Depois de lhe dizer que os estudos literários eram a área em que eu me sentia à vontade, perguntei-lhe se poderia escrever um ensaio com ele sobre as teorias de precedente literário e legal. Propus examinar como as obras literárias também extraíam sua força de seus predecessores canônicos. A vida inteira devoto de Shakespeare, já tinha até escolhido meus textos. Minha proposta era comparar a estratégia utilizada por Tom Stoppard em *Rosencrantz e Guildenstern estão mortos* para rever *Hamlet* (subversão indireta na qual essa peça posterior altera o significado da anterior sem contestar nenhum de seus fatos) com a estratégia utilizada por Aimé Césaire em *Une Tempête* [Uma tempestade] para rever *A tempestade* (subversão direta na qual esta última peça reescreve os fatos de sua antecessora).

O professor tentou me dissuadir, dizendo que eu estava sendo treinado para "pensar como um advogado". Confrontado com uma nova disciplina estranha, era natural que eu me apegasse à minha antiga disciplina. Ao fazer isso, porém, eu adiaria a transição necessária. O professor não foi antipático. Ele próprio havia se formado em Inglês, mas tinha entrado em Direito para se dedicar – eu me recordo nitidamente da frase – à "justiça em si" em vez de à "justiça representada na ficção". Tratou o assunto com delicadeza, o que me causou admiração, levando em conta que, evidentemente, ele tivera esse tipo de conversa muitas vezes antes. Mas recebi a mensagem clara de que minha vida literária era coisa do passado. Estava na hora de deixar para trás os tempos de criança e me concentrar numa profissão adulta.

Não creio que os seres humanos sejam especialmente maleáveis. Algumas semanas depois, estava de volta ao escritório do meu professor, dizendo que tinha pensado bastante sobre seu conselho, mas continuava querendo escrever o ensaio. Ele respeitou minha firmeza e acabou me autorizando a escrever o ensaio, pelo que lhe sou eternamente grato. Esse trabalho foi minha primeira publicação numa revista jurídica. Como informação legal, foi um fracasso – naquela época eu não conhecia suficientemente o Direito. Mas serviu a seu propósito: firmou minha convicção de que, na minha carreira jurídica, eu sempre poderia, e iria, encontrar um lugar para a Literatura.

Como professor de Direito, nos últimos doze anos tenho concentrado a atenção nos direitos civis e no Direito Constitucional: a "justiça em si" em vez da "justiça representada na ficção". Passei a amar o Direito e nunca me arrependi seriamente de ter seguido essa carreira. Não obstante, nunca deixei de dar aulas sobre a relação entre Direito e Literatura. Não encaro isso como um resquício do passado. Ao contrário, utilizo essas aulas para manter constantemente visível que o próprio Direito representa um conjunto de histórias – contadas por legisladores e juízes, querelantes e acusados. Como dizia o finado Robert Cover, especialista nas relações entre Direito e Literatura: "para cada constituição existe um épico, para cada decálogo, uma escritura sagrada"[1]. Não podemos entender o Direito a menos que compreendamos como seus textos formais estão embutidos nas narrativas que lhes conferem forma e significado.

Alguns de meus colegas consideram minhas aulas de "Direito e Literatura" fáceis ou suspeitas, usando muitas das razões que meu antigo professor usou quando me disse para renunciar à Literatura pelo Direito. Do ponto de vista deles, a Literatura é diferente demais do Direito para que possa esclarecê-lo. Ler Literatura como um guia para a tomada de uma decisão legal é, na memorável frase do juiz Richard Posner, como "ler *A revolução dos bichos* como um tratado sobre a administração de uma fazenda"[2]. Tal crítica dói mais porque eu sei que

---

[1] Robert M. Cover, "Nomos and Narrative", *Harvard Law Review* 97 (1983), p. 4.
[2] Richard Posner, "The Ethical Significance of Free Choice: a Reply to Professor West", *Harvard Law Review* 99 (1986), p. 1.433.

quem a fez ama tanto a Literatura como o Direito, mas crê que as duas práticas não se enriquecem mutuamente. Ela me lembra Balzac, que dizia que amava o cabelo das mulheres e sopa, mas não o cabelo delas na sopa.

Meus alunos pensam de maneira diferente. Ultimamente, a proporção de inscritos em minhas aulas de Direito Constitucional tem sido de dois por vaga, mas em minhas aulas de Direito e Literatura a proporção tem sido de seis para uma. Esses alunos sabem que a Literatura vai complementar sua formação jurídica. Todo dia eles recebem textos legais formais. Eles sentem falta das escrituras sagradas e dos épicos. Eu reconheço meu antigo eu em seu apetite, e fico do lado deles.

Com o tempo, minha aula geral sobre Direito e Literatura transformou-se numa aula sobre A Justiça em Shakespeare. Mudei porque não gosto de ficar pulando de um autor para outro. Tendo decidido me concentrar num único autor, a escolha era óbvia. Se eu iria dar a aula sob o dossel da obra de um único autor, queria que ele fosse, como diz Hamlet, "incrustado de áureos fogos" (*Hamlet*, 2.2.267)*. Como a incursão de meu primeiro aluno em Direito e Literatura sugere, nada me faz sentir como me sinto quando leio Shakespeare. Ler Shakespeare é sentir-se incluído – a peça contém praticamente cada palavra que conheço, praticamente cada tipo de personalidade que já encontrei e praticamente cada ideia que já tive.

Ao escrever este livro, não estou me fiando na alegação de que o autor da peça era, como afirmou Mark Twain[3], um jurista. Creio que Shakespeare conhecia bastante o Direito, mas somente na medida em que conhecia bastante tudo. Freud estava convencido de que Shakespeare tinha antecipado a maioria dos principais temas da Psicanálise.

---

* Todas as citações das obras de Shakespeare foram extraídas, com limitadas adaptações, de: *William Shakespeare*: tragédias, comédias, dramas históricos. Trad. de Carlos Alberto Nunes. Rio de Janeiro, Agir, 2008. 3. vol. (N. do E.)

[3] Mark Twain, *Is Shakespeare Dead?* (1909; Whitefish, Mont., Kessinger Publishing, 2004), pp. 27-35.

Penso que Shakespeare também foi pioneiro no que diz respeito aos temas da justiça social.

Não tenho uma definição de justiça. Sinto-me atraído mais pela Literatura do que pela Filosofia porque prefiro lidar com as vidas confusas, frágeis e gloriosamente idiossincráticas dos seres humanos do que com as abstrações exageradas. Ao mesmo tempo, penso que alguns casos esclarecem princípios eternos. Por esse motivo, selecionei peças que levantam esses temas, tornando explícitas as ligações contemporâneas sempre que relevante. Examino como *Tito Andrônico* esclarece nosso envolvimento atual no Afeganistão e no Iraque porque ele descreve como ocorre uma escalada dos ciclos de vingança quando não existe nenhuma autoridade central digna de crédito. Analiso como o lenço branco em *Otelo* pode ser comparado à luva negra no julgamento de O. J. Simpson, na medida em que ambas as "provas oculares" encobriram injustamente todas as outras evidências de culpa ou inocência. Examino *A tempestade* como caso exemplar, em que um governante onipotente abdica voluntariamente do poder como fez antes dele Cincinato e George Washington depois, perguntando quem está disposto a fazer isso por nós hoje.

Mesmo Shakespeare não é capaz de nos dar todas as respostas. Eu me identifico com o personagem Leopold Bloom de James Joyce, que "recorreu às obras de William Shakespeare mais de uma vez para resolver problemas difíceis na vida imaginária ou real"[4]. Apesar de Bloom fazer um exame cuidadoso, "o texto não o convencia plenamente, as respostas não davam conta de todos os pontos". O próprio Shakespeare demonstrava ceticismo sobre se a justiça podia ser alcançada através da beleza: "Como com esta fúria sustentará a beleza uma disputa / Cuja energia não é mais forte que a da flor? (Soneto 65, 3-4).

Ao mesmo tempo, fico impressionado com a quantidade de questões contemporâneas relacionadas à justiça que a obra de Shakespeare ilumina. E eu não sou o único. Quando a informação de que eu esta-

---

[4] James Joyce, *Ulysses* (1925; Nova York, Random House, 1986), p. 554.

va trabalhando neste projeto vazou, repentinamente tive acesso aos círculos secretos dos "juízes" shakespearianos (*Rei Lear,* 4.2.80) espalhados pelo mundo. Há mais de uma década, um grupo de juízes e advogados tem se reunido mensalmente em Nova York para ler Shakespeare juntos – eles agora estão relendo as 37 peças pela segunda vez. Na Faculdade de Direito McGill, no Canadá, um "debate sobre Shakespeare" só aceita que os participantes recorram a peças de Shakespeare como precedentes. Há alguns meses, pediram minha opinião sobre a legalidade dos atos de Henrique em *Henrique V* para um julgamento simulado na Companhia de Teatro Shakespeare – convite pelo qual eu esperara durante toda a minha vida profissional.

Não se trata apenas do fato de eu ter descoberto que Shakespeare representa o passaporte universal para um intercâmbio de ideias mais profundo – na China ou na Inglaterra, na Argentina ou em Hong Kong, na Itália ou no Japão. O que acontece também é que este trabalho estimula uma troca de ideias sobre justiça que talvez não fosse possível de outro modo. Pode ser que as respostas de Shakespeare a nossos dilemas não "se apliquem a todos os casos". No entanto, elas nos ensinam a não subestimar o poder da retórica.

Capítulo Um

O Vingador

Tito Andrônico

APESAR DE TER TORNADO SHAKESPEARE POPULAR[1] NA DÉCADA de 1590, os críticos consideraram *A mais lamentável tragédia romana de Tito Andrônico* "lamentável" por mais de uma razão. T. S. Eliot chamou-a de "uma das peças mais estúpidas e menos inspiradas jamais escritas"[2]. Harold Bloom confessa-se "incapaz de reconhecer qualquer valor intrínseco" na peça, embora dê a entender que "talvez fosse possível transformá-la num musical"[3]. Outros têm afirmado[4] que a peça

---

[1] Jonathan Bate, introdução a *Titus Andronicus*, de William Shakespeare, Jonathan Bate, org. (Londres, Arden Shakespeare, 2006), p. 1.

[2] T. S. Eliot, "Seneca in Elizabethan Translation", in *Selected Essays* (1932; Nova York, Harcourt Brace, 1964), pp. 51, 67.

[3] Harold Bloom, *Shakespeare: the Invention of the Human* (Nova York, Riverhead, 1998), p. 86.

[4] Philip C. Kolin, "*Titus Andronicus* and the Critical Legacy", in *Titus Andronicus: Critical Essays*, Philip C. Kolin, org. (Nova York, Garland, 1995), pp. 3-4.

não foi escrita por Shakespeare, que ele "deu uns toques" na obra de outro dramaturgo, ou que Shakespeare a escreveu quando era jovem e precisava de dinheiro. Embora hoje a maioria dos críticos aceite que foi Shakespeare que a criou[5] (juntamente com George Peele), *Tito* continua sendo a "ovelha negra" entre as obras do Bardo.

Embora saia em defesa da peça, compreendo por que outros a abominam. Ao longo da peça, o príncipe godo Alarbo é sacrificado aos deuses; Múcio, filho do general romano Tito, é apunhalado até a morte; o príncipe romano Bassiano é assassinado; Lavínia, filha de Tito, é violentada e mutilada; Quinto e Márcio, filhos de Tito, são decapitados; os godos Demétrio e Quirão são assassinados e suas cabeças vão rechear uma torta servida a Tamora, sua mãe, antes de ela ser morta; Lavínia é morta; Tito é morto; o imperador romano Saturnino é morto; e o godo Aarão é enterrado vivo. Quando Peter Brook[6] dirigiu essa peça em 1955, havia uma ambulância a postos para levar espectadores para o hospital. Sir Laurence Olivier, que fazia o papel de Tito, disse que pelo menos três espectadores desmaiavam toda noite[7].

Com uma trama tão lúgubre, *Tito* arrebatou as plateias da época de Shakespeare. A peça alcançou um sucesso estrondoso em 1594 e, na opinião do crítico Jonathan Bate, "mais do que qualquer outra peça, talvez tenha sido a principal responsável por consolidar a reputação do autor como dramaturgo"[8]. Críticos justificam seu sucesso comercial dizendo, com desdém, que *Tito* dava ao público aquilo de que ele gostava: tripas e sangue – exatamente como as execuções públicas e os espetáculos em que ursos acorrentados eram atacados por cães até a morte. Segundo Coleridge, *Tito* "obviamente pretendia excitar as pla-

---

[5] Kolin, *Critical Legacy*, 3; Bloom, *Shakespeare*, p. 86.
[6] Bate, introdução a *Titus Andronicus*, p. 5.
[7] Ibid., p. 6.
[8] Ibid., p. 1.

teias incultas com suas cenas de sangue e horror"[9]. Essa visão de *Tito*[10] tornou-se hegemônica no século XIX, fazendo que a peça deixasse de ser encenada ou fosse acintosamente expurgada.

Tito, apesar disso, não é a versão shakespeariana de um filme contemporâneo de terror sanguinolento. Ela traz um recado importante a respeito da necessidade do Estado de direito. Shakespeare vivia numa época[11] em que não existia uma força policial efetiva; assim, as pessoas que se sentiam prejudicadas tinham duas opções: confiar num Estado fraco ou fazer justiça com as próprias mãos. Isso colocava os indivíduos numa posição terrível. O impulso natural – e mesmo racional – era virar um justiceiro. Como foi demonstrado por estudiosos contemporâneos[12], a rixa de sangue é uma forma pré-moderna de justiça bastante presente em sociedades tão diversas como Islândia, Bálcãs e Itália. O perigo da rixa, no entanto, é que ela inevitavelmente extravasa, terminando por ameaçar toda a sociedade. A única solução é estabelecer o Estado de Direito, que inclui atribuir ao Estado o monopólio do exercício da punição. Como disse certa feita o juiz Oliver Wendell Holmes: "É sabido que as primeiras formas de procedimento legal baseavam-se na vingança. Autores modernos acreditam que o Direito Romano teve origem na rixa de sangue, e todos os especialistas concordam que foi assim que o Direito Alemão começou."[13] *Tito* é uma narrativa admonitória que defende o modo como o Estado de Direito deve dar um basta a ciclos de vingança que, de outra forma, destruiriam a sociedade.

---

[9] Samuel Taylor Coleridge, *Lectures and Notes on Shakespeare and Other English Poets*, T. Ashe, org. (Londres, Bell, 1883), p. 9.

[10] Bate, introdução a *Titus Andronicus*, p. 58.

[11] A. D. Nuttall, *Shakespeare the Thinker* (New Haven, Yale University Press, 2007), p. 44.

[12] William Ian Miller, *Bloodtaking and Peacemaking: Feud, Law, and Society in Saga Iceland* (Chicago, University of Chicago Press, 1990); Jon Elster, "Norms of Revenge", *Ethics* 100 (1990), pp. 862-85.

[13] Oliver Wendell Holmes, Jr., *The Common Law* (1938; Nova York, Dover, 1991), p. 3.

Nas últimas décadas, temos assistido a uma retomada do interesse pela peça original não expurgada. Toda vez que ela foi montada em grande estilo, o sucesso foi arrasador. Como observa Bates: "A montagem de Peter Brook com Laurence Olivier como Tito foi uma das mais importantes experiências teatrais da década de 1950, e a de Deborah Warner com Brian Cox foi a produção shakespeariana mais aclamada da década de 1980."[14] Mais recentemente, o filme *Tito*, de Julie Taymor, realizado em 1999[15], com Anthony Hopkins no papel principal, foi aclamado pela crítica[16].

Portanto, nossa opinião a respeito de *Tito* parece mais elisabetana do que vitoriana. Quando eu pergunto – por que essa peça, por que agora? – a resposta é de uma clareza perturbadora. Nossa época parece-se mais com a de Shakespeare num aspecto crucial: o da fragilidade do Estado de Direito. O surgimento de uma sociedade plenamente globalizada sem um governo que a contenha nos deixa na mesma situação dos contemporâneos de Shakespeare. Se terroristas lançam aviões em nossos edifícios, temos de decidir se os submetemos ao julgamento de uma autoridade internacional fraca ou se resolvemos a questão por nossa própria conta. Uma vez mais, o impulso é agir unilateralmente. Porém, como estamos começando a perceber, render-se a esse impulso acaba terminando em tragédia.

Pode parecer esquisito usar uma das peças mais obscuras de Shakespeare para elucidar uma de nossas crises mais conhecidas – as guerras do Afeganistão e do Iraque. *Tito*, porém, revela algo novo sobre essas guerras: não se trata de fato de guerras, mas de vendetas. A guerra pós-moderna ao terror parece-se mais com a rixa de sangue pré-moderna do que com uma guerra convencional. Por essa razão, *Tito* não é imatura. É inaugural.

---

[14] Bate, introdução a *Titus Andronicus*, p. 1.

[15] DVD, dirigido por Julie Taymor (1999; Century City, Calif.: 20th Century Fox, 2006).

[16] Stephen Holden, resenha do filme, "It's a Sort of Family Dinner, Your Majesty", *New York Times*, 24 dez. 1999; Mick LaSalle, "Taymor's *Titus* Twisted and Terrific", *San Francisco Chronicle*, 28 jan. 2000.

TITO PÕE EM CENA UMA angústia elisabetana relacionada à rapidez com que a vingança pessoal pode se tornar incontrolável se não for contida pela lei. A vingança nunca se limita a um acerto de contas, mas leva à retaliação. Essa retaliação provoca uma contrarretaliação. A escalada do olho por olho logo se torna uma rematada "rixa de sangue" entre clãs. Na peça, o sacrifício inicial de Alarbo, o príncipe godo, por Tito, o general romano, dá origem a um ciclo de violência que acaba envolvendo todos os godos e romanos.

Assim como nós, os contemporâneos de Shakespeare tinham uma postura ambivalente a respeito da vingança pessoal. Por um lado, eles viviam numa sociedade que não contava nem com uma força policial verdadeira nem com um exército regular. A "justiça selvagem", nome que Sir Francis Bacon[17] deu à vingança em um célebre ensaio, muitas vezes era a única forma disponível. Os primeiros modernos também consideravam o instinto de vingança algo natural. A *lex talionis* (literalmente, "lei de retaliação") do Velho Testamento permitia, e talvez exigia, tal vingança: "Mas, se houver dano grave, então, darás vida por vida, / Olho por olho, dente por dente, mão por mão, pé por pé, / Queimadura por queimadura, ferimento por ferimento, golpe por golpe."[18]

Por outro lado, os elisabetanos temiam o modo como as disputas pessoais poderiam degenerar em rixas de sangue. O estudioso de Literatura Fredson Bowers escreve que "disputas pessoais entre duas ou três pessoas frequentemente se espalhavam para as famílias dos envolvidos e acabavam em ferimentos e derramamento de sangue"[19]. Essa escalada era especialmente habitual entre famílias nobres, que tinham grande apreço por sua honra: James I definia "facções e rixas mortais" como "as causas de grande dano em famílias importantes"[20].

---

[17] Sir Francis Bacon, "Of Revenge", in *The Essays or Counsels Moral and Civil*, Brian Vickers, org. (1597; Oxford, Oxford University Press, 1999), p. 10.

[18] Ex 21, 23-25 (trad. João Ferreira de Almeida, 2ª ed. rev. e atual., Sociedade Bíblica do Brasil, 1993).

[19] Fredson Thayer Bowers, *Elizabethan Revenge Tragedy 1587-1642* (Princeton, Princeton University Press, 1967), p. 23.

[20] Ibid.

As "rixas mortais" eram suficientemente numerosas para que possamos dar exemplos sem nos distanciarmos do autor da peça. Um biógrafo de Shakespeare[21] acredita que a rixa entre os Montéquios e Capuletos em *Romeu e Julieta* possa ter se baseado na rixa entre as famílias Long e Danvers[22]. A rixa Long-Danvers, que remontava à Guerra das Rosas, mas havia certo tempo diminuíra, ressurgiu em 1594 quando Sir John Danvers, um magistrado, condenou um servo de Sir Walter Long por roubo. (Em *Romeu e Julieta*, uma briga entre servos reacende as hostilidades.) Depois que Sir Walter resgatou o servo[23], Sir John arremessou o próprio senhor à prisão de Fleet. Após a libertação de Sir Walter, teve início uma série de desavenças[24]. Henry, irmão de Sir Walter, escreveu cartas desaforadas[25] a Charles, filho de Sir John, informando-o de que, "onde quer que o encontrasse, desataria suas sapatilhas e açoitaria seu etc. com uma vara, chamando-o de mula, boneca, simplório & servo". Então, Charles Danvers e seu irmão[26] abordaram Henry e Walter Long enquanto estes jantavam numa taverna. Charles atacou Henry[27] com um porrete; Henry revidou com a espada. Em seguida, o irmão de Charles sacou da pistola e matou Henry com um tiro. Não houve nenhuma repercussão legal – por meio dos bons ofícios de Henry Wriothseley, conde de Southampton, os irmãos Danvers foram levados para fora da região. É quase certo que Shakespeare estivesse a par desses acontecimentos. É a Southampton que Shakespeare dedica[28] *Venus e Adonis* e *O rapto de Lucrécia*, e é pratica-

---

[21] William Holden, *William Shakespeare: the Man behind the Genius* (Boston, Little, Brown, 2000), pp. 139-40.

[22] Ibid., pp. 139-40.

[23] Ibid., p. 140.

[24] Ibid.

[25] Lawrence Stone, *The Crisis of the Aristocracy 1558-1641* (Oxford, Clarendon Press, 1965), p. 224.

[26] Holden, *William Shakespeare*, p. 140.

[27] Ibid.

[28] William Shakespeare, *The Complete Works* (Londres, Arden Shakespeare, 2001), p. 49.

mente um consenso que o mesmo aconteceu[29] com os sonetos ("a causa única dos sonetos que se seguem sr. W. H.").

Para evitar tais rixas, moralistas cristãos dos primórdios da Inglaterra moderna instavam as pessoas a superar os impulsos de vingança. Escrevendo em 1609[30], o panfletista Daniel Tuvil proclamou: "Jerusalém foi novamente erguida; entre seus cidadãos já não existe a sede de vingança. A lei da retribuição desapareceu de seu meio... Não mais olho por olho; não mais dente por dente." Como a referência de Tuvil à nova Jerusalém indica, a *lex talionis* do Velho Testamento deu lugar ao perdão do Novo Testamento. A passagem de Êxodo deu lugar a esta de Romanos: "Não vos vingueis a vós mesmos, amados, mas dai lugar à ira; porque está [p. 6] escrito: 'A mim pertence a vingança; eu é que retribuirei, diz o Senhor'."[31] Os seres humanos deveriam conter suas mãos porque Deus castigaria suas transgressões. Bowers observa que, tanto para católicos como para protestantes[32], "na era elisabetana temente a Deus, [a religião] exercia um poder incontrastável na ininterrupta guerra contra a ilegalidade privada da época".

O problema era que a punição divina, embora certa, frequentemente tardava. E para que as pessoas não se cansassem de esperar a retribuição também era permitida aos agentes de Deus na Terra, incluindo o soberano e – com papel decisivo – os tribunais. O Estatuto de Marlbridge[33] (1257) defendia o mesmo poder para os tribunais que o Novo Testamento defendia para Deus. O estatuto determinava que "ninguém, de ora em diante, fará qualquer tipo de vingança de seu próprio direito sem a autorização de nosso Tribunal"[34]. Isso era visto menos como uma alternativa à autoridade divina do que uma delega-

---

[29] John Kerrigan, "Shakespeare Poems", in *The Cambridge Companion to Shakespeare*, Margreta De Grazia e Stanley W. Wells, orgs. (Cambridge, Cambridge University Press, 2001), pp. 65, 73.
[30] Bowers, *Elizabethan Revenge Tragedy*, p. 13.
[31] Rm 12, 19-20.
[32] Bowers, *Elizabethan Revenge Tragedy*, p. 12
[33] *Statutes of the Realm*, 52 Hen. 3, c. 6 (1257).
[34] Ibid., c. 1.

ção da parte dela. Como escreve Susan Jacoby: "A hierarquia moral era clara: justa vingança de Deus (por vezes lenta demais para se adaptar aos seres humanos, mas sempre infalível); vingança pública permitida aos representantes autorizados de Deus na Terra (estivesse ela incorporada na pena capital, na tortura ou numa 'guerra justa'); vingança pessoal proibida, tanto para os reis como para os homens do povo."[35]

Delegar a vingança divina aos agentes legais, contudo, era uma solução imperfeita, já que a lei podia mostrar-se incapaz de oferecer uma reparação adequada. Em tais situações, as partes prejudicadas viam-se novamente diante do dilema original: voltar a outra face ou fazer justiça com as próprias mãos. *Tito* é um exemplo típico da tragédia da vingança elisabetana ao descrever a "justiça selvagem" como escolha natural – uma escolha, porém, que necessariamente condena o vingador e sua sociedade à destruição.

TITO COMEÇA COM o retorno em triunfo do general romano Tito Andrônico da guerra contra os godos. Ao longo dos dez anos de campanha, só quatro de seus vinte e cinco filhos sobreviveram. Não obstante, ele alcançou a vitória final, evidenciada pelos prisioneiros que traz – Tamora (rainha dos godos), seus três filhos e o mouro Aarão, servo de Tamora e, como ficaremos sabendo mais tarde, seu amante.

No momento em que Tito sepulta os filhos mortos na tumba da família, Lúcio, o mais velho dos filhos sobreviventes, lembra que o pai deve fazer um sacrifício humano:

> Dos prisioneiros godos entregai-nos
> o de mais alto brio, porque os membros
> lhe decepemos e, num monte, as carnes
> sacrifiquemos *ad manes fratrum*

---

[35] Susan Jacoby, *Wild Justice: the Evolution of Revenge* (Nova York, Harper and Row, 1983), p. 35.

ante a prisão terrena de seus ossos,
porque acalmadas fiquem logo as sombras,
sem que na terra venham perseguir-nos,
depois, os seus espectros.
(1.1.99-104)

O sacrifício deve ser feito *ad manes fratrum* – "para as sombras dos nossos irmãos" – para evitar que estas venham a perseguir os romanos com seus espectros ou calamidades sobrenaturais (1.1.101-4).

Assim, Tito apresenta o príncipe Alarbo, o varão godo de mais alta linhagem entre os prisioneiros de guerra. Tamora ajoelha-se e implora pela vida do filho:

> Parai, irmãos romanos! Vitorioso
> Tito, conquistador muito gracioso,
> tem piedade das lágrimas que eu verto,
> por uma mãe vertidas por seu filho.
> Se em algum tempo um filho te foi caro,
> oh! Não deixes o meu ao desamparo,
> Não basta termos vindo para Roma
> para dar brilho ao teu triunfal retorno
> como tua cativa, e mais: dobrada
> sob o jugo romano? É necessário
> que na rua meu filho seja morto,
> por ter com brilho defendido a pátria?
> Se para ti dever sagrado é a luta
> em defesa do Rei e da república,
> conosco dá-se o mesmo. Não macules,
> Andrônico, com sangue o monumento.
> (1.1.107-19)

A súplica de Tamora, como muitas súplicas por justiça, depende da simetria. Os únicos versos com rima no final – "And if thy sons were ever dear to thee, / O, think my son to be as dear to me" – realçam a ligação entre "thee" (tu) e "me" (eu), enfatizando a condição comum de Tamora e Tito como pais. Em seguida, Tamora sustenta que o princípio de proporcionalidade foi atendido. Tanto romanos quanto godos morreram no campo de batalha. Matar mais godos depois que as hostilidades cessaram é um exagero cruel.

Tito vê o equilíbrio de maneira diversa. Para ele, os romanos mortos clamam por vingança:

> Acalmai-vos, senhora, e desculpai-me.
> Os irmãos aqui vedes dos que os godos
> viram vivos e mortos. Pelos mortos
> eles exigem religiosamente
> sacrifício condigno. Vosso filho
> foi marcado para isso; morrer deve
> para acalmar as sombras que partiram.
> (1.1.124-29)

Aqui não se espera que Tito conte com nossa compreensão. Como Tamora reconhece, a dele é uma "piedade cruel e irreligiosa" (1.1.133). Completa Quirão, seu filho, "Em qualquer tempo metade disso foi a Cítia bárbara?" (1.1.134), ressaltando que não são os godos nem os citas (a quem Heródoto designa como[36] o paradigma do bárbaro), mas os romanos que merecem tal denominação. A questão de quem é "bárbaro" e de quem é "civilizado" assombra essa peça.

O limite entre os "civilizados" romanos e os "bárbaros" godos fica imediatamente impreciso quando o novo imperador romano Saturnino decide tomar Tamora como esposa. A reviravolta do destino que marca tantas peças – em que os humildes são exaltados e vice-versa – ocorre no primeiro ato desta. Mulher com filhos adultos, Tamora parece-se mais a uma mãe do que a uma esposa para o imaturo impera-

---

[36] Heródoto, *The Histories*, trad. G. C. Macaulay, rev. Donald Lateiner (Nova York, Barnes and Noble, 2004), p. 216.

dor, prometendo ser "[uma] amorável ama e mãe para a sua mocidade" (1.1.337). Daquela posição, ela jura vingança contra os Andrônicos:

> Que hei de achar o dia
> para matar a todos e a família
> destruir e seu partido, o cruel Tito
> juntamente com seus traidores filhos,
> a quem a vida supliquei, embalde,
> de meu querido filho. Hei de ensinar-lhes
> o que seja ajoelhar-se uma Rainha
> em plena rua e suplicar em vão.
> (1.1.455-60)

Em apenas uma cena, Tamora encontra o motivo e a oportunidade para se vingar de Tito. Assim tem início o ciclo.

DE UM MODO típico dos ciclos de vingança, a retribuição de Tamora superará em muito o dano recebido. Pela morte do filho nas mãos dos andrônicos, ela pretende "matar a todos e a família" (1.1.456). Mesmo a *lex talionis* – a lei do Velho Testamento do "olho por olho" – proibiria tal acréscimo. Embora frequentemente invocada[37] para autorizar a vingança, a lei também a limita. Se alguém arranca meu olho, tenho direito ao seu olho, não mais que isso. Talvez se Tito tivesse dado ouvidos a seu argumento a respeito da proporcionalidade e poupado a vida de seu filho, Tamora também teria aderido àquele princípio. Mas agora ela o renega explicitamente.

A escalada de Tamora não é apenas quantitativa, mas qualitativa. O horror peculiar de *Tito* não se deve à quantidade de corpos; muitas das tragédias – notadamente *Hamlet* e *Rei Lear* – deixavam o palco coalhado de cadáveres. *Tito* provoca uma repulsa especial pelo *modo* como

---

[37] Morris J. Fish, "An Eye for an Eye: Proportionality as a Moral Principle of Punishment", *Oxford Journal of Legal Studies* 28 (2008), pp. 57, 61.

inscreve a vingança no corpo. Aarão, o titereiro dos godos, exulta – juntamente com seus títeres – ao infligir punições piores que a morte.

Tomamos conhecimento da trama urdida por Aarão no momento em que ele encontra Quirão e Demétrio – os filhos de Tamora que restaram – disputando Lavínia, filha de Tito. Ele diz que ambos poderão estuprar sua "corça gentil" durante a caçada real do dia seguinte (2.1.617). Impacientes, os irmãos concordam. A estratégia de Aarão é mais ambiciosa: ele também pretende assassinar Bassiano, marido de Lavínia, acusando Quinto e Márcio, filhos de Tito, pelo crime.

No dia da caçada, Lavínia e Bassiano encontram-se por acaso com Tamora em um local ermo da floresta. Demétrio e Quirão, filhos de Tamora, lançam-se sobre o jovem casal, matam Bassiano e ameaçam estuprar Lavínia. Lavínia pede que Tamora se compadeça dela, exatamente como Tamora pedira a Tito. Ela conta com dois tipos de solidariedade. Primeiramente, apela a Tamora como mulher: "Oh, Tamora, tens rosto feminino" (2.2.136). Mesmo na posição de suplicante, Lavínia não consegue esconder seu desprezo – ela apela à imperatriz como um *facsimile* de mulher. Quando isso se mostra inútil, Lavínia lembra a Tamora que ela também fora prisioneira recentemente: "Oh! Deixa que to ensine agora. Em nome de meu pai que, podendo dar-te a morte, te deixou viva, não te mostres dura, abre ouvidos surdos" (2.2.158-60). Lavínia não poderia ter encontrado um argumento mais perigoso. Tamora responde:

> Justamente por causa desse nome
> teria de mostrar-me sem piedade.
> lembrai-vos filhos que eu chorei debalde
> para que vosso irmão salvar pudesse
> do sacrifício, mas o fero Tito
> não se deixou mover. Assim, levai-a
> e com ela fazei o que entenderdes.
> Quanto pior para ela, mais aplausos de mim recebereis.
> (2.2.162-67)

Naturalmente, Tamora se lembra mais da crueldade de Tito do que de sua clemência. Pela morte de seu filho, ela exigirá a morte – ou mais – da filha dele.

Ao ouvir isso, Lavínia abandona a esperança de viver: "Oh! sê Rainha gentil, Tamora, e neste mesmo instante com tua própria mão me tira a vida" (2.2.168-69). A ideia de que a castidade vale mais que a vida reaparecerá em *Medida por medida*, com o comentário insensível de Isabella: "Mais do que nosso irmão é nossa castidade" (*Medida*, 2.4.184). Lavínia concorda com essa visão de mundo: "Que a morte imediata, simplesmente, e algo mais, que dizer não me permite a língua da modéstia. Oh! não permitas que eles deem expansão a essa luxúria que é muito pior que a morte" (2.2.173-75). Mas Tamora recusa: "Meus filhos privarei de sua paga? Essa bondade seu prazer estraga" (2.2.179-80).

O estupro de Lavínia acontece nos bastidores. A ação corta para os filhos de Tito, Quinto e Márcio. Aarão atraiu os irmãos para o buraco onde ele escondeu o corpo de Bassiano. Como em muitos filmes de terror, o pavor é gerado de forma indireta. Márcio cai no buraco. Quinto assim o descreve: "Que traiçoeiro fosso será este, de boca recoberta de espinhos rudes, cujas folhas mostram gotas de sangue fresco?" (2.2.198-200). Como bem observa a crítica Marjorie Garber, não precisamos ser freudianos[38] para decodificar essa imagem como sendo da sexualidade feminina. Mesmo antes de Márcio encontrar o corpo de Bassiano, sabemos que Lavínia foi estuprada.

Os pobres irmãos não são páreo para Aarão. Ao tentar arrancar Márcio do buraco, Quinto acaba caindo dentro dele. Conduzido por Aarão, o imperador Saturnino os encontra lá. Imediatamente após Saturnino tomar conhecimento da morte de seu irmão Bassiano, Tamora, Tito e Lúcio entram em cena. Tamora traz uma carta forjada por Aarão que descreve o buraco e a árvore mais velha sob a qual a "recompensa" (que Aarão plantou) pelo "assassinato" está enterrada. Aarão "encontra" o ouro. Isso é tudo de que Saturnino precisa para se convencer. Voltando-se para Tito, ele diz:

---

[38] Marjorie Garber, *Shakespeare After All* (Nova York, Pantheon, 2004), p. 78.

> Dois cães de tua estirpe sanguinária
> a vida a meu irmão aqui tiraram.
> Arrancai-os, senhores, deste fosso
> e os ponde sob custódia, até que eu tenha
> pensado nalgum meio de inaudita
> tortura para os dois.
> (2.2.281-85)

Agora Tito reproduz a situação de Tamora, ajoelhando-se, lamentando-se e implorando pela vida de seus filhos. Os paralelos estendem-se à encenação – nos três níveis do palco original, o "buraco" teria ocupado o mesmo lugar que o túmulo dos Andrônicos no primeiro ato.

A lei deveria ter interrompido aqui o ciclo de vingança. Saturnino encarna a autoridade legal suprema do Estado. No entanto, sua justiça é categórica de diversas maneiras. Em primeiro lugar, ele pressupõe a culpa partindo de evidências circunstanciais – quando Tito questiona se a culpa de seus filhos foi comprovada, Saturnino diz: "Provado? Como vês, está patente" (2.3.292). Saturnino também se recusa a permitir que Quinto e Márcio se defendam – "Não deixando que conversem, a culpa está patente" (2.3.299-301). Finalmente, ele os condena imediatamente à morte, lamentando apenas que a sentença seja branda demais: "Pois, em verdade, se pior fim houvesse do que a morte, esse fim seria o deles" (2.3.302-03). A referência a "um fim pior que a morte" ecoa o pavor que Lavínia tem da "luxúria" de Demétrio e Quirão, "que é muito pior que a morte".

Então nos lembramos de Lavínia. A cena seguinte começa com esta orientação de palco: "*Entram os Filhos da Imperatriz com Lavínia, cujas mãos foram decepadas e cuja língua foi arrancada, além de ter sido violentada*" (2.3.sd). Presumivelmente, os membros do público começam a desmaiar nesse momento. A narrativa é influenciada pelo mito de Filomena, de Ovídio[39]. Filomena era a irmã de Procne, rainha da

---

[39] Ovídio, *The Metamorphoses*, org. e trad. Allen Mandelbaum (Nova York, Harcourt, 1993), pp. 194-204.

Trácia. Tereus, marido de Procne, violentou Filomena e, em seguida, arrancou-lhe a língua para que ela não pudesse identificá-lo. Não obstante, Filomena revelou a história para sua irmã bordando a cena num pano. As duas irmãs se vingaram matando o filho de Tereus (e de Procne) e servindo-o numa refeição a Tereus. Quando Tereus perguntou pelo filho, Procne disse triunfante: "Aquele a que procuras está contigo agora – dentro de ti", e Filomena jogou a cabeça sangrenta da criança naquele que a violentara. Tentando vomitar, Tereus tomou da espada para matar as irmãs, mas os deuses as transformaram em pássaros. Os deuses devolveram a voz a Filomena quando ela se transformou num rouxinol e capturaram o espírito marcial de Procne na crista da ventoinha.

Embora assustadora, essa história também tranquiliza. Ela sugere que os deuses estão atentos. Ao intervirem a tempo, eles impõem o desfecho que mais tarde seria incorporado na lei de talião: uma violação, uma retaliação. Eles reabilitam as irmãs – Filomena recupera a voz e Procne é coroada. O ciclo se fecha.

Quirão e Demétrio aprenderam uma lição com essa história, garantindo que Lavínia não será capaz de usar suas mãos para revelar a identidade deles. Demétrio diz: "Se falar podes, vai contar agora quem te violou e te cortou a língua" (2.4.1-1). Quirão fala: "Escreve o pensamento, exprime a ideia e, se puderes, faze desses cotos o papel de escrivão." (2.4.2-1). Eles a deixam para que morra.

Lavínia é a principal causa de horror da peça. Quando pergunto a meus alunos onde o ciclo de vingança atinge uma violência frenética, eles apontam o corpo violentado e mutilado de Lavínia. A filósofa moral Martha Nussbaum, referindo-se a uma recente produção de *Tito* encenada em Chicago, disse que essa foi a única vez, como espectadora de uma peça de teatro, em que ela se lembra de ter desviado o olhar de uma cena. Os diretores têm tido dificuldade[40] para encontrar uma forma de apresentar essa cena. Brook usou uma Lavínia excessi-

---

[40] Alan Hughes, introdução a *Titus Andronicus*, de William Shakespeare (Nova York, Cambridge University Press, 2006), p. 37.

vamente[41] estilizada, com fitas vermelhas pendentes da boca e dos cotos dos braços. Warner preferiu uma opção mais literal[42], apresentando uma Lavínia de olhos arregalados, catatônica em razão do choque, com os cotos dos braços erguidos e sangrando pela boca. Taymor ficou no meio-termo[43], substituindo as mãos de Lavínia por galhos de árvore. Eu interpretei essa encenação como uma inversão do mito de Apolo e Dafne[44], no qual Dafne, fugindo do deus, é transformada num loureiro. Os galhos tornam a visão de Lavínia suportável. No entanto, eles invocam o mito somente para nos lembrar de que a transformação de Lavínia é apenas parcial, e sua libertação é radicalmente incompleta.

Marco, tio de Lavínia, a encontra e precisa levá-la até Tito. As montagens geralmente apresentam Marco escondendo Lavínia com sua presença quando diz: "Tito, prepara para o choro os velhos olhos, ou o nobre coração para partir-se. Trago para teus anos dor pungente" (3.1.59-61). Tito dá as boas-vindas à morte: "Irá matar-me? Então desejo vê-la" (3.1.62). Marco exibe Lavínia: "Esta foi tua filha" (3.1.63). Tito diz: "É ainda, Marco" (3.1.64).

Essa fala, que acontece no meio da peça, finalmente permite que Tito ganhe meu respeito. Lavínia foi repetidamente desumanizada: Aarão a brutaliza como a uma "corça", Tamora trata-a como objeto, uma "mercadoria", e Demétrio e Márcio a violentaram e mutilaram. Mesmo o adorado tio de Lavínia a crê morta: "Esta *foi* tua filha." A retificação de Tito – "*É* ainda, Marco" – vale por uma repreensão. Tito perdeu muitos filhos nos campos de batalha. Presumivelmente, muitos dos filhos vivos que retornaram estavam mutilados. Portanto, é ele, e não o tribuno civil Marco, que consegue perceber que Lavínia resiste. Mesmo Lúcio, que lutou ao lado de Tito, cai de joelhos: "Oh! que desgraça! Mata-me este quadro" (3.1.65). Tito repreende-o severa-

---

[41] Bate, introdução a *Titus Andronicus*, p. 60.
[42] Ibid., p. 61.
[43] Taymor, *Titus*.
[44] Ovídio, *Metamorphoses* (Mandelbaum), p. 20.

mente: "Levanta-te, maricas, e olha-a fixo!" (3.1.65). Com esta fala, Tito retoma o pentâmetro jâmbico interrompido pelas três falas precedentes. "Olhe mais de perto", Tito parece dizer ao irmão e ao filho: "Ela ainda é a mesma."

A coragem de Tito sobrevive a mais um teste quando Aarão aparece e lhe diz que Saturnino poupará os dois filhos de Tito se este decepar sua mão. Tito o faz de bom grado. Mas a proposta é um engodo – Saturnino não dissera nada disso. Logo um mensageiro volta trazendo as cabeças de Quinto e Márcio, bem como a mão esquerda de Tito. Como se isso não bastasse, Tito fica sabendo que Lúcio foi banido de Roma por tentar ajudar os irmãos.

Agora Tamora vingou a morte do filho, e muito mais. A morte levou dois filhos e o genro de Tito. O único filho que lhe restou – dos vinte e cinco que havia – foi banido. Sua filha foi violentada e mutilada, e ele perdeu uma mão. Isso aniquila mesmo o estoico Marco: "nunca mais te direi que fiques calmo. Arranca esses cabelos cor de prata; com os dentes dilacera a mão restante" (3.1.260-62). Marco deseja que os Andrônicos morram, permitindo que "este horrível espetáculo" faça que "para sempre nos feche a infeliz vista" (3.1.262-63). Tito tem outra ideia: "Assim, como depois pudera achar a cova da vingança? Estas cabeças parece que me falam, ameaçando-me de perder a ventura, enquanto todas estas atrocidades não voltarem para a garganta dos autores delas" (3.1.271-74). Quando Tito diz que as cabeças decepadas de seus filhos exigem vingança, ele nos leva de volta ao início da peça. Tito tem de retaliar para acalmar os espíritos dos que foram assassinados. No entanto, existe uma diferença, pelo menos para mim. No começo da peça, ao ver Tito autorizar um sacrifício humano bárbaro, isso me causa aversão. Agora, quando ele repete a mesma atitude, eu também quero vingança.

Assim como Tito, devo esperar. A essa altura dos acontecimentos, Tito não sabe quem mutilou Lavínia. Enquanto ele deslinda o caso, um canal emotivo abre-se entre pai e filha. A atriz Anna Calder-Marshall, que fez o papel de Lavínia[45] em meados da década de 1980, declarou: "Tito cometeu os atos mais repulsivos, mas somente quando ele e a filha são mutilados é que ele aprende um pouco a respeito do amor." Ela tem razão de se concentrar na simetria da mutilação. Tito é um homem franco. Quando, no primeiro ato, lhe pedem que assuma o governo de Roma, ele descreve sua própria cabeça: "A esse glorioso corpo melhor ficara uma cabeça que não tremesse de fraqueza e idade" (1.1.190-91). Nesse momento, essa volta ao passado aguça-lhe a percepção. Sua própria mão amputada permite que ele entenda o sofrimento da filha melhor do que quaisquer palavras seriam capazes.

A trama de Aarão tem como consequência involuntária fazer que Tito penetre no mundo de Lavínia. Na cena seguinte àquela em que lhe devolvem a mão, Tito está de volta a casa com Marco e Lavínia. Observando a reação de Lavínia quando lhe oferecem de beber, Tito profere as falas mais poderosas da peça:

> Escuta, Marco, quando ela diz.
> Interpretar consigo todos os seus sinais martirizados.
> Diz que sua bebida é apenas lágrimas,
> fermentadas na dor e misturadas em suas faces.
> Querelante muda, leio-te o pensamento;
> tua mímica vai ficar sendo para mim tão íntima
> quanto as sagradas preces para o monge.
> Não hás de suspirar nem ajoelhar-te,
> fazer qualquer sinal, um gesto mudo,
> sem que eu forme de tudo um alfabeto
> e, aplicando-me, venha a interpretá-lo.
> (3.2.35-45)

Qualquer um que tenha procurado entender alguém que esteja temporária ou permanentemente privado da fala – seja uma criança, uma

---

[45] Bate, introdução a *Titus Andronicus*, p. 2.

pessoa idosa, um inválido, um animal não humano, ou, neste caso, um indivíduo deficiente – ouvirá o amor permeando essas palavras. Aprender uma linguagem é uma tarefa hercúlea, e é por essa razão que normalmente pedimos que os outros nos encontrem em um terreno que nos seja familiar. Quando eles não conseguem fazê-lo, devemos decidir se vamos até eles. Nesse caso, Tito assume essa responsabilidade.

Quando Lavínia tenta explicar o que aconteceu, somente Tito a compreende. Ela pega um livro de Ovídio que pertence ao neto de Tito e vira as páginas com os cotos. Marco, o obtuso de sempre, supõe que ela esteja fazendo isso pela afeição que sente pela cunhada, que originalmente era a dona do livro. Mas Tito observa Lavínia, em vez de dar ouvidos a quem quer que seja:

> Cuidado! Vede como ela vira as folhas. Auxiliemo-la.
> Que quer ela? Poderei ler, Lavínia?
> É a história trágica de Filomena,
> da traição de Tereu e da violência;
> e a violência, receio muito, se acha
> no fundo de sua pena.
> (4.1.45-49)

A trama dos irmãos é descoberta porque eles a basearam na "trama" da história compartilhada de Ovídio. Escrevendo na areia com um graveto preso na boca, Lavínia revela os nomes de seus estupradores.

Esse interlúdio convence-me de que *Tito* é uma peça de Shakespeare, porque ele demonstra a complexidade da vingança. Não deveríamos desejar um mundo no qual a vingança não aumentasse naturalmente de intensidade, porque esse seria um mundo sem amor. Se os seres humanos não criassem laços de afeição, o assassinato de um indivíduo teria como consequência apenas a morte do perpetrador. É por Tamora amar o filho Alarbus com um amor ilimitado de mãe que seu desejo de vingança é apocalíptico. E, assim como o amor alimenta a vingança, a vingança alimenta o amor. Como diz o juiz Richard Posner, a "vingança cria uma profunda lealdade no interior de grupos pequenos, especialmente no interior das famílias, pois a vítima de um crime geralmente está morta, fragilizada ou impossibilitada de se vingar por algum outro motivo"[46]. A vingança ensina Tito a amar sua filha.

Numa mudança que pode inspirar nossa leitura de *Hamlet*, Tito finge estar louco para enganar seus inimigos. Ele rodeia o palácio com pedidos de justiça espetados em flechas. Ele – e aqueles que acedem à sua iniciativa – atiram as flechas para o céu. Os pedidos são endereçados aos deuses do panteão romano. A principal entre eles[47] é Astreia, a deusa da justiça, que, com o rosto encoberto, fugiu da Terra no começo da Idade do Ferro do Homem. A referência, uma vez mais, é a Ovídio – "*Terras Astraea reliquit*" (4.3.4) – "Astreia deixou a Terra." Tito também diz a seus parentes que lancem suas redes e cavem com suas espadas, caso a Justiça se encontre no mar ou debaixo da terra.

Talvez exista aqui uma crítica implícita à soberana do momento, Elizabeth I. No tempo de Shakespeare, a rainha era muitas vezes representada como Astreia. Também era criticada por sua "pouco virtuosa inação" a respeito dos conflitos entre seus nobres. A alegação de que Astreia havia abandonado a Terra podia ser vista como uma observação sarcástica à inação da soberana.

Mesmo parodiando a ordem social, Tito, como bom romano (ou inglês), demonstra sua obediência a ela. Ele esgota os recursos que lhe são permitidos – a justiça dos deuses e de seus representantes na Terra – antes de recorrer à vendeta. Quando fica sabendo que os filhos de Tamora estupraram sua filha, Tito primeiro clama aos deuses: "Magni dominator poli, / Tam lentus audis scelera, tam lentus vides?" (4.1.81-82)

---

[46] Richard A. Posner, *Law and Literature: a Misunderstood Relation* (Cambridge, Mass., Harvard University Press, 1988), p. 29. O livro de Posner teve mais duas edições, e ambas defendem esse argumento com um linguajar que, para o meu propósito, não é tão preciso. Richard A. Posner, *Law and Literature*, 3ª ed. (Cambridge, Mass., Harvard University Press, 2009), p. 78 (observando que a vingança provoca "profunda lealdade no interior da família ampliada"); Richard. A. Posner, *Law and Literature,* ed. rev. (Cambridge, Mass., Harvard University Press, 2002), p. 52 (idem).

[47] Ovídio, *Metamorphoses* (Mandelbaum), 1.1.150.

ou "Soberano do vasto céu / Por que tal demora em ouvir os crimes, tal demora em enxergá-los?". Nas últimas peças de Shakespeare – as histórias de amor – os deuses dão orientação por meio dos oráculos ou descem à Terra para dançar nos bailes de máscaras. Mas essas peças redentoras só serão escritas anos mais tarde: Lavínia não irá se transformar num rouxinol. Tito, então, cogita apelar ao soberano, mas logo reconhece a futilidade de tal apelo. Tamora controla o imperador: ela "em liga estreita com o leão se encontra, o acalenta, deitando-se de costas" (4.1.98-99). Só então é que ele se volta para a autoajuda. Mesmo a chusma de flechas que anuncia o início de sua vendeta submete-se à ética de que a vingança pertence aos deuses.

Algumas dessas flechas penetram na residência real de Saturnino. O imperador toma isso como uma afronta, pois intui, corretamente, que Tito está perigosamente lúcido. Ele insiste que os filhos de Tito foram executados "por meio da lei" (4.4.8) ou "pela lei" (4.4.53). Isso é falso: Saturnino executou Quinto e Márcio por meio de um decreto. Na verdade, o imperador já havia sugerido que a força e a lei são permutáveis, declarando, no Primeiro Ato, que ele irá assumir o trono "havendo lei em Roma ou força no nosso braço" (1.1.408). Tal como o ator e jurista Paul Raffield descreve o reinado de Saturnino: "Os princípios justos do direito consuetudinário, resumidos pelo jurista medieval Henry de Bracton na frase *lex facit regem* ('o direito faz o rei'), são rejeitados em favor da máxima civil *quod principi placuit vigorem legis habet* ('aquilo que agrada ao príncipe tem força de lei')"[48]. Mas agora a fórmula do imperador "pelo direito ou pela força" volta-se contra ele: chegam notícias de que Lúcio, o filho banido de Tito, reuniu um exército de godos e está marchando sobre sua própria cidade (prenunciando Coriolano na peça que leva o seu nome e Alcebíades em *Timão de Atenas*). Tamora, que acredita ser a loucura de Tito genuína, conforta o marido. Ela promete aparecer diante de Tito como

---

[48] Paul Raffield, "'*Terras Astraea reliquit*': *Titus Andronicus* and the Loss of Justice", in *Shakespeare and the Law*, Paul Raffield e Gary Watt, orgs. (Oxford, Hart Publishing, 2008), p. 204.

a figura alegórica da Vingança e fazê-lo preparar um banquete em honra de Lúcio, seu filho. Nesse banquete ela encontrará uma maneira "de fazer que se passe dos guerreiros godos o bravo Lúcio" (4.4.109). Vestida como a Vingança, Tamora leva seus dois filhos à casa de Tito. A confiança de Tamora em sua capacidade de persuadir Tito pode não parecer plausível. No entanto, durante toda a peça, Tamora e Aarão sobrepujaram seus adversários falando mais do que eles. A habilidade retórica dos godos questiona seu "barbarismo" no que se refere ao radical da palavra. A palavra "bárbaro"[49] vem do grego *barbaros*, designando aqueles que falavam de maneira desarticulada em vez de falar grego – "bar bar" é a representação onomatopeica da língua ininteligível que tais povos supostamente falavam. Em seu domínio da língua, Tamora prenuncia outros eloquentes personagens deslocados de Shakespeare, como Shylock, Otelo e Calibã.

Um sinal da iminente punição que atingirá Tamora é que, tendo acabado de aprender o alfabeto de Lavínia, Tito retira o controle retórico da imperatriz. Quando Tamora e seus filhos aparecem disfarçados à sua porta, Tito começa reconhecendo-os sem malícia: "Sim, conheço-te perfeitamente, como sendo a nossa soberba imperatriz, a poderosa Tamora. Vens tirar-me a mão restante?" (5.2.25-27). Tamora responde: "Sabe, homem triste, que não sou Tamora; essa é tua inimiga; eu, tua amiga. Sou a Vingança, enviada pelo inferno para aplacar o abutre corrosivo que tens no pensamento" (5.2.28-31). Tito pede-lhe que, como prova, mate seus dois filhos: "Ao lado teu o Estupro e a Morte vejo. Agora prova que a Vingança és mesmo: apunhala-os, ou passa com teu carro por cima deles" (5.2.45-47). (A ideia de que Tamora irá participar na morte de seus filhos é um presságio do terrível plano que Tito preparou para eles.) Tamora objeta: "São meus ministros ambos, acompanham-me" (5.2.60). Tito pergunta seus nomes, e, pega de surpresa, ela adota a denominação usada por ele: "Morte e Estupro, esses

---

[49] Edith Hall, *Inventing the Barbarian: Greek Self-Definition through Tragedy* (Oxford, Oxford University Press, 1991), p. 4.

nomes receberam" (5.2.62). Tito então profere sua fala mais inteligente: "Deus bondoso! Como eles se parecem com os filhos da Rainha e tu com ela! Mas nós, homens terrenos, temos olhos enganadores, miseráveis, loucos" (5.2.64-66). Tamora diz-lhe para convidar Lúcio para um banquete com o imperador, em que ela vai ajudá-lo a saciar sua vingança. Tito concorda, mas somente com a condição de que "Estupro" e "Morte" fiquem com ele. Seu ceticismo atiça a credulidade dela: Tamora aquiesce.

Quando Saturnino e Tamora chegam para o festim, em que Lúcio também está presente, Tito está vestido como um cozinheiro. Enquanto serve a torta, Tito pergunta a Saturnino se o centurião Virgínio tinha razão em matar sua filha após ela ter sido estuprada. Saturnino responde que sim, "é que a donzela sobreviver não deveria à própria desonra nem as dores reavivar-lhe" (5.3.40-41). Tito responde:

> Forte razão, possante e decisiva.
> Exemplo, precedente, penhor vivo
> para que eu, infeliz, o mesmo faça.
> *[Descobre Lavínia.]*
> Morre, morre, Lavínia, e o teu opróbrio,
> com ele morre o opróbrio de teu pai.
> *[Ele a mata.]*
> (5.3.42-46)

A linguagem é legal – Tito toma a história de Virgínio (contada em *Roman History* [História romana], de Lívio[50]) como um "precedente" e uma "autorização" para seu próprio gesto.

Quando o horrorizado Saturnino pergunta por que Tito matou Lavínia, Tito retruca que a culpa pertence a Demétrio e Quirão, porque, "após haverem dela abusado, a língua lhe cortaram" (5.3.56). Sa-

---

[50] Livy, *The Early History of Rome: Books I-V of the History of Rome from its Foundations*, trad. Aubrey de Sélincourt (Londres, Penguin, 2002), pp. 251-2.

turnino pede que eles sejam trazidos à sua presença. Tito responde: "Ora, ora! Ambos estão naquela torta com que a mãe deles tem-se regalado, comendo, assim, a própria carne que ela mesma engendrou. É certo, é certo; atesta-o a ponta aguda desta minha faca" (5.3.59-62). Com essas palavras, ele mata a imperatriz. Os precedentes clássicos surgem aos borbotões. *Metamorfose*, de Ovídio[51] (na qual Tereu, o estuprador de Filomena, devora seu próprio filho), funde-se com *Tiéstes*, de Sêneca[52] (na qual os filhos do personagem que dá nome ao título são-lhe servidos assados numa torta). Garber diz que "foi a visão desta cena no filme *Titus* (1999), de Julie Taymor[53], que fez que eu – a vida inteira um carnívoro – passasse a não mais comer carne de mamíferos". Numa Roma sem lei, os únicos precedentes a serem seguidos são os mitos, que forneceram os modelos tanto para godos como para romanos.

Pode-se dizer que Tito venceu. Até onde sabemos, nenhum dos parentes adultos de Tamora continua vivo. Mas sua vitória é uma vitória de Pirro. Ele passou por muita coisa e foi longe demais. Meu distanciamento começa quando ele mata Lavínia para afastá-*la* da desgraça *dele*. E distancio-me totalmente quando tomo conhecimento de seu plano canibalesco. Posner descreve esse[54] ressentimento como um efeito comum da literatura de vingança:

> Nós, o público, começamos com uma grande simpatia pelo vingador ou vingadora e desejando-lhe que sua empreitada seja coberta de êxito, mas no final descobrimos que, à medida que a peça (ou a história) avança,

---

[51] Ovídio, *Metamorphoses* (Mandelbaum), pp. 194-204.
[52] Sêneca, *Thyestes*, Jasper Heywood e Joost Daalder, orgs. (Nova York, W. W. Norton, 1982), ato 5, cena 3. O banquete transcorre ao longo de todo o ato 5, cena 3, com a revelação aparecendo aos poucos e somente tornando-se explícita em 5.3.66: "Atreu: 'Tu devoraste teus filhos, e te saciaste com carne pecaminosa'."
[53] Garber, *Shakespeare After All*, p. 85.
[54] Posner, *Law and Literature: a Misunderstood Relation*, p. 39.

nossa indiferença pela vingança aumenta. A imagem vívida do delito do vingador que tínhamos no começo vai se esmaecendo, sendo substituída por uma imagem igualmente vívida dos horrores da própria vingança.

Devemos recordar[55] que o aforismo contemporâneo "A vingança é doce" corta e inverte os versos de Milton: "A vingança, ainda que inicialmente doce, / antes de muito tempo reverte sobre si, amarga." Embora Tamora seja um monstro, Tito também se tornou um monstro.

Por essa razão, é de nosso interesse que Tito deva morrer. Somente quando ele morre é que pode perecer a nossa parte vingativa que se identificou com ele, permitindo que possamos juntar nossas coisas e voltar para casa. Assim, imediatamente depois que Tito mata Tamora, Saturnino mata Tito e Lúcio mata Saturnino. A rubrica do diretor indica: *"Grande tumulto. Marco, Lúcio e seus partidários sobem à janela"* (5.3.65). Tirando partido da ocasião favorável, Lúcio proclama-se o novo imperador, impõe a ordem de fora. Um romano, liderando os godos, triunfa sobre o Estado romano com uma imperatriz goda. A linha que separa bárbaros e civilizados torna-se irremediavelmente difusa.

O novo imperador Lúcio precisa determinar o que a "ordem" requer. Antes de voltar a Roma, Lúcio captura Aarão com o filho recém-nascido que este teve com Tamora. Em troca da promessa de Lúcio de poupar seu filho, Aarão promete confessar todos os seus pecados. Obrigado a subir numa escada para ser enforcado, ele toma posse do patíbulo provisório como uma plataforma da qual, orgulhosamente, declama seus malfeitos. Após ouvi-lo com repugnância, Lúcio ordena que Aarão desça. Aquela morte é boa demais para ele.

A punição escolhida por Lúcio é enterrar Aarão até o peito para que ele possa morrer de fome vagarosamente. Lúcio deseja que o des-

---

[55] John Milton, *Paradise Lost*, David Scott Kastan, org. (Indianápolis, Hackett, 2005), l. 9, 11. pp. 171-2.

tino de Aarão seja pior que a morte, que é o que Tamora desejava para Lavínia, o que Saturnino desejava para Quinto e Márcio, e o que Tito desejava para Tamora. Além disso, Lúcio adverte que, "havendo, acaso, quem o socorra ou compaixão revele, venha a morrer por isso" (5.3.180-81). Quanto a Tamora:

> Não terá ritos fúnebres, nem prantos,
> nem dobre melancólico de sinos
> por ocasião do enterro. Não; jogai-a
> para pasto das feras e das aves.
> Vida animal teve ela, sem piedade;
> E, estando morta, deixemos que as aves tenham por ela piedade.
> (5.3.195-99)

A peça se encerra com esses versos.

Das trinta e sete peças de Shakespeare, vinte e seis terminam com uma dupla de versos rimados. Somente uma – esta aqui – termina com uma dupla de versos com as mesmas palavras finais. Mesmo *A comédia dos erros*, uma peça sobre gêmeos, rima "irmão" [*brother*] com "irmão" no penúltimo verso, fechando o último verso com "outro" [*another*] (*Comedy*, 5.1.425-26). Quando perguntamos por que *Tito* é a única que se encerra repentinamente com uma palavra – "piedade" –, percebemos que o termo é repetido para proclamar a falta de dignidade que revela. Lúcio caracteriza Tamora como "sem piedade" e, por esse motivo, entrega-a à piedade que as aves de rapina lhe concederão, que, presumivelmente, também é nenhuma. Pior ainda, qualquer um que "socorra ou compaixão revele" por Aarão será punido com a morte. Apiedar-se de Aarão é um crime capital.

Não estou seguro de que Lúcio irá responder corretamente à pergunta final da peça. Lúcio tem de decidir se honrará sua promessa de poupar o filho de Aarão. Ele demonstrará piedade por sua conta e risco. Essa criança crescerá e ficará sabendo que o Estado romano torturou seu pai até a morte e profanou o cadáver de sua mãe. A criança poderá se tornar uma Antígona, pois o final de *Titus* apresenta uma notável semelhança com o início da peça de Sófocles:

> Mas quanto a Polinices[56], Creonte ordenou
> Que ninguém deve enterrá-lo nem granteá-lo;
> Ele deve jazer sem que ninguém o pranteie, insepulto
> Para que aves de rapina famintas se lancem sobre ele e se regalem
> Com seu pobre corpo...

A vida da criança representa tanto o possível fim como a possível continuação do ciclo de vingança. Jamais saberemos o que Lúcio decidiu.

QUANDO ENSINO os casos da Suprema Corte relacionados à guerra ao terror em meu curso de Direito Constitucional, mostro *slides* que sempre criam problemas. Esses *slides* mostram as Torres Gêmeas do World Trade Center em chamas, trazendo estatísticas sobre o que aconteceu em 11 de setembro de 2001. Essas estatísticas nos dizem que 2.819 pessoas foram mortas, que somente 289 corpos foram encontrados intactos, e que foram encontradas 19.858 partes de corpos[57]. São os corpos despedaçados que enfurecem alguns dos meus alunos. Recentemente, um deles descreveu meu tratamento como "adoravelmente repulsivo".

Para mim, esses corpos despedaçados evocam a mutilação de Lavínia – a intolerável visão de que desejamos desviar nosso olhar. A visão do corpo humano desmembrado e aviltado inspira em todos nós, com exceção dos mais insensíveis, um sentimento primitivo de vingança. Creio que meus alunos resistem à visão dos corpos despedaçados por não desejarem simpatizar com os sentimentos de vingança

---

[56] Sófocles, *Antigone*, in *Antigone; Oedipus the King; Electra*, Edith Hall, org., trad. Humphrey Davy Findley Kitto (Oxford, Oxford University Press, 1998), ll, pp. 26-30.

[57] "9/11 by the Numbers", *New York Magazine*, 16 set. 2002. Disponível em: <http://nymag.com/news/articles/wtc/1year/numbers.htm>. Acesso em: 26 jun. 2010.

que levaram ao nosso envolvimento no Afeganistão e no Iraque. Embora eu possa compreender isso, também penso que não conseguiremos entender plenamente essas guerras a menos que lidemos com esses sentimentos. Quando sentimos o desejo de vingança, compreendemos o que são, de fato, essas guerras – rixas de sangue.

Como destaca o cientista político Stephen Holmes[58], esse ciclo de vingança começou muito antes dos ataques de 11 de Setembro. Holmes sustenta que atribuir os ataques ao "extremismo religioso" ou ao "Islã radical" é algo vago demais. Muitos extremistas religiosos jamais se envolveram com nenhum tipo de violência contra o Ocidente. Embora reconheça a complexidade de motivos que estão por trás dos ataques, Holmes observa que, "no entanto, um tema que constantemente vem à tona é o desejo ardente de vingança pelo sofrimento real e imaginário infligido pelos Estados Unidos aos muçulmanos do mundo"[59]. Ele acredita que podemos compreender melhor os incitadores se olharmos através das lentes da vingança do que das lentes da religião. Podemos nos colocar no lugar de Tito lamentando uma agressão inesperada e não provocada contra a filha. Mas os incitadores se veem na posição de Tamora, exigindo vingança por ofensas anteriores.

Em outras palavras, começamos a história no meio, com o mal de que fomos vítimas. Essa é uma tendência humana inteiramente compreensível, e admito minha própria cumplicidade com ela. Após os ataques, compartilhei a profunda revolta que fez o país cerrar fileiras em torno de George W. Bush, cuja taxa de aprovação subiu como um foguete, passando de 51 para 90 por cento nos dias que se seguiram ao 11 de Setembro[60]. Ao lado da direita, comemorei a solidariedade que experimentamos como nação em 12 de setembro. Por outro lado, um aspecto da vingança frequentemente negligenciado é que ela gera

---

[58] Stephen Holmes, *The Matador's Cape: America's Reckless Response to Terror* (Cambridge, Cambridge University Press, 2007), p. 2.

[59] Ibid.

[60] Richard Benedetto, "Support for Bush, Military Action Remains Firm", *USA Today*, 24 set. 2001, seção de Notícias.

amor – amor pelo país, amor pelos inocentes assassinados. Endossei a exigência feita por Bush de que o talibã entregasse Osama Bin Laden e seus companheiros incitadores. Também apoiei a invasão do Afeganistão com o objetivo específico de derrubar o regime Talibã e qualquer um que desse abrigo aos autores do ataque.

É preciso dizer, no entanto, que mesmo então estávamos nos afastando do Estado de Direito. O talibã estava disposto a entregar Bin Laden, desde que os Estados Unidos provassem sua ligação com os ataques de 11 de Setembro. O presidente Bush recusou-se a fornecer essa prova, em termos semelhantes à afirmação peremptória de Saturnino – "Se for provado? Como vês, está patente... sua culpa está patente." Como disse Bush: "Não é necessário discutir inocência[61] ou culpa. Sabemos que ele é culpado." Bush impôs então a noção de culpa por associação, que se encontra na essência da rixa de sangue, observando que ou os afegãos "entregam os terroristas ou terão o mesmo destino deles".

Se a situação no Afeganistão era ambígua, a invasão do Iraque não deixou nenhuma dúvida de que o governo Bush havia regredido para o que se caracterizava como rixa de sangue. O governo justificou a decisão de invadir o Iraque em parte porque o presidente insistiu que havia uma ligação entre a Al Qaeda e Saddam Hussein. No entanto, como uma comissão do Congresso mais tarde demonstrou de maneira definitiva, tal ligação não existia. Alegações de que o Iraque possuía armas de destruição em massa também não tinham fundamento. A guerra do Iraque foi motivada por algo muito mais primitivo. Quando lhe perguntaram por que havia apoiado a guerra, Henry Kissinger talvez tenha dado a resposta mais sincera. Ele afirmou que foi "porque o Afeganistão não era suficiente. No conflito contra o Islã radical, eles, os islamitas, querem nos humilhar. Nós precisamos humilhá-los"[62].

---

[61] "Bush Rejects Taliban Offer to Hand Bin Laden Over", *The Guardian* (G.-B.), 14 out. 2001. Disponível em: <http://www.guardian.co.uk/world/2001/oct/14/afghanistan.terrorism5>. Acesso em: 26 jun. 2010.

[62] Bob Woodward, *State of Denial* (Nova York, Simon & Schuster, 2006), p. 408.

A ideia de que os muçulmanos do Iraque eram nossos inimigos tornou-se uma profecia autorrealizada. Antes da decisão americana de assumir a responsabilidade pela morte de mais de 4 mil civis no Iraque, não se podia afirmar que a Al Qaeda tivesse qualquer base de operações no país. Hoje não há dúvida de que tem. Como observou Richard Clarke, ex-conselheiro especial do Conselho de Segurança Nacional dos Estados Unidos: "O grupo de pessoas que realmente nos odeia é extremamente maior do que era antes do 11 de Setembro em razão da desnecessária e contraprodutiva Guerra do Iraque... O presidente vivia dizendo que o Iraque era a principal frente na guerra ao terrorismo – bem, agora é."[63]

Alguns não veem nenhuma analogia entre as rixas de sangue de antigamente e a guerra ao terror hoje, uma vez que aquelas ocorriam entre clãs, enquanto as atuais acontecem entre nações. Mas meu argumento é justamente que, no que diz respeito ao Estado de Direito, hoje as nações diferenciam-se muito pouco dos clãs. Os Estados Unidos não esperaram a autorização das Nações Unidas para atacar o Afeganistão e o Iraque. Isso não causa a menor surpresa. Do mesmo modo que as famílias nobres não confiavam no Estado elisabetano, não confiamos que uma autoridade internacional nos faça justiça.

Mas é aí que reside a tragédia – impulsos perfeitamente naturais podem levar a resultados totalmente inaceitáveis. O que sinto com relação às ações do governo Bush é o mesmo que sinto com relação a Tito. No começo, desejava toda a sorte ao vingador. No entanto, à medida que a vingança ganhou corpo, comecei a me distanciar. Quando as fotos de Abu Ghraib e os memorandos do Poder Executivo que autorizavam a tortura vieram à tona, a linha que separava os Estados Unidos "civilizados" dos nossos inimigos "bárbaros" certamente já não podia ser traçada com clareza. As fotos dos prisioneiros de Abu Ghraib[64] en-

---

[63] Barry Bergman, "'Who's Going to Believe Us? Richard Clarke Faults Bush Team's Post-9/11 Policies", *U.C. Berkeley News*, 8 set. 2004. Disponível em: <http://berkeley.edu/news/media/releases/2004/09/08_clarke.shtml>. Acesso em: 26 jun. 2010.

[64] Susan Sontag, "Regarding the Torture of Others", *New York Times Magazine*, 23 maio 2004.

capuzados e ligados a eletrodos, empilhados nus, formando pirâmides, e forçados a assumir posições sexuais humilhantes tornaram-se, para sempre, parte da história da nação. Os terroristas eram monstros, mas nós também nos havíamos tornado monstros.

No início de 2004, a Suprema Corte emitiu quatro decisões que reduziram os ciclos de vingança por meio do fortalecimento do Estado de Direito. É voz corrente entre os especialistas em Direito Constitucional que a primeira dessas decisões – *Hamdi v. Rumsfeld*[65] – foi uma resposta direta a Abu Ghraib. Uma vez que a Constituição delega às esferas políticas o poder de declarar guerra, normalmente a Corte transfere ao Executivo e ao Legislativo as iniciativas nessa área. No entanto, em *Hamdi*, a maioria dos integrantes da Corte observou que a Constituição não passava um "cheque em branco"[66] ao Executivo para fazer o que bem entendesse. Numa série de decisões interligadas, aos poucos a Corte restabeleceu uma estrutura de direitos mínimos para proteger os detentos na guerra ao terror.

Essas decisões técnicas não despertam grande interesse no leitor comum. Mas elas alcançam algo decisivo ao insistir que, como escreveu o juiz John Paul Stevens numa decisão de 2006, "o Executivo é obrigado a se submeter ao Estado de Direito"[67]. Por meio dessa decisão, os detentos conquistaram o direito de se defender diante de um tribunal neutro. A ideia de autoridade para Saturnino – "havendo lei em Roma ou força no nosso braço" – foi rejeitada. O poder não era mais um terreno alternativo de ação, mas só podia ser exercido dentro dos limites da lei.

A verdadeira solução, no entanto, não pode vir dos tribunais de qualquer país particular, mas deve vir do Estado de Direito imposto globalmente. Alcançar essa solução é muito mais difícil. Nem mesmo sabemos se é possível construir um sistema de governança global dig-

---

[65] *Hamdi v. Rumsfeld*, 542 U.S. 507 (2004); *Rasul v. Bush*, 542 U.S. 466 (2004); *Hamdan v. Rumsfeld*, 548 U.S. 557 (2006); *Boumediene v. Bush*, 553 U.S. 723 (2008).

[66] *Hamdi*, 542 U.S., p. 536.

[67] *Hamdan*, 548 U.S., p. 635.

no de crédito. Ao intervir no cenário internacional, enfrentamos em âmbito global o que os elisabetanos enfrentavam nacionalmente – um Estado fraco que nos induz a recorrer à vingança pessoal.

Tito Andrônico nos ensina que devemos resistir aos nossos instintos, para que o ciclo de vingança que se segue não nos destrua a todos. Mas ele não apresenta soluções fáceis. Não somos os únicos culpados nesse caso – o terrorismo é o exemplo típico de atividade extralegal. Devemos reconhecer, no entanto, que não podemos enobrecer a "guerra ao terror" com o nome de "guerra", a menos que a restrinjamos por meio do Estado de Direito. Caso contrário, nossa "guerra ao terror" é uma rixa de sangue. E sabemos de que forma elas terminam.

Capítulo Dois

O Advogado

O mercador de Veneza

É COM CERTO ALÍVIO QUE ME DESPEÇO DE *TITO ANDRÔNICO* E parto para *O mercador de Veneza*. Veneza está muito distante da Roma de *Tito*: é uma sociedade próspera e estável em que a lei é aplicada com rigor. A existência do Estado de Direito permite que mudemos de gênero, passando da tragédia para a comédia. Como veremos, no entanto, o Estado de Direito é uma condição necessária, mas não suficiente, para se fazer justiça. Uma vez que não consegue garantir uma dessas condições, *O mercador* é chamado, corretamente, de uma "comédia problemática".

A Veneza de *O mercador* não consegue assegurar que aqueles versados no Direito não abusem dele. Sujeitamo-nos ao Estado de Direito para silenciar a vingança pessoal, dando ao Estado o monopólio de toda a violência. Isso significa, no entanto, que precisamos nos proteger contra os abusos de poder do governo. E o fazemos exigindo que as leis sejam escritas e aplicadas de maneira padronizada – é isso que quer dizer viver sob "o governo das leis[1], e não sob o governo dos homens". Em toda sociedade, porém, existem alguns indivíduos que sempre procuram manipular essas palavras em proveito próprio. O medo e a desconfiança que temos dos advogados representam, no fundo, o medo e a desconfiança dos oradores hábeis.

Em *O mercador*, Pórcia representa uma advogada com tamanha capacidade verbal que nenhuma lei consegue subjugá-la. Existem três instrumentos legais importantes na peça – o testamento do pai de Pórcia, a promissória assinada por Shylock e Antônio, e registrada em cartório, e o contrato nupcial entre Pórcia e Bassânio. Não obstante, Pórcia é capaz de manipular cada um desses instrumentos para defender seus próprios objetivos.

Os comentaristas geralmente veem[2] um julgamento na peça – o julgamento formal do quarto ato, que tem lugar na sala do tribunal. Eu vejo três. Primeiramente, o cavalheiro veneziano Bassânio precisa passar pelo julgamento dos três porta-joias, no qual, de acordo com o último desejo e o testamento do pai de Pórcia, os pretendentes da rica herdeira devem escolher entre as caixas feitas de ouro, prata e chumbo para ganhar sua mão. Embora Pórcia não tenha permissão de divulgar a resposta certa, ela sutilmente encaminha Bassânio para o porta-joias correto.

O julgamento da promissória de carne humana vem em seguida. Para assumir as despesas da viagem que Bassânio fará para cortejar Pórcia, seu amigo Antônio assinou um contrato mortal com o usurário judeu Shylock. De acordo com os termos da promissória, Shylock tem direito a uma libra da carne de Antônio se o mercador não quitar o empréstimo. Logo depois que a corte a Pórcia é bem-sucedida, Bassânio fica sabendo que Antônio não pagou o empréstimo e que Shylock pretende receber o que lhe é devido. Isso leva ao segundo julgamento da peça. Somente por meio dos ardis de Pórcia, que entra na sala do

---

[1] *Marbury v. Madison*, 5 U.S. (1 Cranch) 137, 163 (1803).
[2] Ver, p. ex., G. Midgley, "The Merchant of Venice: a Reconsideration", *Essays in Criticism 10*, n. 2 (1960), p. 119.

tribunal disfarçada de o "doutor das leis" Baltasar, Antônio consegue sobreviver.

Finalmente, ainda disfarçada de Baltasar, Pórcia testa a fidelidade de Bassânio por meio do terceiro julgamento – o julgamento dos anéis. Logo depois do casamento, Pórcia dá um anel a Bassânio, que ele jura nunca tirar da mão. Após o julgamento, Bassânio procura recompensar Baltasar (que ele não identifica como sendo sua mulher). Pórcia-travestida-de-Baltasar pede que ele lhe entregue o anel. O fracasso de Bassânio nesse processo significa que ele será exposto implacavelmente ao ridículo quando retornar a Belmont, onde Pórcia mora.

Embora apresente um final feliz para os venezianos, a peça também encerra uma mensagem preocupante sobre o império da lei e o papel dos advogados. Nos dias de hoje, as reencenações da peça tornaram-se cada vez mais simpáticas a Shylock, como nas representações feitas por Patrick Stewart[3] numa produção teatral de 2001, Al Pacino em um filme de 2004[4] e numa produção de Shakespeare no Parque de 2010. O que ainda estou para ver é uma representação cética comparável de Pórcia. Exploro essa visão mais sombria aqui.

PÓRCIA COMEÇA gozando da nossa simpatia. Embora lhe deixe uma fortuna, o testamento do pai também a torna vulnerável a caça-fortunas de toda parte. O testamento permite que qualquer um conquiste a mão de Pórcia se fizer a escolha certa entre três porta-joias. Como Pórcia lamenta, "desse modo, dobra-se a vontade de uma filha viva ante a de um pai morto" (1.2.23-35). É fato, os pais costumavam escolher maridos para as filhas nos primórdios da Inglaterra moderna, como Shakespeare descreve em *Sonho de uma noite de verão* e *Timão de Atenas*. Mas o pai de Pórcia dá mais um passo no processo de tratar

---

[3] Patrick Stewart, *Shylock: Shakespeare's Alien*. Peça teatral. Leeds, West Yorkshire Playhouse, 2001.

[4] *The Merchant of Venice*. DVD, dir. Michael Radford (2004; Sony Pictures Classics, 2001).

sua filha como mercadoria. Além-túmulo, ele expõe a filha à corte de uma série de estranhos e a, possivelmente, ser conquistada por um deles. Ele transformou a filha no prêmio de uma "loteria" (1.2.28).

O testamento também impõe condições rígidas aos pretendentes. Cada um deve fazer três juramentos antes de escolher – primeiro, nunca revelar aos outros que porta-joias ele escolheu; segundo, partir imediatamente se fracassar; e terceiro, e mais oneroso, nunca "em toda a vida pedir em casamento dama alguma" (2.9.13). Apresentam-lhe então os porta-joias – de ouro, prata e chumbo –, cada um com uma inscrição do lado de fora. O porta-joias de ouro diz "Quem me escolher, ganha o que muitos desejam" (2.7.5). O de prata diz "Quem me escolher, obtém o que bem merece' (2.7.7). O de chumbo diz "Quem me escolher, arrisca e dá o que tem" (2.7.9). Os porta-joias e suas inscrições – o material de que são feitos e o assunto que expressam – apresentam charadas que testam a compreensão que cada pretendente tem do amor e do casamento.

O julgamento dos três porta-joias vem da *Gesta Romanorum*, uma coletânea anônima de histórias medievais. Como Freud reconhece[5] no ensaio sobre *O mercador*, conhecemos esses julgamentos de diversas fontes, entre elas a mitologia grega (as três deusas julgadas por Páris), os contos de fadas (as três irmãs julgadas pelo príncipe, em "Cinderela"), e mesmo na obra posterior de Shakespeare (as três filhas julgadas por Lear). Parte do prazer dessas histórias está em sua inexorabilidade. A escolha certa é sempre a última – a deusa que fala por último, a empregada encarregada de lavar a louça no canto, a filha que não irá bajular. É seu próprio código – o código da história – que influencia a comédia de Shakespeare de trama mais deliciosa.

O primeiro pretendente é o príncipe do Marrocos. Assim como os outros mouros das peças de Shakespeare – Aarão, de *Tito*, e Otelo –, sua diferença racial é imediatamente revelada: "Não vos desagradeis de

---

[5] Sigmund Freud, *The Theme of the Three Caskets* (1913), reproduzido na *Standard Edition of the Complete Psychological Works of Sigmund Freud*, org. e trad. James Strachey (Londres, Hogarth Press, 1955), pp. 12, 292-3.

mim por causa de minha compleição" (2.1.1) são suas primeiras palavras na peça. Não obstante, embora Marrocos peça para não ser julgado por sua aparência, ele próprio faz isso ao escolher o porta-joias de ouro como sendo o único digno de Pórcia. O porta-joias contém um crânio humano com um rolo de pergaminho atravessando a cavidade ocular. O pergaminho adverte: "Nem tudo o que reluz é ouro, / proclamam os sábios em coro. / Muita gente acaba em choro, / por só procurar tesouro. / Mausoléus são comedouro de vermes em fervedouro" (2.7.65-69). O fracasso interpretativo de Marrocos representa um modelo intelectual excessivamente literal. Ao imitar a descrição habitual que o Renascimento fazia dos mouros, Marrocos é apresentado como alguém infantil, esquentado e ingênuo.

O segundo pretendente é o príncipe de Aragão. Diferentemente de Marrocos, Aragão não se deixa enganar pelo porta-joias de ouro. Ele reconhece que "o que muitos homens desejam" é superficial. Não obstante, o amuleto que o salva é pior do que o perigo que afasta, pois, como o nome de Aragão sugere, é sua arrogância que o deixa relutante em "igualar-se a todo o mundo" (2.9.32). Ele escolhe o porta-joias de prata porque acredita merecer Pórcia: "Vou ganhar o que é meu" (2.9.51). O porta-joias de prata contém a cabeça de um bobo, que sempre é apresentada na forma de uma gravura ou de um boneco pequeno. O texto do pergaminho diz: "A noiva tão procurada / só por mim vos será dada" (2.9.70-71). Samuel Johnson pensava que Shakespeare havia se esquecido de que os pretendentes preteridos não poderiam tomar esposas. Creio, porém, que o pergaminho afirma que Aragão não *precisa* de uma esposa: "Não importa se você se casar ou não, porque você já está casado com seu tolo ego." A acusação é de narcisismo – ao pressupor que é merecedor, Aragão afoga-se no charco de seu egoísmo. Dado que no Renascimento os espelhos eram feitos de prata[6], a cabeça de bobo que ele vê bem poderia ser sua própria cabeça refletida no fundo do porta-joias.

---

[6] P. L. Jacob, *The Arts in the Middle Ages and the Renaissance* (Nova York, F. Ungar, 1964), p. 24.

Marrocos e Aragão cometem enganos diferentes, porém relacionados. Ambos olham para a parte errada das inscrições. Considerem os motos com os verbos importantes em destaque:

>Ouro: "Quem me escolher, *ganha* o que muitos *desejam*."
>Prata: "Quem me escolher, *obtém* o que bem *merece*."
>Chumbo: "Quem me escolher, tem de *dar* e *arriscar* tudo o que tem."

Marrocos e Aragão concentram sua atenção nos últimos verbos: Marrocos compara "desejam" com "arrisca", e Aragão compara "merece" com "arrisca". No entanto, a verdadeira diferença entre os porta-joias de ouro e de prata, de um lado, e o porta-joias de chumbo, de outro, pode ser encontrada nos penúltimos verbos. A inscrição no porta-joias de ouro enfatiza o que o pretendente irá "ganhar", e o moto no porta-joias de prata salienta o que o pretendente irá "obter". Mas a inscrição no porta-joias de chumbo ressalta o que o pretendente tem de "dar". Na estrutura interna da peça, dar é o segredo para obter ou ganhar.

Agora o caminho está livre para Bassânio. Diferentemente dos outros pretendentes, Bassânio atende às exigências formais de uma sociedade xenófoba. Bassânio conheceu Pórcia quando o pai dela ainda era vivo, e lembra-se de ter recebido "mensagens inefáveis" dos olhos dela (1.1.164). À diferença do tratamento que dispensa aos outros pretendentes, Pórcia insta que ele adie a prova. Ela teme que ele faça uma escolha errada e, por conseguinte, seja obrigado a partir imediatamente.

Bassânio, claro, escolhe o porta-joias certo. Os críticos discutem se Pórcia o ajuda[7] ou não; para mim, não há dúvida de que ajuda. Como muitos dos homens presentes nas comédias, Bassânio não é das pessoas

---

[7] Comparar Harry Berger Jr., "Marriage and Mercifixion in *The Merchant of Venice*: the Casket Scene Revisited", *Shakespeare Quarterly* 32, n. 2 (1981), p. 156 (argumentando que Pórcia ajuda Bassânio a escolher o porta-joias certo), com Lawrence Danson, *The Harmonies of* The Merchant of Venice (New Haven, Yale University Press, 1978), pp. 117-8 (rejeitando esse ponto de vista).

mais inteligentes. Ao longo da peça, ele é superado intelectualmente por praticamente todos que o rodeiam. Felizmente, ele percebe que Pórcia deseja ajudá-lo. Logo antes de escolher, ele diz: "Feliz tortura, pois o atormentador / me ensina os meios de vir a libertar-me!" (3.2.37-39). Ele está esperando receber mais "mensagens inefáveis" que guiem sua escolha.

Pórcia também não o desaponta. Sua pista mais óbvia é a canção que entoa enquanto Bassânio escolhe, uma canção que nenhum outro pretendente chega a ouvir:

> Dizer poderá alguém
> se o amor da cabeça vem?
> Se no peito se entretém?
>
> Respondei logo,
> respondei logo.
>
> Nos olhos nascido e criado;
> cresce e morre o amor
>
> no leito em que viu o dia.
> Fechemos nossa canção
> com dim dom dão, dim dom dão.
> (3.2.63-71)

Trata-se de um lugar-comum levantado pela crítica[8] o fato de que todas as palavras finais da primeira estrofe: "bred", "head" e "nourished" (pronunciada "nourishéd") rimam com "lead" (como também é o caso da palavra "fed" na segunda estrofe)*. O conteúdo da canção

---

[8] Marjorie Garber, *Shakespeare After All*, p. 290.

* No original em inglês: Tell me where is Fancy bred / Or in the heart, or in the head? / How begot, how nourished? // Reply, reply. // It is engend'red in the eyes, / With gazing fed, and Fancy dies / In the cradle where it lies: / Let us all ring Fancy's knell. / I'll begin it. Ding, dong, bell. (N. do T.)

também sugere o porta-joias de chumbo ao ensinar que o amor "nos olhos nascido e criado" morre "no leito em que viu o dia". Bassânio entende o recado. Ele aproxima-se dos porta-joias meditando: "Bastantes vezes a aparência externa carece de valor. / Sempre enganado tem sido o mundo pelos ornamentos" (3.2.73-74).

Outras indicações de que Pórcia está "trapaceando" encontram-se espalhadas ao longo da peça como farelo de pão. No primeiro ato, Pórcia declara a Nerissa que "os temperamentos ardentes saltam por cima de um decreto frio" (1.2.18-19), dando a entender que sua paixão não será governada pelo braço morto da lei. Na mesma cena, ela diz a Nerissa em tom de brincadeira que, para enganar o pretendente alemão, basta jogar "um copo bem cheio de vinho do Reno no porta-joias errado" (1.2.91-92). Como Pórcia pensou em como afastar os pretendentes indesejáveis do porta-joias correto, supõe-se que saiba como guiar o pretendente escolhido até ele. Ao conversar com Bassânio antes de ele fazer a escolha, ela utiliza as palavras "arriscar" (3.2.2), "pôr em jogo" (3.2.10), "pôr na balança" (3.2.22) (significando "pesar") e "sacrifício" (3.2.57), palavras essas que sugerem o porta-joias de chumbo ou sua inscrição.

Os defensores de Pórcia ficam indignados diante da acusação de que ela procura tornar nula a vontade do pai. No entanto, seus únicos argumentos de defesa são que a prova contra si é circunstancial e que demonstra uma ansiedade sincera enquanto Bassânio faz a escolha. Dada a preocupação de Pórcia de não cometer perjúrio, parece improvável que ela confessasse sua trapaça a outro personagem. O argumento acerca de seu nervosismo não prova nada, uma vez que Pórcia poderia trapacear e, ainda assim, temer que Bassânio não entendesse suas pistas. Ainda que seja circunstancial, a prova está toda de um só lado.

Eu também não culpo Pórcia por trapacear. Seu pai a deixou numa posição insuportavelmente vulnerável. Como vemos ao longo de toda a obra de Shakespeare, as mulheres precisam usar de astúcia para ter influência. É esse o fascínio de uma Rosalinda, uma Viola ou uma Pórcia. No entanto, diferentemente de Rosalinda ou Viola, a astúcia de Pórcia é especificamente aquela utilizada pelos advogados. Como ela própria admite, seu desafio é realizar sua própria "vontade" sem violar os termos da "vontade" expressa por seu pai*. Ela encontra uma solução engenhosa – obedece à letra da lei que diz que ela não pode contar a um pretendente a resposta certa, mas utiliza de seus dons de retórica (na canção e nos discursos que faz a Bassânio) para fazer tudo o que não seja isso. Ao agir assim, ela viola o espírito da lei. Mas a lei de seu pai é tão draconiana que Pórcia tem minha simpatia.

Assim como o julgamento dos porta-joias, o julgamento da promissória de carne humana tem lugar no primeiro ato. Sem dinheiro, Bassânio procura o amigo Antônio – o mercador do título – para que este lhe empreste recursos que lhe permitam fazer a corte a Pórcia. Antônio possui riquezas, mas nenhuma liquidez – seus bens estão presos em navios no exterior. Assim, ele e Bassânio vão ter com o agiota judeu Shylock para pedir dinheiro emprestado, tendo Antônio como fiador. Shylock surpreende os cristãos dizendo que não irá cobrar juros pelo empréstimo de 3 mil ducados por três meses. Em seguida, ele diz a Antônio que a penalidade pelo não pagamento é ceder, "por equidade, uma libra de vossa bela carne, que do corpo vos há de ser cortada / onde bem me aprouver" (1.3.145-47). Embora Shylock a apresente como uma piada – "uma jocosa promissória" (1.3.169) –, Bassânio diz a Antônio para recusar o acordo. Mas Antônio tranquiliza Bassânio: seus navios retornarão um mês antes do vencimento do empréstimo. Shylock aproveita a ocasião para acusar os cristãos de serem excessivamente desconfiados:

> Uma coisa dizei-me, por obséquio:
> se ele não me pagar no dia certo, que lucrarei
> cobrando-lhe essa pena?

---

* Em inglês, *will* tem um duplo sentido: "vontade" e "testamento". (N. do T.)

> Uma libra de carne humana, quando retirada de alguém
> não vale tanto nem é tão apreciada
> quanto carne de vitela, de cabra ou de carneiro.
> Só para ser-lhe amável é que faço semelhante proposta.
> Caso a aceite, serei contente. Do contrário, adeus.
> (1.3.162-69)

Na verdade, se Shylock não ganha nada com a "libra de carne", deveriam perguntar-lhe por que condiciona o empréstimo a isso. Mas Bassânio, diferentemente de Shylock ou Pórcia, não pensa como um advogado. Ele acaba não fazendo a pergunta, limitando-se a murmurar que ele "não confia em frases doces ditas por um biltre" (1.3.175).

Na hora do julgamento, Shylock responde à sua própria pergunta:

> Decerto haveis de perguntar-me a causa de eu preferir
> um peso de carniça, a ter de volta
> os meus três mil ducados. E então?
> [...]
> Se um rato a casa me estragasse,
> E para envenená-lo eu resolvesse gastar
> Dez mil ducados?
> (4.140-46)

Shylock responde que ele tem o direito de atribuir seu próprio valor à libra de carne. Bassânio e Antônio foram ludibriados por sua retórica anterior, que avaliava a carne humana usando os parâmetros do mercado público, em que eram comercializados carneiros, vacas e cabras. Nesse mercado, uma libra de carne humana não tem valor algum. Mas Shylock está negociando no mercado pessoal da vingança, em que a libra de carne irá "saciar o antigo ódio" que ele sente por Antônio. Shylock reveste a carne de Antônio com aquilo que um advogado contratual chamaria de "valor idiossincrático", ou que um leigo chamaria de "valor sentimental".

O sentimento, claro, é monstruoso. Mas a sede de vingança de Shylock deve ser entendida levando-se em conta a forma como os judeus eram tratados no Renascimento. A peça passa-se[9] em Veneza porque a cidade era uma das poucas da Europa Ocidental que não havia expulsado os judeus. Mesmo em Veneza, os judeus eram obrigados a viver num bairro chamado "Gueto" – é daí que se origina o termo que utilizamos atualmente. Eles eram forçados a permanecer nesse bairro da meia-noite até o amanhecer, e obrigados a usar um chapéu vermelho[10] quando saíam.

Excluídos de um grande número de profissões, os judeus dedicavam-se à agiotagem[11] por necessidade. A lei que regulamentava a usura na época de Shakespeare era a Lei Contra a Usura[12] de 1571, que tornara mais branda a proibição categórica dessa prática que existia anteriormente. A Lei de 1571 só proibia[13] contratos que previssem o pagamento de juros se estes não ultrapassassem 10% ao ano. Não obstante, aqueles que violavam essa lei eram punidos com multas pesadas e, às vezes, eram presos. Além disso, a lei sujeitava os malfeitores à punição tanto pelos tribunais eclesiásticos como pelos tribunais de Direito consuetudinário, dado que "toda usura, sendo proibida pela Lei Divina, é pecaminosa e abominável". Como a doutrina cristã proibia a usura, os cristãos não podiam se envolver com essa prática. Já a lei mosaica permitia que os judeus cobrassem juros dos estrangeiros. Assim, os judeus podiam emprestar dinheiro cobrando até 10% de juro sem violar a lei secular ou religiosa.

Dessa forma, a concorrência religiosa acabou se misturando com a concorrência comercial. Os cristãos ficavam ressentidos com os ju-

---

[9] Robert Bonfil, *Jewish Life in Renaissance Italy*, trad. Anthony Oldcorn (Los Angeles, University of California Press, 1994), p. 77. Max I. Dimont, *Jews, God, and History* (Nova York, Mentor, 1994), p. 231.

[10] Benjamin Ravid, "From Yellow to Red: on the Distinguishing Head-Covering of the Jews of Venice, *Jewish History* 6, n. 1 (1992), p. 179-210.

[11] Robert Bonfil, *Jewish Life in Renaissance Italy*, p. 79.

[12] 13 Eliz. 1, c. 8: ver também R. H. Helmholz, *The Oxford History of the Laws of England* (Oxford, Oxford University Press, 2004), 1, p. 379.

[13] Helmholz, *The Oxford History of the Laws of England*, 1, p. 379.

deus porque estes podiam se envolver numa atividade à qual os cristãos não tinham acesso. Os judeus ficavam ressentidos com os cristãos porque estes reduziam seus lucros. Shylock odeia Antônio porque "[ele] dinheiro empresta gratuitamente e faz baixar / a taxa de juros entre nós aqui em Veneza" (1.3.39-40). Mas essa subordinação ao mercado não passava de um fiapo de uma subordinação religiosa muito mais ampla. Shylock acusa Antônio de chamá-lo de "cão, incrédulo, degolador", de cuspir nele e de chutá-lo (1.3.106-14). Longe de negar tais acusações, Antônio responde: "Ainda agora pudera novamente dar-te o nome de cão, / de minha porta tocar-te a pontapés, cuspir-te o rosto" (1.3.125-26).

Como membro de uma minoria odiada, Shylock astuciosamente agarra-se à lei como o instrumento de sua vingança. Sabendo que em tal sociedade ele será discriminado, Shylock escolhe um documento legal aparentemente imune à discriminação. Como um centro de comércio internacional, Veneza não podia admitir que a neutralidade de suas leis fosse posta em dúvida, com receio de que os estrangeiros levassem seus negócios para outras praças. Quando Antônio deixa de pagar, Shylock associa a sanção do contrato à legitimidade do Estado. Como diz um veneziano, Shylock "noite e dia reclama junto ao doge, / protestando contra essa violação da liberdade, / se lhe negarem o que a lei concede" (3.2.276-78). O próprio Antônio acredita que a promissória deve ser executada para preservar a credibilidade de Veneza. Quando seu amigo Salânio prevê que o doge não irá sancionar o acordo, Antônio replica:

> Poder não tem o doge para o curso da lei deter.
> Se forem denegados aos estrangeiros todos os direitos
> que em Veneza desfrutam,
> abalada ficaria a justiça do Estado,
> pois o lucro e o comércio da cidade
> se baseiam só neles.
> (3.3.26-31)

E na célebre cena do julgamento do quarto ato Shylock refere-se nestes termos ao seu penhor: "Se mo negares, que com o risco seja / das leis e liberdade de Veneza!" (4.1.38-39).

Além disso, Shylock demonstra sua sofisticação ao garantir que a promissória seja registrada em cartório. Na cena do julgamento, ele brande o selo do Estado diante dos cristãos, dizendo que seus protestos serão inúteis se eles não puderem "desfazer o selo da minha promissória" (4.1.139). Ele expõe corretamente como funciona o Direito na Inglaterra de Shakespeare. No Direito consuetudinário – o sistema inglês baseado em jurisprudências precedentes, que vinha do período medieval –, não havia praticamente nada que pudesse se contrapor a uma promissória autenticada. Ela só poderia ser contestada[14] se fosse possível provar que ela fora falsificada ou se fosse apresentado um recibo autenticado que comprovasse seu pagamento.

Apesar de toda a civilidade, Shylock é ingênuo de acreditar que todo contrato seja à prova de falhas. Quando Shakespeare escreveu *O mercador*, o rigor das promissórias estava sendo desafiado de maneira vigorosa e bem-sucedida. Indivíduos compelidos por tais instrumentos[15] apelavam ao rei por meio do Supremo Tribunal. Este não podia anular[16] a promissória, mas podia acolher um pedido, conhecido como injunção, que proibia que o cobrador a executasse. Por volta da década de 1590, as intervenções do Supremo Tribunal[17] eram rotina.

Pórcia representa tal intervenção – não contesta a validade da promissória, mas questiona sua execução. Ela adentra o tribunal disfarçada como Baltasar, "doutor em Direito". A dama de companhia de Pórcia, Nerissa, está disfarçada como o escrevente de Baltasar. Após examinar a promissória, Pórcia declara que legalmente Shylock tem

---

[14] Edith G. Henderson, "Relief from Bonds in the English Chancery: Mid-Sixteenth Century", *American Journal of Legal History* 18, n. 4 (1974), pp. 298-306.

[15] Mark Edwin Andrews, *Law versus Equity in the* Merchant of Venice (Boulder, University of Colorado Press, 1965), p. xi.

[16] Ibid.

[17] Henderson, "Relief from Bonds", 298.

direito à sua libra de carne. Em seguida, ela apresenta a Shylock três opções conhecidas de qualquer advogado contratual – anulação do contrato (com o que ele nada receberia), indenização financeira (com o que ele receberia o principal acrescido de uma quantia referente aos juros) e cumprimento preciso do contrato (com o que ele receberia uma libra de carne).

O julgamento da promissória da carne repete o julgamento dos três porta-joias. As três soluções que Pórcia apresenta a Shylock correspondem aos três porta-joias apresentados a seus pretendentes. Mercê, ou perdão do débito, é semelhante ao porta-joias de chumbo. Ela pede à pessoa que o escolhe que dê sem esperar recompensa. A indenização financeira corresponde ao porta-joias de prata, cuja inscrição fala em merecimento. Shylock mereceria o principal e, pode-se argumentar, uma quantia referente aos juros. Por fim, o cumprimento preciso do contrato – solução extraordinária que exige que uma das partes cumpra escrupulosamente o contrato – corresponde ao porta-joias de ouro, cuja inscrição fala em desejo. Shylock deseja a libra de carne.

No julgamento dos porta-joias, somos apresentados a eles na ordem crescente de seu valor aparente. O primeiro pretendente, Marrocos, examina o porta-joias de chumbo, em seguida o de prata e depois o de ouro. No julgamento da promissória da carne, as soluções também são apresentadas nessa ordem. Pórcia oferece a Shylock as opções de anulação, indenização financeira e, por fim, cumprimento preciso do contrato.

Pórcia começa dizendo a Shylock que ele "precisa" ser misericordioso. Ele pergunta por quê. Em uma das passagens mais citadas de Shakespeare, Pórcia responde:

> A natureza da graça não comporta compulsão.
> Gota a gota ela cai, tal como a chuva benéfica do céu.
> É duas vezes abençoada, por isso que enaltece
> quem dá e quem recebe.
> É mais possante junto dos poderosos, e ao monarca

no trono adorna mais do que a coroa.
O poder temporal o cetro mostra,
atributo do medo e majestade,
do respeito e temor que os Reis inspiram;
mas a graça muito alto sempre paira
das injunções do cetro, pois seu trono
no próprio coração dos Reis se firma;
atributo é de Deus; quase divino
fica o poder terreno nos instantes
em que a justiça se associa à graça.
Por tudo isso, judeu, conquanto estejas
baseado no direito, considera

que só pelos ditames da justiça
nenhum de nós a salvação consegue.
Para obter graça todos nós rezamos;
e é essa mesma oração que nos ensina
a usar também da graça. Quanto disse,
foi para mitigar o teu direito;
mas, se nele insistires, o severo
tribunal de Veneza há de sentença
dar contra o mercador.
(4.1.180-201)

Assim como o porta-joias de prata, a misericórdia exige da pessoa que a escolhe que "dê" em vez de "obtenha" ou "ganhe".

A insensibilidade de Shylock a esse apelo pode parecer como o sinal definitivo de sua perversidade. Entretanto, partes da fala de Pórcia sutilmente afastam Shylock da misericórdia. A referência reiterada à misericórdia como um atributo dos poderosos soava estranha aos ouvidos de Shylock. As alusões a Deus e à salvação lembravam-no de que Pórcia está falando de uma fé diferente: Pórcia compara a misericórdia do Novo Testamento à justiça do Velho Testamento por meio de frases como "Por tudo isso, judeu, conquanto estejas baseado no direito." Pórcia está pedindo a Shylock que aja como um cristão, não como um judeu, o que ele poderia interpretar como um pedido de conversão. Por fim, quando citada[18], essa fala normalmente termina em "a usar também da graça". Mas no verdadeiro final da passagem Pórcia lembra Shylock de que a lei está do seu lado: "Quanto disse, / foi para mitigar o teu direito; / mas, se nele insistires, o severo tribunal de Veneza / há de sentença dar contra o mercador" (4.1.198-201). Depois de tanto elogiar o porta-joias de chumbo, Pórcia lembra-o dos outros dois. Por isso, Shylock rejeita sumariamente a misericórdia: "Que os meus atos me caiam na cabeça! Só reclamo a aplicação da lei" (4.1.202). Ao fazê-lo, ele adota a linguagem do desejo associada ao porta-joias de ouro.

Pórcia ainda o previne, instando para que ele aceite a indenização financeira em vez da libra de carne: "Três importes da dívida, Shylock, te oferecem" (4.1.223). Lembra que Shylock emprestou o dinheiro sem cobrar juros. Quando Bassânio propõe 9 mil ducados a Shylock, ele está propondo saldar a indenização – isto é, 3 mil mais 6 mil para renunciar ao direito à libra de carne.

Pórcia para de pressioná-lo: "Pertence-te uma libra aqui da carne do mercador; / a corte o reconhece, porque a lei o permite" (4.1.295). Shylock entra em êxtase – o porta-joias de ouro abre-se diante dele. Esse é um momento extraordinário da peça. É um momento em que a lei vence o poder: embora Antônio esteja num tribunal repleto de cristãos como ele, ninguém pode salvá-lo. Conformado com a morte, desnuda o peito para o inimigo, membro de um grupo minoritário normalmente impotente. No entanto, é também um momento em que a lei vence a justiça. Pórcia pergunta a Shylock se ele tem uma balança para pesar a libra de carne; ele imediatamente a apresenta. Em muitas montagens, a balança fica em primeiro plano, como uma caricatura visual da balança da justiça.

---

[18] Ver, p. ex., *The Complete Dictionary of Shakespeare Quotations*, D. C. Browning, org. (Poole, Nova York, New Orchard, 1986), pp. 91-2.

Pórcia pergunta então se Shylock trouxe um cirurgião para estancar o sangramento de Antônio. Ele se diz incapaz de discernir que parte do contrato prevê tal condição. Pórcia diz: "Expressamente, não; mas que importa? / Fora conveniente que assim fizésseis, só por caridade" (4.1.256-57). Shylock responde, fingindo perplexidade: "Não posso achá-lo; isso não há na promissória" (4.1.258). Muitas vezes omitidas, essas linhas são cruciais. Shylock entrega-se a uma cuidadosa interpretação do contrato. Ele limita sua obrigação à letra da lei, e sua escolha é o prenúncio de sua queda.

Pois, assim que Shylock apoia a faca no peito de Antônio, Pórcia segura-lhe a mão:

> Um momentinho, apenas. Há mais alguma coisa.
> Pela promissória, a sangue jus não tens; nem uma gota.
> São palavras expressas: "Uma libra de carne."
> Tira, pois, o combinado: tua libra de carne.
> Mas se acaso derramares, no instante de a cortares,
> uma gota que seja, só, de sangue cristão, teus bens e tuas terras todas,
> pelas leis de Veneza, para o Estado
> passarão por direito.
> (4.1.301-08)

Shylock optou por interpretar o contrato literalmente, dizendo que não existe nenhuma cláusula no contrato que dê a Antônio o direito a um cirurgião. Pórcia utiliza a mesma forma literal de interpretação contra ele, dizendo que nenhuma cláusula do contrato fala em sangue. Shylock está estupefato: "A lei diz isso?" (4.1.313). Pórcia responde: "Podes ver o texto. / Reclamaste justiça; fica certo / de que terás justiça, talvez mesmo mais do que desejaras" (4.1.310-12).

A artimanha de Pórcia é vista, corretamente, como uma "objeção irrelevante e desprezível"[19] e um "truque chicaneiro infeliz". Mesmo o

---

[19] Rudolph von Ihering, *The Struggle for Law* (s/l., 1872), p. 411.

mais rigoroso advogado contratual reconheceria que se X e Y vêm juntos (assim como a carne e o sangue), e eu firmo um contrato para uma libra de X (uma libra de carne), então esse contrato inclui qualquer quantia de Y (o sangue derramado ao adquirir a carne) que venha junto. Como observava um tratado legal de 1858[20] sobre a equidade, a interpretação de Pórcia levaria ao resultado absurdo de que, "se um homem contratasse a permissão de cortar uma fatia de melão, ele seria privado do benefício de seu contrato a menos que tivesse se precavido, com uma quantidade enorme de palavras, quanto ao derramamento acidental do suco". Tanto naquela época como agora, uma parte poderia mudar a interpretação de inadimplência, mas isso seria responsabilidade sua. Era responsabilidade de Antônio redigir o contrato para que nele constasse: "Eu lhe darei uma libra de carne, mas sem o sangue que vem junto." É claro que Shylock teria rejeitado tal contrato. Na ausência de tal condição, a interpretação de Pórcia significa uma reles tecnicalidade. Porém, dado que os cristãos odeiam os judeus, uma tecnicalidade é tudo de que eles precisam.

Uma vez percebendo que foi pego, Shylock pechincha, reduzindo suas exigências. Primeiro ele retoma a solução das indenizações financeiras: "Nesse caso, concordo com a proposta: que me paguem três vezes a importância da dívida, / ficando o cristão livre" (4.1.134-15). Bassânio tem o dinheiro à mão. No entanto, Pórcia não quer ouvir falar nisso: "Só tem direito à multa estipulada" (4.1.318). (Afinal de contas, o dinheiro é *dela*.) Shylock diz que aceitará o principal. Mas Pórcia continua obstinada: "Recusou-o ante a corte, abertamente. Vai receber justiça e a nota promissória, apenas" (4.1.334-35).

Shylock não tem nem a permissão de escolher a opção "misericordiosa" de perdoar toda a dívida. Quando ele tenta deixar o tribunal, Pórcia invoca o que críticos chamam de "Estatuto do Estrangeiro". De acordo com essa lei criminal, um estrangeiro que conspira contra

---

[20] Freeman Oliver Haymes, *Outlines of Equity: a Series of Elementary Lectures* (Filadélfia, T. and J. W. Johnson, 1858), p. 20.

a vida de um cidadão perde a vida e as propriedades. (Notem que, embora Veneza procure ser neutra em sua legislação comercial, está mais do que disposta a discriminar os estrangeiros em sua legislação criminal.) Shylock passa de querelante numa ação cível a acusado numa ação criminal relacionada. Com isso, a reviravolta entre Shylock e Antônio é completa – a vida de Antônio é salva e Shylock encontra-se em perigo. O doge e Antônio adaptam uma solução que poupa a vida de Shylock, mas somente se ele se converter ao Cristianismo e deixar sua propriedade para a filha, Jéssica, a quem ele repudiou por ela ter fugido de casa com o cristão Lorenzo. Shylock deixa o tribunal arrasado.

Onde Pórcia descobre um esquema tão engenhoso que leva Shylock a se enforcar com a própria corda? Creio que ela o herdou do pai, recriando uma regulamentação da lei que, ao fazer dela seu objeto sacrificial, gravou-a de maneira extremamente indelével em sua psique. O pai de Pórcia criou um julgamento em que a menos atraente das três opções continha a resposta certa. Ele garantiu que, uma vez que os indivíduos estivessem no local da decisão, qualquer escolha que fizessem traria enormes consequências. Por fim, o pai de Pórcia era absolutamente implacável com quem escolhia errado. Todos esses elementos estão presentes novamente no julgamento da nota promissória da libra de carne.

No julgamento dos porta-joias, Bassânio escolhe em meio à música que o conduz ao porta-joias certo. No julgamento da nota promissória da libra de carne, Shylock, como os pretendentes indesejados no julgamento dos porta-joias, tem de escolher em meio ao silêncio, muito especialmente o silêncio sobre sua responsabilidade criminal de acordo com o Estatuto do Estrangeiro. Se tivessem contado a Shylock, no início, sobre a responsabilidade criminal que ele enfrentava de acordo com o Estatuto, ele teria rasgado sua nota promissória e deixado o tribunal. Mas ele não conta com a voz de Pórcia para guiá-lo. Do mesmo modo que atrai Bassânio na direção do porta-joias de chumbo físico certo, Pórcia atrai Shylock para longe do porta-joias de misericórdia retórico certo. Começamos a nos perguntar se alguém pode escolher algo na presença de Pórcia que seja contrário à sua vontade.

MAL BASSÂNIO é salvo por Pórcia e já cai em outra armadilha retórica armada por sua salvadora. O julgamento final diz respeito aos anéis que Pórcia e Nerissa deram a seus maridos. Após Bassânio ter escolhido o porta-joias certo no terceiro ato, Pórcia oferece-lhe seu anel, dizendo: "A casa, a famulagem, minha própria pessoa, / meu senhor, a vós pertence. Tudo vos dou com este anel. / Se acaso vos separardes dele, ou se o perderdes, ou se presente a alguém dele fizerdes, / indício certo isso será da morte de nosso amor" (3.2.170-73). Bassânio jura guardar o anel como a própria vida. Nerissa também dá um anel a Graciano, que também promete que ele o acompanhará até o túmulo.

Bassânio e Graciano, no entanto, são maridos volúveis. Na sala do tribunal, quando o caso de Antônio parece perdido, Bassânio oferece Pórcia assim como ele próprio:

> Antônio, desposei uma pessoa
> que me é tão cara quanto a própria vida.
> Mas essa vida, a esposa, o mundo inteiro
> são por mim avaliados ainda em menos do que tua existência.
> Conformara-me em perder todos, em sacrificá-los
> a este demônio, só para salvá-lo.
> (4.1.278-83)

Disfarçada de Baltasar, Pórcia diz: "Não ficara muito agradecida vossa esposa, / se acaso aqui estivesse, para ouvir essa oferta" (4.1.284-85). Graciano, sempre disposto a piorar o que seu senhor diz, interrompe: "Amo deveras minha mulher; / mas desejara que ela no céu se achasse, para que pudesse / impetrar junto a algum poder celeste que demovesse este judeu canino" (4.1.286-88). Nerissa repete sua senhora: "Foi bom dizerdes isso em sua ausência, / pois, de outro modo, o lar ficara inquieto" (4.1.289-90). Shylock lamenta que sua filha Jéssica tenha se casado com alguém dessa laia: "Os maridos cristãos são desse jeito" (4.1.291). Ao longo do julgamento da nota promissória da libra de carne, Bassânio e Graciano não conseguem reconhecer suas esposas em trajes masculinos e, além disso, põem em dúvida seu amor para com elas, ou pelo menos a percepção que eles têm dele. (A falta de percepção romântica masculina foi um tema de Shakespeare desde pelo menos *Trabalhos de amor perdidos*, em que os quatro nobres não conseguem identificar suas amantes mascaradas.)

Para dar uma lição a seu "marido cristão", Pórcia inventa um último julgamento. Como Baltasar, ela pede que Bassânio lhe dê o anel que traz no dedo como recompensa por ter salvo a vida de Antônio. Ao menos Bassânio aprendeu um pouco a respeito de valor sentimental com o julgamento da nota promissória da libra de carne. Ele reconhece que "Estima-o acima do valor intrínseco" (4.1.430), e promete a Pórcia, em vez disso, "o anel mais caro que em Veneza, por pregão, encontrar me for possível" (4.1.431).

Bassânio, no entanto, não aprendeu direito a lição. Assim como Shylock, Pórcia revê, com êxito, sua distinção entre valor público e privado:

> Essa desculpa já tem servido para se eximirem muitos homens de dar um bom presente.
> Se não for uma tola vossa esposa,
> quando vier a saber até que ponto fiz jus a essa lembrança,
> certamente não há de vos dedicar ódio implacável
> só por mo terdes dado. Passai bem.
> (4.1.444-48)

Pórcia remove retoricamente o anel da esfera privada. Ela enfatiza que "muitos homens" usam o valor sentimental como uma desculpa para salvar seus bens do mercado público. Ela também ressalta os aspectos "irracionais" do valor sentimental dizendo que somente uma "tola" condenaria a transação. Além do mais, assim como Shylock, ela apresenta a transação em termos de pegar ou largar, não permitindo a discussão que revelaria as falhas em seu argumento. Quando Shylock diz "Caso a aceite, serei contente. Do contrário, adeus", e quando Pórcia diz "Passai bem", seus monossílabos penetrantes indicam uma partida iminente e uma recusa de regatear. Antônio, tão enganado por Pórcia como o fora por Shylock, diz "Senhor Bassânio, dai-lhe o anel, vos peço. / Que o meu afeto e seu merecimento / vençam nisto a opinião de vossa esposa" (4.445-47). Bassânio entrega o anel. Logo depois, Nerissa obtém, usando de adulações, seu anel de Graciano.

Como Shylock, mais tarde Pórcia aponta as falhas em seu próprio argumento. Ao enfrentar Bassânio, desta vez como sua mulher, ela pergunta:

> Que homem teria havido, de tal modo falho de senso,
> que, se um pouco, ao menos, de ardor mostrásseis
> na defesa dele, persistisse, impudente, na cobiça
> de algo estimado como uma relíquia?
> (5.1.203-06)

Agora não é a mulher de Bassânio que é uma tola, mas o advogado de Bassânio que é um tolo em potencial. O pobre Bassânio foi totalmente sobrepujado por um adversário que pode construir argumentos perfeitamente simétricos que o iludem na ida e na volta. Nerissa, é claro, pune Graciano da mesma maneira.

Os três porta-joias e as três soluções legais nos ensinam que devemos procurar por três anéis. O terceiro anel pertence a Shylock. No terceiro ato, Tubal, um parente de Shylock, conta que ele encontrou um homem que vendeu um macaco a Jéssica em troca de um anel de turquesa. Shylock fica transtornado: "A peste que a carregue! Torturas-me, Tubal. Era a minha turquesa; presente de Lia, quando eu ainda era solteiro. Não a trocaria por uma floresta de macacos" (3.1.110-13). O anel de Shylock é de uma turquesa relativamente modesta[21], mas a

---

[21] Jackson Campbell Boswell, "Shylock's Turquoise Ring", *Shakespeare Quarterly* 14, n. 4 (1963), pp. 481-2.

propriedade mítica dessa pedra "oriental" ou do Oriente Médio criava harmonia entre marido e mulher. Por outro lado, os macacos eram um símbolo da avareza. Como os maridos cristãos, Jéssica não consegue manter seu anel fora do mercado.

A sequência do anel mostra o lado positivo da resistência de Shylock à mercantilização. Shylock não irá desistir da libra de carne por dinheiro nenhum. Isso confunde os outros personagens da peça, não apenas por serem cristãos que não redigiriam tais contratos, mas também porque eles são venezianos que não podem acreditar que alguma coisa possa estar fora do mercado. Nesse caso, Shylock articula o mesmo princípio contrário à mercantilização de um ponto de vista mais simpático. Ele sabe como conservar seus presentes.

Os três anéis também lembram os três porta-joias. Como o porta-joias de chumbo, o anel de Shylock representa o amor, pelo qual ele está disposto a dar e arriscar tudo o que tem – por mais que essa abundância seja representada como uma "floresta de macacos". Em comparação, os anéis de Bassânio e de Graciano são como os porta-joias de ouro e de prata (no quinto ato ficamos sabendo que o anel de Graciano é feito de ouro). Pórcia reivindica o anel de Bassânio com argumentos familiares provenientes do desejo e do merecimento. Ela utiliza a linguagem do desejo quando diz "lembrança alguma me servirá, senão apenas essa", e a linguagem do merecimento quando fala "até que ponto fiz jus a essa lembrança" (4.1.446). Graciano relata isso fielmente mais tarde quando diz "Pois o Senhor Bassânio fez presente / do seu anel ao juiz, que lho pedira e, certo, / o merecera" (5.1.179-81). E enquanto Nerissa reclama o anel de Graciano fora de cena, Graciano diz que ela fez um par semelhante de reclamações para ele – "Foi nessa hora que o ajudante do juiz, / o tal menino que tanto se esforçara na escritura, quis que eu lhe desse o meu" (5.1.181-82). Embora tenha aprendido a não fazer reclamações de desejo e merecimento, Bassânio não aprendeu a resistir a elas. Diferentemente dos maridos cristãos de quem zomba, Shylock é capaz de fazê-lo. Somente que ele não está em falta por ter perdido seu anel.

Quando Pórcia apresenta o anel, ele representa uma afirmação antecipada de sua predominância na relação. Durante toda a peça, ela convenceu Bassânio a fazer suas vontades. Sabemos que ela continuará agindo assim durante todo o casamento.

Por muitos séculos, Pórcia tem sido apresentada como símbolo de um bom advogado. A primeira escola de Direito para mulheres, que se tornaria depois a Faculdade de Direito da Nova Inglaterra, recebeu o nome de Escola de Direito Pórcia[22]. Depois de a juíza Sandra Day O'Connor ter ascendido à Corte Suprema, o juiz John Paul Stevens referiu-se a ela, certa feita, como a "Pórcia que agora ornamenta nossa Corte[23]". Sua intenção era fazer um elogio.

Devemos, porém, olhá-la com um pouco mais de ceticismo. Tornou-se um lugar-comum afirmar que as pessoas odeiam os advogados – como observou a professora de Direito Ann Althouse[24], os advogados talvez sejam o único grupo de pessoas sobre as quais ainda é aceitável dizer que seria melhor que estivessem todos mortos. Grande parte da animosidade contra os advogados vem da ideia de que somos bocas de aluguel, de que usamos nossas habilidades retóricas para garantir a felicidade e a segurança dos Belmonts* em que vivemos, ignorando as consequências para aqueles que estão fora do círculo mágico. Quando os advogados *não* se encaixam nesse perfil – como Mahatma

---

[22] John F. O'Brian, "Opportunity for All", New England School of Law History Project. Disponível em: <http://www.nesl.edu/historyProject>. Acesso em: 26 jun. 2010.

[23] John Paul Stevens, "The Shakespeare Canon of Statutory Construction", *University of Pennsylvania Law Review* 140 (1992), p. 1.387.

[24] Ann Althouse, "When is it Considered Socially Acceptable to Joke to a Stranger that People Like you Should All be Dead?" Blogue de Althouse, postado em 21 dez. 2004. Disponível em: <http://althouse.blogspot.com/2004/12/when-is-it-considered-socially.html>. Acesso em: 26 de jun. 2010.

* O autor refere-se, provavelmente, aos frequentadores de Belmont Park, célebre hipódromo localizado nos arredores da cidade de Nova York, onde tem lugar a corrida de cavalos mais importante dos Estados Unidos. Inaugurado em 4 de maio de 1905, seu nome seria uma homenagem ao financiador e esportista August Belmont, Sr. (N. do T.)

Gandhi ou Nelson Mandela –, o público tende a esquecer que esses personagens eram advogados.

Quando refletimos sobre os três julgamentos conduzidos por Pórcia, sua habilidade retórica deveria nos deixar apreensivos. Shylock é o único que se aproxima dela. Sua eloquência é suficientemente grande para que ele consiga enganar Antônio e Bassânio, fazendo-os aceitar a abjeta nota promissória da libra de carne. Mas Shylock é derrotado no terreno jurídico de maneira decisiva por Pórcia, na célebre cena do julgamento. No início admiro Pórcia porque só ela é capaz de deter Shylock; quando a peça termina, eu me pergunto quem é capaz de deter *Pórcia*.

Os três julgamentos da peça são tentativas feitas pela lei de submeter os seres humanos que vivem sob ela. Cada um deles é baseado num documento legal – o testamento do pai, o contrato do mercador e o compromisso de casamento. Porém, no final das contas, Pórcia não está sujeita a nenhum desses documentos. Ela sempre encontra uma forma de fazer valer sua vontade.

Ao agir assim, Pórcia torna-se um símbolo do advogado. Quando ela aparece no tribunal como o "doutor em Direito", o traje não é tanto um disfarce como uma revelação do papel que ela vem desempenhando o tempo todo. Como observa Bassânio: "Em direito, que causa tão corruta e estragada, / não fica apresentável por uma voz graciosa, / que a aparência malévola disfarça?" (3.2.75-77). Pórcia é o tipo de pessoa que tememos pela capacidade de adoçar tudo com uma voz agradável, moldando, assim, nossa realidade em oposição às nossas opiniões mais sólidas.

A preocupação com a habilidade retórica dos advogados já existia antes de Pórcia e continuou existindo depois dela. Ela remonta aos primeiros advogados, os sofistas da Antiguidade[25], que se orgulhavam de utilizar a retórica para fazer "o argumento mais fraco parecer mais for-

---

[25] G. B. Kerferd, *The Sophistic Movement* (Cambridge, Cambridge University Press, 1981), p. 32.

te". E chega aos dias de hoje, quando os advogados somos temidos e odiados por nossa sofística. O professor de Direito Marc Galanter nota que a argumentação contra os advogados sempre conteve a acusação de que nós "corrompemos o discurso"[26]. Gostaria de demonstrar que essa preocupação com a sofística dos advogados ainda se encontra muito viva hoje, examinando o exemplo recente de um excelente advogado.

DE TODOS OS legalismos preocupados com detalhes insignificantes[27] de nossa época, provavelmente o mais célebre foi o que o presidente Clinton proferiu em 1998, durante o escândalo Monica Lewinsky: "Depende de qual é o significado da palavra 'existe'."* Clinton era advogado, naturalmente, e sua capacidade de analisar gramaticalmente os textos do ponto de vista jurídico ficou demonstrada do começo ao fim do escândalo.

O caso Lewinsky ganhou importância legal porque Paula Jones, uma funcionária pública do estado de Arkansas, havia processado Clinton por assédio sexual. Como é comum nesse tipo de processo, os advogados de Jones procuraram descobrir outras mulheres com quem o presidente Clinton pudesse ter tido um relacionamento impróprio. Essa varredura encontrou Monica Lewinsky, uma ex-estagiária da Casa Branca. Ao testemunhar no caso Paula Jones, em 17 de janeiro de 1998, o presidente Clinton jurou: "Nunca tive relações sexuais com Monica Lewinsky. Nunca tive um caso com ela[28]." Esse depoimento se encaixava perfeitamente com uma declaração juramentada apresentada dez dias antes por Lewinsky, que afirmava: "Eu nunca tive uma relação sexual com o presidente."[29] Quando perguntado sobre a declaração jura-

---

[26] Marc Galanter, *Lowering the Bar: Lawyer Jokes and Legal Culture* (Madison, University of Wisconsin Press, 2005), p. 17.

[27] *The Starr Report: The Findings of Independent Counsel Kenneth W. Starr on President Clinton and the Lewinsky Affair* (Nova York, Public Affairs, 1998), p. 325.

* Em inglês: "It depends on what the meaning of the word 'is' is." (N. do T.)

[28] Ibid., p. 159.

[29] Ibid., p. 129.

mentada feita por Lewinsky, Clinton assegurou que ela era "absolutamente verdadeira"[30]. Ele também permaneceu calado[31] enquanto seu advogado, Robert Bennett, declarava ao juiz que Lewinsky havia preenchido uma declaração juramentada "dizendo que não existe absolutamente nenhum tipo de sexo, em qualquer modo, forma ou feitio com o presidente Clinton". Em 26 de janeiro de 1998, numa entrevista coletiva à imprensa na Casa Branca, Clinton reiterou: "Vou dizer mais uma vez: não tive relações sexuais com essa mulher, a senhorita Lewinsky. Nunca disse a ninguém que mentisse, nem uma única vez; jamais."[32]

Como ficou comprovado[33], uma quantidade inacreditável de indícios confirmaram a ligação entre Clinton e Lewinsky, inclusive um vestido azul-marinho manchado com o sêmen de Clinton. O conselheiro independente Kenneth Starr abriu o inquérito do júri acerca das declarações de Lewinsky no dia seguinte à coletiva de imprensa que Clinton deu na Casa Branca. No dia 17 de agosto de 1998, o presidente Clinton testemunhou diante do júri de Lewinsky. Nesse comparecimento[34], Clinton finalmente admitiu ter tido uma "relação íntima inadequada" com Lewinsky. No entanto, ele continuou a insistir que não havia cometido perjúrio no seu testemunho de janeiro.

Como era possível? Primeiro, Clinton diferenciou uma "relação íntima" de uma "relação sexual". Ele observou que ele e Lewinsky não haviam tido uma "relação sexual" porque eles nunca tiveram intercurso sexual. Segundo ele:

> Se você dissesse[35] que Jane e Henry tiveram uma relação
> sexual, e não estivesse se referindo a pessoas que estão

---

[30] Ibid., p. 159.
[31] Ibid., p. 36.
[32] Ibid., p. 151.
[33] Ibid., pp. 32-6.
[34] Ibid., p. 173.
[35] Office of the Independent Counsel, Transcript of Testimony of William Jefferson Clinton, President of the United States, Before the Grand Jury Empanelled for Independent Counsel Kenneth Starr, 17 ago. 1998. Disponível em: <http://jurist.law.pitt.edu/transcr.html>. Acesso em: 26 jun. 2010.

sendo objeto de uma ação judicial nem estivesse preocupado em dar definições, e nem existisse um grande esforço para enganá-las de alguma maneira, mas se apenas estivesse se referindo às pessoas numa conversa comum, aposto que os jurados, se estivessem falando de duas pessoas que eles conhecem, e dissessem que elas têm uma relação sexual, eles quereriam dizer que elas estavam dormindo juntas; que elas estavam tendo um intercurso sexual.

Clinton apelou primeiro para o significado usual da expressão "relações sexuais", tal como é empregada na linguagem comum. Embora o presidente declinasse de afirmar a natureza exata de seu relacionamento físico com Lewinsky, ele insistiu que eles nunca tiveram intercurso.

Infelizmente para Clinton, no depoimento de *Jones*, uma definição específica de relações sexuais *fora* adotada. De acordo com aquela definição[36], "uma pessoa envolve-se em 'relações sexuais' quando ela intencionalmente se envolve com ou causa... contato com os genitais, ânus, virilha, seio, parte interna da coxa ou nádegas de qualquer pessoa com a intenção de excitar ou atender ao desejo sexual de qualquer pessoa". O presidente também tinha uma resposta[37] para isso: "Se a depoente é a pessoa que fez sexo oral nele, então o contato é com – nada daquilo que está nessa lista, mas com os lábios de outra pessoa. Parece-me evidente por si só que é disso que se trata. O que Clinton disse em seguida pareceu[38] supérfluo: "Gostaria de lembrar-lhe, senhor, que eu li isto cuidadosamente."

É claro que ele leu cuidadosamente – ele era advogado. Ele percebeu que a palavra "lábios" não constava das partes do corpo relacionadas. Isso criava um "furo" na definição de "relações sexuais" com relação ao

---

[36] *Starr Report*, p. 37.
[37] Ibid., p. 38.
[38] Ibid.

sexo oral passivo. Como o Relatório Starr observou[39], isso significava que, se Lewinsky fizera sexo oral em Clinton, ela estava tendo "relações sexuais" com ele, mas ele não estava tendo "relações sexuais" com ela. Diante de uma definição legal de "relações sexuais", Clinton respondeu com um legalismo. Seu apelo não se dirigia a "Harry e Jane", mas à "pessoa razoável" tantas vezes invocada no Direito. Na verdade, ele passou sutilmente de um para o outro, observando em seu testemunho diante do júri que "qualquer pessoa, qualquer pessoa *razoável*" reconheceria a validade dessa diferença.

Clinton, no entanto, ainda precisava explicar algo. No depoimento de Paula Jones, ele permanecera sentado em silêncio enquanto seu advogado sustentava que Lewinsky preenchera uma declaração juramentada na qual ela dizia "que não existe absolutamente nenhum tipo de sexo, em qualquer modo, forma ou feitio com o presidente Clinton". Essa declaração parecia ter sido proferida de maneira bastante ampla para ser evidentemente falsa, fosse do ponto de vista de um leigo ou de um advogado.

Quando lhe perguntaram se a declaração[40] era falsa, Clinton saiu-se com este *coup de grâce**: "Depende de qual é o significado da palavra 'existe'. Se o – se ele – se 'existe' significa existe e nunca existiu, isso não é – isso é uma coisa. Se significa não existe nenhum, foi uma declaração inteiramente verdadeira." Clinton dependia do tempo do verbo "*to be*". Como explicou[41] em seguida: "Assim sendo, se alguém tivesse me perguntado naquele dia, 'você está tendo algum tipo de relação sexual com a srta. Lewinsky?', isto é, tivesse feito uma pergunta no tempo presente, eu teria dito não. E essa resposta teria sido absolutamente verdadeira."

Foi essa a declaração que se tornou viral pela internet (uma busca feita em 2010 com as onze palavras gerou mais de meio milhão de

---
[39] Ibid.
[40] Ibid., p. 325.
* Golpe de misericórdia. Em francês no original. (N. do T.)
[41] Ibid.

respostas). Na verdade, essa citação parece mais absurda fora do contexto. Sozinha, "Depende de qual é o significado da palavra 'existe'" não parece uma defesa baseada no tempo presente *versus* o tempo passado do verbo. Em vez disso, como notou o colunista conservador George Will[42], parece um ataque pós-moderno à realidade.

Por mais estranho que pareça, penso que a frase captou melhor fora de contexto o que estava acontecendo do que quando ela é contextualizada. O eminente especialista em Direito Constitucional Thomas Reed certa vez disse: "Se você pensa que pode pensar em algo que está vinculado a outra coisa sem pensar naquilo a que ele está vinculado, então você tem o que é conhecido como cabeça de advogado."[43] Pórcia exibe sua cabeça de advogada quando separa a "libra de carne" do sangue ao qual está inextricavelmente ligada. Clinton exibiu sua cabeça de advogado ainda na primeira campanha para presidente. Quando lhe perguntaram se alguma vez tinha violado o Direito internacional, ele declarou que havia experimentado maconha quando estava na Inglaterra. Mas, disse ele, "eu não traguei"[44]. Portanto, não seria surpreendente que ele fosse capaz de diferenciar entre uma "relação íntima" e uma "relação sexual", entre "sexo oral" e "relações sexuais", e, por fim, entre "existe" e "existe".

A sofística de Pórcia ultrapassa os legalismos preocupados com detalhes insignificantes, chegando até a capacidade de convencer os outros a se comportar mal enquanto minimiza sua própria vulnerabilidade. Ela contorna as restrições do testamento do pai quando, dissimulada, vai dando dicas a Bassânio, quando convence Shylock a se destruir e quando, mais tarde, engana Bassânio, fazendo-o renunciar ao anel. De forma semelhante, Clinton usou sua capacidade de persuasão para pôr

---

[42] George F. Will, "In 'Forgiveness Mode'", *Washington Post*, 16 set. 1998, seção Opinião/Editorial.

[43] *AT & T Corporation v. Hulteen*, 129 S. Ct. 1962, 1980 (2009) (Ginsburg, J., discordando).

[44] Gwen Ifill, "Clinton Admits Experiment with Marijuana in 1960's", *New York Times*, 30 mar. 1992.

outras pessoas em perigo enquanto protegia seus próprios interesses. Lewinsky declarou que o presidente nunca lhe disse "explicitamente" para mentir[45]. No entanto, ela testemunhou[46] que ele a estimulou a usar "histórias falsas". Por exemplo, Clinton supostamente[47] teria dito: "Sabe, se perguntarem, você diz que veio falar com [sua assistente] Betty [Currie] ou veio me trazer a correspondência."

Clinton também pôs em perigo Betty Currie, que se viu envolvida no escândalo contra a sua vontade. Currie declarou, em seu testemunho, que evitava saber de quaisquer detalhes do relacionamento entre Lewinsky e o presidente. Quando Lewinsky tentou[48] usá-la como confidente, sua resposta foi: "Não quero ouvir falar nisso; não diga mais nada. Não quero ouvir mais nada." Não obstante, em razão de sentar bem do lado de fora do Salão Oval, Currie inevitavelmente acabou tomando conhecimento da ligação entre Lewinsky e o presidente. Ambas as partes a usavam[49] como intermediária para entregar presentes e recados. Após Lewinsky ter recebido uma intimação para comparecer em juízo, Currie recebeu a incumbência de pegar uma caixa com presentes que Clinton havia dado a Lewinsky. Embora não tivesse aberto a caixa, ela a guardou em sua residência, debaixo da cama, até ter sido obrigada a entregá-la durante o processo do júri.

Quando soube que Currie tinha sido chamada para testemunhar, Clinton confrontou-a com uma série de afirmações à queima-roupa:

> "Você sempre estava por perto[50] quando ela estava lá, certo? Na verdade, nós nunca ficamos sozinhos."
> "Você podia ver e ouvir tudo."
> "Monica veio para cima de mim, e eu nunca toquei nela, certo?"
> "Ela queria transar comigo, e eu não posso fazer isso."

---

[45] *Starr Report*, p. 207.
[46] Ibid., pp. 211-3.
[47] Ibid., p. 191.
[48] Ibid., p. 76.
[49] Ibid., p. 75.
[50] Ibid., p. 140.

Currie acreditou que o presidente queria que ela concordasse com essas afirmações e, naquele momento, ela deu a entender que concordaria. No entanto, enquanto testemunhava diante do júri, ela tomou a decisão certa: admitiu[51] saber que o presidente e Lewinsky na verdade tinham ficado sozinhos no Salão Oval e não poder vê-los nem ouvi-los quando eles estavam a sós. Diferentemente de Lewinsky, Currie não podia ser convencida a mentir sob juramento. Mas não foi por falta de Clinton tentar. Ele estava disposto a fazer que ela cometesse perjúrio, enquanto media cuidadosamente as palavras para manter uma postura plausível de quem rejeitava a acusação. E foi o que ele fez, explicando que estava revendo a sequência de acontecimentos em sua cabeça, e não tentando influenciar seu testemunho.

Diferentemente de Pórcia, Clinton foi chamado a se explicar. Ele foi impedido de ocupar a presidência sob a acusação de perjúrio e obstrução da justiça. Embora tenha sido absolvido pelo Senado dessas acusações, tanto o estado de Arkansas como a Suprema Corte cassaram sua licença de advogado. Mas a diferença entre Clinton e Pórcia talvez dependa mais das circunstâncias do que de princípios. Afinal, Pórcia disfarçou-se de advogado no julgamento da nota promissória da libra de carne. Se não podiam lhe cassar a licença de advogada, era somente porque, para começo de conversa, ela não era advogada. Recentemente, num julgamento simulado como exercício para os alunos de Direito, perguntaram ao juiz Richard Posner – encarregado de responder a um recurso fictício extraído de *Shylock versus Antônio* – se Pórcia deveria ser punida. A resposta, naturalmente, foi: "sim".

---

[51] Ibid., p. 141.

Capítulo Três

O Juiz

Medida por medida

No verão de 2009, no primeiro dia das audiências que confirmariam Sonia Sotomayor como a nova juíza da Suprema Corte, instalei-me no frio glacial de um estúdio de televisão. Como seu defensor de longa data, tinha decidido me doar por inteiro. Isso significava aceitar todos os convites da mídia como este: ficar sentado durante horas num estúdio esperando por um intervalo na cerimônia que permitisse algum comentário. Sentada ao meu lado, a âncora – toda animada – disse que esperava que um dos senadores não utilizasse os dez minutos reservados a cada um. Lancei-lhe um olhar de piedade.

Desde 1987, quando o juiz Robert Bork "atacou"* a si próprio ao responder, de fato, às perguntas, a importância das audiências de con-

---

* "Borked", em inglês. O neologismo "to bork" (atacar sistematicamente um candidato ou figura pública, especialmente na mídia) teve origem no sobrenome desse juiz quando, por ocasião de sua indicação à Suprema Corte, em 1987, ele sofreu uma intensa campanha na mídia por parte de seus oponentes. (N. do T.)

firmação como eventos do tipo "vamos conhecê-lo" despencou. Nessas audiências, os senadores são estimulados a falar o máximo possível e os indicados, o mínimo possível. Em 1993, a juíza Ruth Bader Ginsburg estabeleceu a regra que acabou levando seu nome. Com a circunspecção[1] que marcou sua carreira, ela disse que não pretendia dar "nenhuma pista, nenhuma previsão, nenhuma prévia".

O que as audiências de confirmação *de fato* oferecem é uma oportunidade para que possamos refletir, como nação, sobre o papel do juiz. O campo de batalha foi traçado com nitidez: o presidente Barack Obama declarou[2] que, ao indicar os juízes, buscaria neles o atributo da "empatia". Essa afirmação deixou muitos conservadores furiosos. O senador Jeff Sessions[3], eminente republicano que faz parte do Comitê Judiciário do Senado, caracterizou o critério da empatia como um perigoso distanciamento do Estado de Direito. Empatia por alguns, observou[4], sempre significou preconceito contra outros.

O que me incomodou nessa conversa é que muitos indivíduos se comportaram como se isso estivesse acontecendo pela primeira vez. Na verdade, há séculos, se não milênios, isso vem acontecendo. Circulamos entre três concepções do ato de julgar: uma que valoriza excessivamente a empatia, levando à erosão do Estado de Direito; uma que falha no sentido oposto, pedindo a "interpretação rígida" da "letra da lei"; e, finalmente, uma que percebe que o ato de julgar é algo muito mais confuso do que qualquer um dos extremos indicaria.

Medida por medida apresenta esses modelos contrapondo entre si, de maneira brilhante, os três sentidos do título. O primeiro sentido[5]

---

[1] Charlie Savage, "A Nominee on Display, but Not Her Views", *New York Times*, 16 jul. 2009.

[2] "Obama's Remarks on the Resignation of Justice Souter", *New York Times*, 1º maio 2009.

[3] Kathy Kiely e Joan Biskupic, "Sotomayor's Remarks Cap Emotional Day", *USA Today*, 13 jul. 2009.

[4] Ibid.

[5] Mt 7, 1-5 (trad. João Ferreira de Almeida, 2ª ed. rev. e atual., Sociedade Bíblica do Brasil, 1993).

de "medida por medida" é o sentido cristão, que tem origem no Sermão da Montanha:

> Não julgueis, para que não sejais julgados.
> Pois, com o critério que julgardes, sereis julgados; e, com a medida com que tiverdes medido, vos medirão também.
> Por que vês tu o argueiro no olho de teu irmão, porém não reparas na trave que está no teu próprio?
> Ou como dirás a teu irmão: Deixa-me tirar o argueiro do teu olho, quando tens a trave no teu?
> Hipócrita, tira primeiro a trave do teu olho e, então, verás claramente para tirar o argueiro do olho de teu irmão.

Gosto muito dessa passagem porque ela usa com extrema habilidade um órgão de julgamento – o olho – como exemplo de um objeto de julgamento. Se eu julgo o argueiro em seu olho, estou pressupondo implicitamente que não há nada em meu próprio olho que impeça minha visão. No entanto, minha perspectiva pode ser apenas parcial, se não for ainda mais precária. O julgamento habitual – feito só por meio do olhar – não revelará meu erro, uma vez que eu, afinal de contas, tenho uma trave no olho que me impede de vê-lo. Não é o olhar que é necessário, e sim o *insight* – preciso olhar para a sua "deficiência" visual e deduzir que minha própria deficiência pode ser igual ou pior. Em vez de julgar, preciso sentir empatia. A ética de julgamento que tal empatia gera é uma ética do não julgamento, recordando a ideia de que, por sermos todos pecadores, nenhum de nós deve atirar a primeira pedra. Em vez disso, devemos suspender ou protelar nosso julgamento – "Não julgueis, para que não sejais julgados." Vicêncio, duque de Viena, é quem inicialmente representa essa ética na peça.

O segundo sentido de "medida por medida" é o da ética da comensurabilidade do Velho Testamento[6], na qual a punição é proporcional ao crime. Trata-se da lei de talião, explorada tanto em *Tito Andrônico* como n'*O mercador de Veneza*. Como diz o Êxodo: "Mas, se houver dano grave, então, darás vida por vida, olho por olho, dente por dente, mão por mão, pé por pé, queimadura por queimadura, ferimento por ferimento, golpe por golpe."[7] Esse princípio de retribuição situa-se no extremo oposto da concepção de perdão do duque. Ângelo, governador durante a ausência do duque, é quem a representa na peça.

O último sentido de "medida por medida" é pagão, tendo sua origem na Antiguidade. É o sentido de julgar "com medida", guiado pela temperança de Aristóteles ou o meio-termo de Arquimedes. Essa justiça conduz a resultados menos conclusivos do que as outras duas, exigindo mais intervenção e critério humanos. Ele é representado por Escalo, o sábio conselheiro mais velho cujo nome significa "balança".

A peça apresenta, de forma convincente, o terceiro modelo – a *via media* – como o melhor. Ela demonstra que nenhuma pessoa sensata desejaria viver numa sociedade governada unicamente pela empatia ou pela letra da lei. Como sempre, Shakespeare chegou lá primeiro. O *insight* da peça deveria inspirar as conversas contemporâneas sobre o ato de julgar. Ela nos ensina a eliminar no começo as posições extremas. Nunca estamos lidando unicamente com "empatia" ou com "Estado de Direito", mas com valores concorrentes que precisam, ambos, ser respeitados. Talvez de maneira contraintuitiva, um bom julgamento exija moderação militante.

---

[6] Não obstante, na tradição judaica tardia alguns sábios afirmaram que o Templo foi destruído porque, quando surgiram as controvérsias, os juízes insistiram na estrita letra da Torá, e não agiram com compaixão no interesse da paz, para chegar a uma solução de meio-termo, i. e., ir além da letra da lei. Menachem Elon, "Law, Truth, and Peace: the Three Pillars of the World", *New York University Journal of International Law Politics* 29 (1996), pp. 439, 444.

[7] Ex 21, 23-25 (trad. João Ferreira de Almeida, 2ª ed. rev. e atual., Sociedade Bíblica do Brasil, 1993).

EMBORA NÃO SEJA o personagem mais proeminente ou simpático de *Medida*, o jovem cavalheiro Cláudio conduz a ação na peça. Cláudio infringiu a lei de Viena contra a fornicação (sexo fora do casamento) com sua noiva, Julieta, resultando numa gravidez ilegítima. Normalmente, isso não seria um problema, dado que havia muito as leis contra a fornicação – ou, a propósito, nenhuma das leis de Viena – não eram cumpridas sob o governo do duque Vicêncio. Entretanto, Vicêncio deixou Viena, por certo período, nas mãos de seu jovem substituto lorde Ângelo. Ângelo começa, zelosamente, a fazer que todas as leis sejam cumpridas na cidade, e Cláudio é condenado à morte.

Cláudio envia seu amigo Lúcio, um cafetão, ao encontro de Isabela, que é noviça em um convento. Embora horrorizada com o que o irmão fez, Isabela também fica horrorizada com a brutal punição do Estado. Ela vai implorar a lorde Ângelo pela vida de Cláudio. Ângelo consegue defender a importância de manter a letra da lei contra apelos de clemência. Não obstante, Ângelo se identifica emocionalmente com a integridade distante de Isabela e cai de amores, ou de luxúria, por ela. Ele promete que salvará a vida de seu irmão se ela dormir com ele. Isabela conta a proposta ao irmão. Inicialmente, Cláudio diz-lhe para não ceder, mas em seguida, para horror de Isabela, começa a hesitar.

Para sorte de Isabela, o duque Vicêncio apenas fingira ter deixado Viena. Disfarçado de monge, ele sugere que Isabela engane Ângelo, que havia rompido o compromisso com a dama Mariana unicamente porque ela perdera seu dote num naufrágio. Vicêncio diz a Isabela que aceite a proposta de Ângelo, mas que, protegida pela escuridão da noite, Mariana a substitua no encontro amoroso. O plano dá certo, exceto por um aspecto – depois de dormir com Mariana, pensando que é Isabela, Ângelo não cumpre sua parte do trato. Temendo que Cláudio queira vingar a irmã, ele ordena que o jovem seja executado.

A peça termina com a "volta" do duque à cidade. Isabela procura o duque para exigir que seja feita justiça. Trata-se de um caso clássico de assédio sexual, na medida em que é a palavra de Ângelo contra a de Isabela. Dados o histórico e a posição de poder de Ângelo, no início

Isabela é considerada louca. No entanto, no desenlace da peça, o duque revela ter estado em Viena o tempo todo e saber precisamente o que havia transpirado. Ângelo deseja que lhe seja aplicada a pena de morte, mas Mariana pede que o deixem viver. O duque testa a virtude de Isabela deixando o caso em suas mãos, sem revelar que, secretamente, impedira a execução de Cláudio. Isabela implora pela vida de Ângelo. Comovido com o gesto, o duque distribui perdões. Ele revela que Cláudio ainda está vivo e o perdoa; perdoa Ângelo, para que ele possa se casar com Mariana; e perdoa até o alcoviteiro Lúcio, que o difamou, desde que se case com a mulher que ele engravidou. Nas últimas falas da peça, Vicêncio pede que Isabela se case com ele.

Isabela não lhe dá uma resposta. Seu silêncio representa a ausência de respostas a muitas das perguntas da peça. Embora a clemência do duque tenha resultado num final feliz, ela corre o risco de repetir o problema com o qual iniciamos a peça – o problema de uma Viena sem lei. Mas, se o duque é um juiz excessivamente leniente, Ângelo é tão severo que é incapaz de se sujeitar a seus próprios julgamentos. A questão é como encontrar um caminho entre os dois extremos. Escalo, o estadista mais velho no segundo plano da peça, oferece uma resposta.

Medida COMEÇA COM o duque Vicêncio lamentando que ele deixou Viena cair na anarquia em razão de uma generosidade equivocada. O principal problema com as leis de Viena é que elas são extremamente rígidas – um ato sexual fora do casamento, por exemplo, é punido com a morte. Ficamos nos perguntando por que o duque não fez nada para emendar essas leis, uma vez que o verdadeiro problema é legislativo. Mas a peça considera as leis imutáveis. Consequentemente, o duque usou seus poderes para impedir que qualquer uma das leis entre em vigor por um período indeterminado de tempo: o jovem cavalheiro Cláudio diz dezenove anos (1.2.157), enquanto o duque estabelece que serão catorze (1.3.21). Os críticos atribuem a discrepância a um descuido autoral. Com o risco de incorrer em bardolatria, penso que ela é proposital. Um dos sintomas de um Estado confuso é a falta de rumo quando ele começa a desmoronar.

Com que todos concordam é que Viena está um caos. Como diz o duque:

> Possuímos estatutos rigorosos
> e leis muito severas – brida e freio para
> corcéis rebeldes – que se encontram
> dormindo há catorze anos como velho leão
> que não deixa a toca pela caça.
> Dá-se conosco como com esses pais
> por demais amorosos, que penduram
> ameaçadoras varas de vidoeiro só para
> serem vistas pelos filhos; para medo
> infundir, não para usá-las.
> Com o tempo, tornam-se essas varas
> simples causa de zombarias, não de medo.
> Assim nossos decretos: se estão mortos
> para serem cumpridos, não têm vida:
> da justiça a impudência infrene zomba,
> as crianças dão nas amas, soçobrando,
> por fim, todo o decoro.
> (1.3.19-31)

As leis não cumpridas são objeto de diferentes comparações: rédeas que se soltaram dos cavalos, um leão gordo demais para sair da toca e, por fim, a falta de vara que estraga a criança. Com esta última imagem Vicêncio introduz um problema mais sutil com o não cumprimento das leis do que a simples ineficácia – leis não cumpridas diminuem a credibilidade do governo porque "tornam-se essas varas simples causa de zombarias, não de medo" (1.3.26-27). Albert Einstein foi contra[8] a

---

[8] Albert Einstein, "My First Impressions of the U.S.A.", em *Berliner Tageblatt*, 7 jul. 1921, reproduzido em Albert Einstein, *Ideas and Opinions*, Carl Seelig, org., trad. Sonja Bargmann (1954; Nova York, Wing, 1988), pp. 3, 6.

Lei Seca por este motivo – ele temia que leis não cumpridas reduziriam "o prestígio do governo". Nesse sentido, uma lei não cumprida é pior que a ausência de lei.

A solução óbvia seria o duque anunciar uma nova era de cumprimento da lei. O frade a que o duque se dirige diz o mesmo: "Dependia de Vossa Graça / dar a liberdade, quando vos aprouvesse, / a essa Justiça tão peada. / Mais temível parecera em vós do que em lorde Ângelo" (1.3.31-34). O duque, no entanto, receia ser hipócrita e, além disso (o que lhe diminui o conceito), ser *visto* como hipócrita. Assim, ele finge deixar a cidade, atribuindo a Ângelo a tarefa de executar a reforma. O duque não causa boa impressão à primeira vista – ele não somente deixou o Estado quebrar como quer que outra pessoa o conserte.

Ele escolhe seu substituto com cuidado. Primeiro convoca Escalo, o mais velho de seus dois conselheiros, e, acertadamente, elogia seu conhecimento da arte de governar. No entanto, depois de distribuir os elogios, o duque faz de Ângelo, o conselheiro mais novo, seu substituto. Ângelo é a verdadeira imagem invertida do duque: tão rígido quanto o duque tem sido indulgente. Ele tem sido caracterizado inúmeras vezes pelos outros como super ou subumano. Percebemos que o duque o está usando, em lugar do mais que razoável Escalo, para empurrar o Estado para o outro extremo. O duque também desconfia que Ângelo não seja tão puro quanto aparenta.

Depois da suposta partida do duque, vamos entrar em contato diretamente com a Viena sem lei quando Ângelo e Escalo examinam uma causa judicial. O condestável Elbow arrasta o cafetão Pompeu e o atendente de bar Froth até o tribunal. Elbow, cujo nome sugere um torcicolo ou uma deformidade física*, é o arquétipo do condestável humilde que trabalhava de graça nas aldeias inglesas, acompanhando outros policiais shakespearianos incompetentes como Dull, em *Trabalhos de amor perdidos*, e Dogberry e Verges, em *Muito barulho por nada*. Ele não consegue se expressar corretamente: "Com licença de Vossa

---

* *Elbow*, cotovelo em inglês. (N. do T.)

Honra, eu sou o condestável do pobre duque. Meu nome é Elbow; apoio-me na justiça, senhor, e apresento agora a Vossa Honra dois notórios benfeitores" (2.1.47-50). Ele quer dizer "o pobre condestável do duque", e "dois notórios malfeitores", mas os juízes demoram para juntar as pontas. Quando Pompeu afirma que é inocente, Elbow diz "Prova-o diante destes velhacos, homem de bem, prova-o" (2.1.85-86). Escalo afeiçoa-se dele: "Vedes como ele troca tudo?" (2.1.87). Ângelo já perdeu a paciência. Ele deixa o tribunal pisando duro, com a esperança de que "todos deem motivos de serem chibateados" (2.1.136).

Pompeu começa a atormentar o infeliz condestável. Elbow usa "de respeito" em lugar de "suspeita" ao dizer que a "sua [de Pompeu] mulher, também, é uma mulher de respeito" (2.1.160-61). Pompeu retruca que a "mulher dele [de Elbow] é mais respeitada do que todos nós" (2.1.162-63). O indignado Elbow grita: "Isso é mentira, lacaio! Isso é mentira, lacaio de uma figa! Ainda está para vir o tempo em que ela seja respeitada como homem, mulher e criança" (2.1.164-66). Escalo pergunta, tristemente: "Quem revelará mais senso: a Justiça ou a Iniquidade?" (2.1.169). Escalo está se referindo às peças moralistas medievais, nas quais a Justiça e a Iniquidade assumiam a forma humana. Nessas representações teatrais, a Justiça sempre triunfava, mas sua vitória em Viena não está tão garantida. Ao reproduzir os malapropismos de Elbow, Pompeu não somente escapa do julgamento como também engana o condestável ao insultar a si próprio e a sua mulher.

Os equívocos de Elbow são divertidos, mas, pensando bem, não têm graça nenhuma. O Direito é uma linguagem que traz consequências violentas. Essa violência é mais fácil de perceber n'*O mercador*, em que as interpretações antagônicas que Pórcia e Shylock dão para a nota promissória da carne são questão de vida ou morte. Não obstante, quando Elbow mistura os termos legais – ao confundir "agressão" com "difamação" –, percebemos que o uso errado que o condestável faz da linguagem legal poderia ter consequências tão terríveis como as decorrentes da manipulação feita por uma pessoa mais sofisticada. Em Viena, os desvios da lei chegaram à camada social mais baixa.

Seja da perspectiva das classes altas ou das baixas, o frouxo governo do duque Vicêncio fracassou. Ao descrever os perigos de um mundo sem lei como esse, *Medida* revela-se uma peça mais complexa que *O mercador*. Apesar de todos os problemas, *O mercador* conclui com a mensagem reconfortante de que todos os seres humanos deveriam ser mais misericordiosos. Pórcia deveria ter sido mais misericordiosa com Shylock, que deveria ter sido mais misericordioso com Antônio. No entanto, qualquer pessoa que avalie bem essa mensagem vai acabar desconfiando dela. Ninguém gostaria de viver numa sociedade em que houvesse muita misericórdia e pouca lei. Escrita oito anos após *O mercador*, *Medida* é, nesse sentido, uma peça mais madura e surpreendente.

Dizendo de outra forma, o Sermão da Montanha é um bom guia para os indivíduos, não para os Estados. Maquiavel chama a atenção, n'*O príncipe*, que os governantes devem ser cruéis para serem bondosos: "se o governante for capaz de manter seus súditos unidos e leais, ele não deve se preocupar que venha a adquirir uma reputação de crueldade; pois, ao punir uns poucos, ele será verdadeiramente mais misericordioso do que aqueles que, excessivamente indulgentes, permitem que a desordem se espalhe, resultando em mortes e saques"[9]. Shakespeare certamente conhecia a obra de Maquiavel – ele faz Ricardo de Gloucester jurar que "vai mandar o Maquiavel assassino para a escola" (*Henrique VI, Parte 3*, 3.2.193). Independentemente de se basear em Maquiavel neste caso, Shakespeare mostra que reconhece que os governantes não podem ser misericordiosos demais. O duque segue o Sermão da Montanha, porém, assim como Cristo, sua incapacidade de julgar levou à desagregação do Estado. Em *Tito*, o Estado de Direito fracassa por causa da vingança pagã; em *Medida*, por causa da caridade cristã.

A ASCENSÃO DE ÂNGELO ASSINALA o retorno inflexível da lei. Ele decreta que os bordéis da cidade sejam demolidos, acelera o cumpri-

---

[9] Niccolò Machiavelli, *The Prince*, Quentin Skinner e Russell Price, orgs. (1515; Cambridge, Cambridge University Press, 1988), p. 58.

mento das sentenças criminais – como vemos no caso de um prisioneiro que definhava na prisão havia nove anos e é condenado à morte. E, o mais importante, ele condena Cláudio à morte por fornicar com a noiva, Julieta. Como exclama madame Mistress Overdone: "é uma reviravolta completa na república!" (1.2.96).

No que diz respeito a Cláudio, o sentimento de injustiça é enorme. Imagino a Viena da peça como a parte central do quadro *O jardim das delícias terrenas* (*c*. 1503), de Hieronymus Bosch – um panorama de devassidão. No entanto, diferentemente das cafetinas empedernidas da peça, Cláudio só não está casado com Julieta oficialmente. Como vemos em sua declaração a Lúcio: "Sabeis quem ela seja: quase minha mulher. / Só carecemos de proclamas e de atos exteriores" (1.2.136-38). O casal celebrou o *sponsalia de praesenti*, um acordo em que ambos se reconhecem como marido e mulher; não se casaram formalmente porque estão esperando o dote de Julieta.

Além disso, o estatuto que eles violaram – como os outros estatutos em Viena – espera há pelo menos catorze anos para entrar em vigor. Mesmo que o casal tivesse tomado conhecimento dessa lei, eles não teriam sido avisados de que "o ato esquecido" (1.2.159) seria aplicado contra eles. De acordo com o Direito Romano, os tribunais podiam invalidar estatutos que não tivessem entrado em vigor por longos períodos, segundo a doutrina do "desuso"[10], que reconhecia a injustiça de ressuscitar documentos obsoletos. Ao acrescentar o insulto à injúria, o estatuto antifornicação é draconiano, decretando que a pena de morte seja levada a cabo dentro de três dias. Na visão de mundo puritana de Ângelo, porém, a punição está de acordo com o crime.

A atitude de Ângelo, ao fazer que as leis de Viena referentes à conduta sexual entrassem em vigor, poderia ser descrita como uma atitude puritana no sentido literal da palavra. Conhecidos por se basear na letra da lei, os puritanos eram frequentemente chamados de "rigoristas"

---

[10] Daniel J. Kornstein, *Kill All the Lawyers?: Shakespeare's Legal Appeal* (Lincoln, University of Nebraska Press, 2005), pp. 46-9.

ou "homens rigorosos". O adjetivo "rigoroso" persegue Cláudio ao longo de toda a peça – Vicêncio diz "Lorde Ângelo é rigoroso" (1.3.50), e Cláudio o chama de "o rigoroso Ângelo" (3.1.93). Assim como Ângelo[11], os puritanos do início da era moderna inglesa recomendavam que a fornicação fosse punida com a pena de morte. Shakespeare tinha todos os motivos[12] para levar essa recomendação para o lado pessoal, uma vez que sua mulher, Anne Hathaway, deu à luz a filha Susanna seis meses após o casamento. No material que serviu de fonte para *Medida*, o homem que serviu de inspiração para a criação do personagem Cláudio é processado por estupro. Ao mudar o crime de Cláudio para fornicação, Shakespeare transfere para o jovem a sua própria condição.

A obra, porém, não é uma simples arenga contra o moralismo, uma vez que Isabela, irmã de Cláudio, é a verdadeira moralista da peça. Nosso primeiro contato com Isabela dá-se no convento, onde ela está prestes a se tornar freira. Shakespeare define seu caráter em cinco linhas:

ISABELA.
Vós, freiras, não gozais de outros direitos?

FREIRA.
Não bastam os que temos?

ISABELA.
Sim, de fato; não digo isso querendo que fossem mais,
senão pelo desejo de que seja realmente bem severa
a disciplina da ordem das devotas de Santa Clara.
(1.4.1-5)

---

[11] Havelock Ellis, *The Psychology of Sex* (1910; Filadélfia, F. A. Davis, 1913), p. 356; Edmund Morgan, "The Puritans and Sex", *The New England Quarterly* 15, n. 4 (1942), pp. 591, 594.

[12] Stephen Greenblatt, *Will in the World: How Shakespeare Became Shakespeare* (Nova York, W. W. Norton, 2004), p. 120.

A Ordem de Santa Clara[13] era célebre pela rigidez – suas integrantes ficaram conhecidas como as "Claras Pobres", por levarem os votos de pobreza tão a sério. O desejo de Isabela de que houvesse mais restrições parece pedante.

Se, entretanto, imaginarmos a vida de Isabela em Viena, talvez sejamos mais complacentes com ela. Entramos em contato com outras quatro mulheres na peça: a "fornicadora" Julieta, a abandonada Mariana, a dama Mistress Overdone e a freira Francisca. Numa Viena sem lei e com esses modelos femininos, é compreensível que uma moça assustada quisesse entrar para o convento, o mais rígido que houvesse na cidade. Como sabemos hoje, um dos custos de uma sociedade sem lei é que o espaço público torna-se inseguro. Lembrem-se, por exemplo, da cidade de Nova York em meados da década de 1980[14], em que o metrô ficou tão perigoso que o "justiceiro do metrô" Bernhard Goetz foi elogiado por ter matado a tiros quatro assaltantes. Nessa peça, a paz é encontrada em recintos fechados – o convento de Isabela, a granja rodeada de fossos de Mariana, a casa "por muro alto cercada" (4.1.28) de Ângelo.

Qualquer que seja a ideia que façamos de Isabela, ela é uma réplica perfeita de Ângelo. O primeiro diálogo entre eles é comicamente breve porque eles chegam rapidamente à conclusão de que o ato imoral de Cláudio é execrável e de que o Estado de Direito precisa ser defendido. Isabela pergunta timidamente a Ângelo se a lei não é algo desimportante e cruel. Ângelo discorda bruscamente. É o que basta para Isabela: "Oh justa mas severa lei! / Já não tenho irmão, nesse caso. Que o céu guarde vossa honra" (2.2.41-42). Gosto do resumo feito por Northrop Frye: "Isabela: 'Fiquei sabendo que você vai cortar a cabeça do meu irmão.' Ângelo: 'Sim, é o que eu pretendo fazer.' Isabela: 'Bem, só estava querendo saber. Agora preciso ir embora; vou me encontrar com um sujeito, a gente vai rezar'."[15]

---

[13] Natasha Korda. *Shakespeare's Domestic Economies: Gender and Property in Early Modern England* (Filadélfia, University of Pennsylvania Press, 2002), p. 159.

[14] Malcolm Gladwell. *The Tipping Point* (Boston: Little, Brown, 2000), pp. 133-68.

[15] Northrop Frye. *Northrop Frye on Shakespeare*. Robert Sandler, org. (New Haven, Yale University Press, 1986), p. 146.

Indignado, Lúcio convence-a a tentar novamente. Sua segunda súplica, mais fervorosa, ecoa indiscutivelmente a célebre fala de Pórcia "a natureza da graça", d'*O mercador*. Eis aqui, uma vez mais, Pórcia:

> A natureza da graça não comporta compulsão.
> Gota a gota ela cai, tal como a chuva benéfica do céu.
> É duas vezes abençoada, por isso que enaltece quem dá e quem
>   recebe.
> É mais possante junto dos poderosos, e ao monarca no trono
> adorna mais do que a coroa. O poder temporal o cetro mostra,
> atributo do medo e majestade, do respeito e temor que os reis
>   inspiram;
> mas a graça muito alto sempre paira das injunções do cetro,
>   pois seu trono
> no próprio coração dos reis se firma; atributo é de Deus; quase
>   divino
> fica o poder terreno nos instantes em que a justiça se associa à
>   graça.
> Por tudo isso, judeu, conquanto estejas baseado no direito,
>   considera
> que só pelos ditames da justiça nenhum de nós a salvação consegue.
> Para obter graça todos nós rezamos; e é essa mesma oração
> que nos ensina a usar também da graça.
> (4.1.180-199)

Isabela revela os mesmos sentimentos a Antônio:

> Nem todas as insígnias da grandeza, a coroa dos monarcas,
> a espada do comando, a toga austera do juiz,
> o bastão do marechal, ornam jamais nem por metade aos donos,
> como faz a clemência [...]

> Ai de mim! Todas as almas, no passado, estavam condenadas
>   também;

mas o que tinha poder para puni-las soube dar-lhes remédio.
Onde estaríeis se Ele, acaso, que é o Supremo Juiz, fosse julgar-vos
pelo que sois apenas? Pensai nisso, e a Clemência da boca há de
   brotar-vos,
como do primeiro homem.
(2.2.59-63, 73-79)

Essas súplicas casadas criam um portal entre as peças, convidando-nos a compará-las. Ambas expressam a ética do Novo Testamento: "Não julgueis, para que não sejais julgados." Deus poderia ter condenado todos nós, mas escolheu demonstrar misericórdia, ensinando-nos, através do exemplo, a demonstrar misericórdia a nossos semelhantes, pecadores como nós.

N'*O mercador*, Shylock não responde aos argumentos de Pórcia, preferindo simplesmente se ater à nota promissória. A incapacidade de responder talvez reflita sua posição social de cidadão comum. De acordo com a visão de mundo do início da Era Moderna, os indivíduos deveriam demonstrar misericórdia sempre. No entanto, diferentemente de Shylock, Ângelo é um governante. Assim, Shakespeare permite que ele responda à súplica de Isabela por misericórdia com um poder de convencimento irresistível.

Além disso, Ângelo começa sua argumentação baseando-se na lei: "É a lei que pune vosso irmão, não eu" (2.2.80). Mais tarde, ele também irá se definir como "a voz da lei escrita" (2.4.61). Seu papel como magistrado não é avaliar as leis, mas simplesmente aplicá-las. Se Vicêncio pode ser considerado o "juiz ativista" que se recusa a aplicar as leis que não lhe agradam, Ângelo é o oposto – o jurista "contido" tão elogiado pelos conservadores hoje. Além do mais, para Ângelo essa aplicação estrita é coerente com a misericórdia: "É o que faço [demonstrar piedade], ao dar mostras de justiça, / pois revelo piedade para aqueles que eu não conheço" (2.2.101-02).

Esse é um argumento poderoso. Geralmente pensamos que os procedimentos legais só afetam as pessoas neles envolvidas. Não é o que acontece. Qualquer acomodação especial que fazemos para determinados réus constitui uma predisposição contra o resto do mundo. A peça já deu a entender que existe esse risco. Escalo suplica pela vida de Cláudio em parte porque Cláudio vem de boa família: "Esse moço, coitado, / que eu salvara, se pudesse, é de estirpe mui distinta" (2.1.6-7). Mas, se Cláudio fosse perdoado por esse motivo, seria uma grave injustiça com os indivíduos que não tiveram a sorte de frequentar os mesmos círculos que o soberano.

De fato, o juiz da Suprema[16] Corte Stephen Breyer adotou a fala de Ângelo, e sente-se feliz em expressar seu reconhecimento. Numa conferência sobre "Shakespeare e a lei" na Universidade de Chicago (na qual ele também desempenhou o papel do fantasma do pai de Hamlet), o juiz Breyer admirou-se da inteligência da fala de Ângelo. "Nós falamos para os 298 milhões de americanos que não estão no recinto do tribunal", disse ele. "Quantas vezes eu usei essa fala! E quantas vezes eu justifico todo tipo de coisa por meio dela! E aí está ela, bem aí, em *Medida por medida*."

Talvez o que Ângelo refute com mais vigor seja a alegação central (que Vicêncio, Isabela e Escalo fazem durante toda a peça) de que, como pecador, ele não pode julgar os outros. Ângelo encontra uma maneira de julgar, ao mesmo tempo que escapa da acusação de hipocrisia contida no sentido que o Novo Testamento dá a "medida por medida". Ele diz a Escalo:

> Não nego que é possível haver no júri, convocado para
> julgar um criminoso, sobre doze jurados um ou dois ladrões
> de culpa maior do que a do preso. Só o que é visto é que
> cai sob a alçada da justiça. Que sabe a lei das leis que os
> ladrões fazem para a outros condenar? É muito claro: ao
> encontrarmos

---

[16] Michael Lipkin, "Justice Breyer Speaks on Shakespeare and Law", *Chicago Maroon*, 19 maio 2009. Disponível em: <http://www.chicagomaroon.com/2009/5/19/justice-breyer-speaks-on-shakespeare-and-law>.

joia, logo nos abaixamos; fora por nós vista.
Mas passamos por cima da que os olhos não nos fere,
sem nem pensar no fato. Não deveis os delitos atenuar-lhe,
alegando meus erros. Dizei-me, antes, que se vier a se dar
que eu, que o condeno, cometa crime igual, minha sentença
com este julgamento está passada, sem que ninguém se
meta de permeio. É preciso, senhor, que ele pereça.
(2.1.18-31)

A distinção que Ângelo faz entre a justiça divina e a justiça humana é caracterizada por uma simpática humildade. Diferentemente de Deus, os humanos não são capazes de ver tudo. Assim, os dispensadores de justiça admitem, como devem, que às vezes o culpado julga o culpado. Porém, isso não quer dizer que os seres humanos que se julgam entre si estejam necessariamente comprometidos, desde que estejam sujeitos às mesmas leis.

Ângelo teria encontrado em Pórcia uma adversária digna de respeito. Isabela certamente não está em condições de levar a melhor num debate com ele. Ela admite que o amor pelo irmão fez que falasse com insinceridade: "Oh, perdoai-me, senhor! Sucede às vezes / que quem quer algo esconde o pensamento. / Atenuo o que odeio, / em benefício da pessoa a que amo ternamente" (2.4.117-20).

Shakespeare só permite, no entanto, que Ângelo tenha uma meia vitória. Como o duque (espreitando disfarçado) observa, tudo depende de saber se Ângelo é capaz de viver de acordo com seus ideais: "Se sua vida corresponder à retidão de sua conduta, nada haverá a imputar-lhe; mas, se acontecer prevaricar, condena-se a si mesmo desde agora" (3.2.249-51). Ângelo deve tomar cuidado com que medida ele mede, porque com essa medida o medirão também. O que é fascinante – e assustador – em Ângelo é a confiança que ele tem na própria retidão.

A falta de autoconhecimento de Ângelo é seu calcanhar de aquiles. Nessa peça, como em todas de Shakespeare, o autoconhecimento é um atributo necessário para que se possa conhecer qualquer outra coisa. O duque cresce no nosso conceito quando Escalo declara que Vicêncio tem "uma disposição que, acima de tudo, o levava a procurar conhecer-se a si mesmo" (3.2.226) – embora, de maneira significativa, ele nunca diga que Vicêncio tenha sido bem-sucedido nessa empreitada! Em comparação, sabemos que Lear é um governante cheio de defeitos quando Goneril descreve o pai como alguém que "sempre se conheceu mal" (*Lear*, 1.1.292-93). A ligação entre governar o eu e governar o Estado é tão velha quanto Platão[17], sendo recorrente ao longo de todo o *corpus* shakespeariano. Nas peças, o autoconhecimento é sempre o pré-requisito necessário – embora nunca suficiente – de um bom governo.

Ângelo acredita estar no absoluto controle de seu eu e, portanto, do Estado. O duque intui isso quando diz: "Lorde Ângelo é formal / e da inveja se resguarda; mal confessa / que o sangue nele corre" (1.3.50-52). Lúcio concorda que Ângelo "tem neve derretida nas veias, que jamais sentiu / as vívidas picadas dos sentidos" (1.4.57-59). Lúcio liga o sangue-frio de Ângelo à falta de apetite sexual. Ele especula que Ângelo "provém de dois bacalhaus secos" (3.2.105), e que o próprio Ângelo é "castrado" (3.2.167). Trazido ao mundo por meio de uma reprodução assexuada, Ângelo é, ele próprio, assexuado.

Quase todas as leis tratadas na peça são relacionadas ao sexo – leis contra os bordéis, os alcoviteiros, a prostituição e a fornicação. A sexualidade, nessa peça, representa o pecado original, de acordo com o conceito bíblico de que a queda de Adão e Eva se deu através do conhecimento sexual. Os dois "santos" da peça – Isabela e Ângelo – parecem imunes à tentação sexual. Isso, porém, tanto em Shakespeare como na vida, é uma ilusão.

Isabela é um caso clássico de repressão sexual. Ao discutir com Ângelo sobre a importância de sua castidade, ela diz: "Aceitara como sendo rubis as marcas todas do chicote, / e me despira para entrar na

---

[17] Platão. *The Republic of Plato*. Org. e trad. Allan Bloom (Nova York, Basic Books, 1991), p. 369b.

tumba / como em um leito há muito cobiçado / sem consentir que o corpo me poluíssem" (2.4.101-04). Como diz Harold Bloom, "Se o marquês de Sade[18] tivesse sido capaz de escrever tão bem, queria vê-lo competir com isso."

Como um ímã, a mal reprimida sexualidade de Isabela estimula a de Ângelo. Ao implorar por Cláudio, ela lhe pede:

> Ao peito recolhei-vos;
> batei no coração para inquirirdes se ele conhece
> acaso alguma falta como a de meu irmão. Confessando ele
> qualquer deslize natural como esse,
> não vos transmita à boca pensamento nenhum
> à vida dele atentatório.
> (2.2.137-42)

Isabela apresentou esse argumento antes – sem êxito. No entanto, dessa vez ela se dirige ao corpo de Ângelo: "Ao peito recolhei-vos." Quando lhe perguntam se está tomado pelo desejo, Ângelo é obrigado a reconhecer que sente isso por aquela que o questiona: "O que ela fala faz tal sentido, / que os sentidos, concordes, me desperta" (2.2.143-44). Os dois significados de "sentido" – razão e sensualidade – se misturam aqui. O que atrai Ângelo a Isabela é a frieza de ambos: o desejo dele queima como gelo.

Ninguém fica mais surpreso do que Ângelo diante do desejo que ele sente por Isabela: "Até este instante, / só para rir do amor era eu constante" (2.2.186-87). Adoro a aflição dessa fala, que evoca uma imagem dele balançando a cabeça, admirado com a própria fragilidade. Quando ele diz, cheio de espanto, "Sangue, tu és sempre sangue" (2.4.25), a fala escapa da tautologia ao expressar sua nova percepção de que seu sangue não é "feito de neve", mas é sangue humano.

---

[18] Harold Bloom. *Shakespeare: the Invention of the Human* (Nova York, Riverhead, 1998), p. 365.

Infelizmente, seu desejo não o torna mais humano, lançando-o, antes, das alturas angelicais para as profundezas diabólicas. Abrem-se as comportas: "Mas já que principiei, / vou dar rédeas ao instinto sensual" (2.4.158-59). Ele ameaça Isabela, dizendo que, se ela não dormir com ele, ele não só matará Cláudio como irá torturá-lo antes. Shakespeare percebeu que existe uma grande probabilidade de que o espaço extremamente íntimo da sexualidade resulte em hipocrisia pública, como vemos hoje em ambos os lados da arena política. Tomemos dois exemplos[19] recentes: o do senador republicano por Nevada, John Ensign, que criticou o presidente Clinton por ter cometido adultério, e que se confessou recentemente um adúltero; e o do governador democrata de Nova York, Eliot Spitzer, que impôs severas sanções ao comércio do sexo, quando ele próprio frequentava prostitutas. Tanto agora como naquela época, é arriscado não reconhecer o monstro que se esconde por trás de nossas barreiras internas.

Os defeitos de Ângelo não surpreendem o duque. Vicêncio pôs Ângelo à frente do governo em parte para testá-lo: "Vamos ver / se o poder perverte o intento dos homens e o que em nós é fingimento" (1.3.53-54). Sabendo do relacionamento entre Ângelo e a dama vienense Mariana, o duque desconfia que ele seja um mau-caráter. Como conta a Isabela, Ângelo havia se comprometido com Mariana por meio de um "pré-contrato" conhecido como *sponsalia per verba de futuro*, ou uma promessa de se casar futuramente. Ângelo rompeu esse compromisso porque o dote de Mariana perdeu-se num naufrágio. Esse compromisso aproxima a situação de Ângelo da de Cláudio, com duas diferenças fundamentais. Legalmente, Ângelo é menos culpado que Cláudio, porque não teve relações sexuais com a noiva. Moralmente, Ângelo é mais culpado, porque o que o motivou foi dinheiro, não amor. Além disso, Ângelo mostrou-se um "fingidor" – embora tenha rompido o compromisso por causa do desaparecimento do dote,

---

[19] Paul Kane e Chris Cillizza, "Sen. Ensign Acknowledges an Extramarital Affair", *Washington Post*, 17 jun. 2009; Danny Hakim e William K. Rashbaum, "Spitzer Is Linked to Prostitution Ring", *New York Times*, 10 mar. 2008.

ele espalhou o boato de que agira assim porque ficara sabendo de algo que depunha contra a reputação de Mariana.

Para azar de Ângelo, o duque permanecera em Viena. Disfarçado de monge, ele oferece conselhos a Isabela. Sugere que ela concorde com as exigências de Ângelo, mas que Mariana a substitua no encontro amoroso. Essa "tramoia da cama" era uma metáfora comum no teatro da época, aparecendo também em *Bem está o que bem acaba*. Ela dependia umbilicalmente do conceito legal de que bastava haver relações sexuais para transformar uma *sponsalia per verba de futuro* num casamento. O plano dá certo – Ângelo acredita que Isabela cumpriu sua parte do trato. Mais tarde, porém, Ângelo revela sua perfídia quando deixa de cumprir sua parte, ordenando que Cláudio seja morto. O intrometido duque intercepta a ordem e substitui a cabeça de Cláudio pela do pirata Ragozine. Para testar sua virtude, o duque, ainda disfarçado, diz a Isabela que Ângelo havia executado Cláudio, e que ela deveria implorar por justiça quando o duque voltasse.

Assim como *O mercador*, *Medida* termina com um julgamento público. Quando o duque aparece nos portões da cidade, Isabela exige justiça; Ângelo diz que ela está louca. O duque, a princípio, parece acreditar no relato de Ângelo; mas então ele revela que esteve em Viena disfarçado, e Ângelo percebe que foi observado esse tempo todo.

O duque pergunta a Ângelo se ele ainda tem algo a dizer em sua defesa. Ele não tem – a única coisa que deseja é morrer. O duque concorda rapidamente, dizendo que Ângelo deve se casar com Mariana para restituir-lhe a honra e, em seguida, ser executado. Como diz Vicêncio:

> Por sua própria boca nos grita
> por maneira estrepitosa a clemência da lei:
> Morte por porte, um Ângelo por um Cláudio!
> A pressa exige pressa; e vagar, vagar;
> o semelhante só pelo semelhante é compensado, medida por
>   medida sempre em tudo.

(5.1.405-09)

Como Shylock, Ângelo enforcou-se com a própria corda. Ele esquivou-se da ética de misericórdia do Novo Testamento, preferindo a ética da retribuição do olho por olho do Velho Testamento. Essa também é reconhecida como uma forma de "medida por medida" – "Morte por morte, um Ângelo por um Cláudio." O duque arremeda a própria fala anterior de Ângelo quando diz que demonstra piedade "ao dar mostras de justiça" (2.2.101). No fraseado perspicaz do duque, não é a "justiça" da lei, e sim a "misericórdia" da lei que clama por retribuição – a única forma de demonstrar misericórdia a Cláudio é matar Ângelo agora. Por mais hipócrita que tenha sido, Ângelo compreende isso – ele deseja morrer.

Mariana intercede pelo noivo, pedindo que um marido não faça dela objeto de chacota: "Dizem que os melhores homens hão de conter sempre defeitos / e que chegam a ser melhores, / quando alguma coisa de ruim contêm. Meu marido talvez seja feito assim" (5.1.437-39). Aí ela já está exagerando. Ângelo não é alguém que "alguma coisa de ruim cont[é]m". Como Isabela bem observou, ele é "um assassino", "um ladrão adúltero", "um hipócrita" e um "violador de virgem" (5.1.41-43). Assim, no final só Isabela é quem pode implorar por Ângelo. Reconhecendo isso, Mariana pede que ela se ajoelhe a seu lado.

Diferentemente de Pórcia, Isabela mostra-se capaz não somente de falar de misericórdia, mas de oferecê-la. Embora ainda acredite que Ângelo tenha causado a morte de seu irmão, ela pede que o duque poupe sua vida:

> Meu mui generoso soberano,
> olhai a este homem condenado,
> como se meu irmão vivesse. Creio, em parte,
> que ele fosse sincero em seus motivos,
> até quando me viu. Se essa é a verdade,
> não deixeis que ele morra.
> (5.1.441-46)

O duque aceita a súplica, perdoando Ângelo para que ele possa se casar com Mariana. Em seguida, ele distribui perdões a todo o mundo. Ele revela que Cláudio está vivo e perdoa-o para que ele possa se casar com sua noiva, Julieta. Em menos de dez linhas, ele condena Lúcio à morte por tê-lo caluniado, depois o perdoa para que possa se casar com a mulher que engravidou. Por fim – e de maneira extremamente controversa para os críticos –, ele pede Isabela em casamento. Ela não responde.

O último ato da peça é curto demais, com finais felizes para todos. O pêndulo oscilou bastante. A Viena sem lei do começo da peça tornou-se uma comunidade organizada na qual as leis foram postas em prática impiedosamente. No entanto, uma vez que os problemas do outro extremo são expostos, o duque retoma seu comportamento anterior. Parece que Viena está pronta para mergulhar de volta na ilegalidade.

SHAKESPEARE APRESENTA, DE FATO, uma solução, embora ela espreite nas fímbrias na peça. A solução descobre um meio-termo, concentrando-se na palavra "medida" de "medida por medida". Essa noção de temperança, ou a *via media*, encaixa-se menos obviamente na tradição judaico-cristã do que nos ensinamentos da Antiguidade. Essa solução está personalizada na figura de Escalo. Embora não seja um personagem importante da peça, ele merece nossa atenção.

Escalo foi pensado, evidentemente, para ser uma figura icônica. Seu nome encontra-se na primeira fala da peça. Na cena inicial, o duque elogia sua sabedoria política:

> A natureza de nosso povo,
> as normas do direito, como as instituições,
> desta cidade vos são tão familiares
> como a quantos de meu conhecimento
> que a arte e a prática hajam feito notórios.
> (1.1.9-13)

Esse panegírico traz à luz o seguinte enigma: por que Vicêncio ignora Escalo e escolhe Ângelo para substituí-lo? "O velho Escalo, / embora em tudo seja primeiro, é teu segundo" (1.1.45-46). A resposta é que a inflexibilidade de Ângelo só irá realçar o valor de Escalo.

A peça mostra que o elogio que Vicêncio faz a Escalo é amplamente merecido. Sua principal virtude é não ser idealista. A respeito da lassidão do duque, ele considera que "A clemência frequente, desmerece; / do perdão o delito nasce e cresce" (2.1.280-81). Não obstante, o juízo inflexível de Ângelo tampouco é de seu agrado. Ele recomenda com insistência a temperança: "Mas é preferível sermos agudos e cortarmos pouco, / a provocarmos queda e esmagamento" (2.1.5-6).

Mais importante, talvez, Escalo impõe à lei sua própria concepção de proporcionalidade. Como foi observado, o verdadeiro problema de Viena é legislativo – seus "estatutos rigorosos e leis muito severas" (1.3.19) impõem punições completamente desproporcionais aos crimes cometidos. Isso pressiona os juízes a optar entre dois males: deixar de aplicar a lei, com o esperado prejuízo para a credibilidade do Estado; aplicá-la, com o esperado prejuízo para a equidade do Estado. Vicêncio escolhe o primeiro mal; Ângelo, o segundo. Escalo descobre uma via intermediária.

Para ver como ele faz isso, é instrutivo comparar a escolha de Escalo com a de Ângelo. Ângelo não busca a imparcialidade substantiva da lei produzida pelo Legislativo. Em sua conversa com Isabela, ele diz "É a lei que pune vosso irmão, não sou eu" (2.2.80), fiando-se na ideia de que ele é um braço mecânico da lei. Ele não pergunta se a lei é boa ou ruim, ou se a punição é proporcional ao crime. Sua concepção de "medida por medida" só vai até a imparcialidade processual da administração da lei. Uma vez que se submeteria à lei se fosse condenado, ele pode aplicá-la sem remorso.

Escalo, em comparação, rejeita essa passividade por ela ser injusta. Ele resiste à ideia de que Cláudio deva ser condenado à morte por um único ato de fornicação. Embora ele próprio seja uma pessoa prudente, percebemos que usa a prudência com sabedoria. Na primeira vez que Pompeu é trazido à sua presença, Escalo o despede com uma advertência, o que parece razoável, dado que as leis começaram a ser aplicadas havia pouco tempo. Na segunda vez, contudo, ele o pune. De modo semelhante, ficamos sabendo que após "adverti-la duas e três vezes" (3.2.187) ele também puniu madame Mistress Overdone.

Os três juízes da peça podem ser vistos como as três faces do rei James I, soberano da vez na época de Shakespeare. Como Vicêncio, James reconheceu ter sido indulgente demais no começo de seu governo. Como Ângelo, ele se envolveu em práticas consideradas excessivamente zelosas, como demolir os bordéis dos subúrbios de Londres. Mas a sabedoria suprema que ele deixou de herança para o filho no *Basilicon Doron* (o "Presente real"), de 1599, iria encontrar, como Escalo, o caminho do meio.

> Não preciso incomodá-lo[20] com o discurso minucioso das quatro virtudes cardeais, é um caminho tão batido: mas eu lhe direi em poucas palavras, faça de uma delas, que é a Temperança, a Rainha de tudo o mais que existe dentro de você. [...] Faça uso da Justiça, mas com tal moderação para que ela não se transforme em tirania: caso contrário, *summum ius é summa iniuria*. [...] E assim como disse com relação à Justiça, digo com relação à Clemência, à Magnanimidade, à Liberalidade, à Persistência, à Humildade e a todas as outras virtudes dignas de um Príncipe: *Nam in medio stat virtus*. E não passa de arte do Diabo que falsamente colore os dois vícios que se encontram em cada um dos lados dela [virtude], com os títulos dela emprestados, embora, na realidade, eles não tenham nenhuma afinidade com aquilo: e as duas extremidades elas próprias, embora pareçam opos-

---

[20] James I. *The Political Works of James I*. Charles Howard McIlwain, org. (Cambridge, Mass., Harvard University Press, 1918), p. 37.

tas, não obstante, ao subir para as alturas, fundem-se ambas em uma só. Pois *in infinitis omnia concurrunt*; e que diferença existe entre a extrema tirania, que se compraz em destruir a humanidade toda, e a extrema ausência de punição, que permite que cada homem tiranize seu semelhante?

O *insight* de James é que as extremidades do contínuo – tirania e extrema clemência – têm mais em comum entre si do que cada uma delas com o meio do espectro. A tirania autoriza que o Estado destrua os cidadãos, enquanto a anarquia permite que os cidadãos se destruam entre si. Portanto, embora quem governe o Estado seja o rei, a Temperança deve ser a "rainha", acima do rei.

O sinal mais auspicioso no último solilóquio do duque é que ele reconhece e recompensa Escalo: "Amigo Escalo, sou-te agradecido por toda tua bondade; / algo te aguarda bem melhor do que simples cortesia" (5.1.525-26). O velho conselheiro não é vaidoso. Mas os bons juízes geralmente são assim.

PERMITAM-ME AGORA retomar as audiências de confirmação de Sotomayor. Meu objetivo não é me concentrar nos detalhes de sua confirmação, que já foram ofuscados por seu trabalho como juíza. Procuro, em vez disso, ressaltar como as audiências trouxeram à baila o eterno conflito entre diferentes visões de julgamento.

O primeiro modelo foi o do juiz provido de empatia, apresentado pelo presidente que indicou Sotomayor. A adesão do presidente Obama a esse modelo vem dos tempos de senador. Ao se opor à confirmação[21] de John Roberts, que hoje é o presidente da Suprema Corte, ele começou observando que essa "adesão ao precedente legal e às regras de interpretação das leis ou da Constituição decidirá 95 por cento dos

---

[21] Declaração do senador Obama, *Congressional Record* 151 (22 set. 2005), S10365.

casos que são trazidos a um tribunal, de modo que, nesses 95 por cento dos casos, tanto Scalia quanto Ginsburg chegarão ao mesmo lugar". Mas ele prosseguiu:

> O que interessa na Suprema Corte são aqueles 5 por cento dos casos realmente difíceis. Nesses casos, a adesão ao precedente e às regras de interpretação só o levará até a vigésima quinta milha da maratona. A última milha só pode ser determinada com base nos valores mais profundos do juiz, em seus interesses fundamentais, em suas perspectivas mais amplas a respeito de como o mundo funciona e na profundidade e amplitude de sua empatia.[22]

Obama retomaria inúmeras vezes a importância da empatia ao julgar. Ele usou uma linguagem semelhante quando se opôs à confirmação de Samuel Alito, hoje juiz da Suprema Corte. Durante a campanha presidencial, quando lhe perguntaram[23] como ele selecionaria seus juízes, ele referiu-se inúmeras vezes ao critério da "empatia".

Como se previa, o critério de empatia do presidente Obama era polêmico. Karl Rove chamou-o[24] de nova "senha para o ativismo judicial". Ele foi seguido pelo senador Sessions e por uma série de outros políticos e comentaristas, que acreditavam que a empatia era uma ameaça ao Estado de Direito. Os adversários do presidente criaram um modelo contrário, personificando-o no juiz indicado que havia sido objeto da crítica de Obama. Nos comentários de abertura durante

---

[22] Ibid.
[23] Ver, p. ex., Chris Weigant, "Is the Media Misinterpreting Obama's 'Empathy' Dog Whistle?", *Huffington Post*, 7 maio 2009. Disponível em: <http://www.huffingtonpost.com/chris-weigant/is-the-media-misinterpret_b_198389.html> (discutindo o discurso que Obama fez em 2007 para Planned Parenthood [Paternidade Responsável]); Barack Obama, entrevistado por Wolf Blitzer, *The Situation Room*, CNN, 8 maio 2008.
[24] Karl Rove, "'Empathy' is Code for Judicial Activism", *Wall Street Journal*, 28 maio 2009.

as audiências de confirmação em 2005, Roberts comparou seu trabalho ao de um árbitro. "Juízes são como árbitros"[25], o então juiz Roberts disse. "Árbitros não fazem as leis; eles as aplicam. O papel do árbitro e do juiz é fundamental. Eles garantem que todos respeitem as regras. Mas é um papel limitado."

Ao longo de todo o processo de confirmação, os adversários de Sotomayor retrataram-na como uma juíza "dotada de empatia", que favoreceria aqueles com os quais se identificava. Como suporte para essa afirmação, eles brandiam uma frase com trinta e seis palavras. Em um discurso feito em Berkeley em 2001[26], a então juíza Sotomayor disse: "Penso que seria de esperar que uma mulher sábia de origem latina, com a riqueza de suas experiências, frequentemente chegaria a uma conclusão melhor do que um homem branco que não viveu essa vida." O comentário sobre a "mulher sábia de origem latina" foi repetido *ad nauseam* como uma prova de que, na melhor das hipóteses, Sotomayor era tendenciosa e, na pior, racista.

Acho que *Medida*, a mais profunda reflexão de Shakespeare sobre o papel do juiz, esclarece essa controvérsia. Poderíamos supor que Sessions estivesse desempenhando o papel de Ângelo, contra o de Vicêncio que Obama encarnaria. Sessions caracterizou o critério de "empatia" de Obama como algo que estimularia uma postura tendenciosa – "Empatia para com uma parte é sempre preconceito para com outra." Essa afirmação ecoa a afirmação de Ângelo de que ele demonstra o máximo de clemência quando demonstra justiça – "pois revelo piedade para aqueles que eu não conheço" (2.2.102).

É preciso lembrar também, no entanto, que Ângelo se rende na peça porque sua posição é insustentável. Ao atacar o comentário de Sotomayor sobre a "sábia de origem latina", Sessions parecia acreditar

---

[25] Bruce Weber, "Umpires *v.* Judges", *New York Times*, 12 jul. 2009.
[26] Sonia Sotomayor, "A Latina Judge's Voice". Discurso, University of California Berkeley School of Law Symposium: Raising the Bar [Simpósio: Aumentando a dificuldade, da Faculdade de Direito da Universidade da Califórnia, *campus* de Berkeley], Berkeley, 26 out. 2001,

que uma neutralidade pura era possível. Como Ângelo, ele acreditava que o julgamento podia ser um empreendimento relativamente automático, como ser um árbitro. Por outro lado, isso sugeria que as experiências de um caucasiano não iriam "colorir" seu julgamento. É claro, porém, que todas as experiências do juiz afetam, em alguma medida, seu julgamento.

Ao defender Sotomayor na mídia, achei útil levantar o exemplo de um caso em que ela sustentou que os indivíduos tinham direito ao devido processo antes que o Estado pudesse apreender seus carros. Nessa decisão[27], ela observou que, para muitos moradores de Nova York, o carro era seu principal bem e o meio que eles tinham de ir trabalhar para ganhar a vida. Ela argumentou que um bem de tamanha importância não poderia ser tirado pelo Estado sem avisar e sem que a pessoa tivesse a possibilidade de ser ouvida. Penso que muitos relacionariam a veemência dessa decisão à experiência de alguém que crescera como nova-iorquina menos favorecida. Não obstante, ninguém apontou esse caso como um exemplo de atitude tendenciosa, tratando-o – se é que chegaram a tratá-lo – como um exemplo de sua experiência de vida.

Parece que os juízes podem usar sua *experiência,* mas não sua empatia, para decidir os casos. No entanto, é difícil perceber onde fica a linha que separa a experiência da empatia. Às vezes nem é necessário. Alguns termos da Constituição são relativamente precisos, como aquele que diz que o presidente "ocupará a presidência durante o período de quatro anos". Essas disposições não são objeto de discussão, nem mesmo entre liberais que supostamente ignoram o texto. As expressões da Constituição que provocam discussão são as mais abstratas, como "devido processo", "privilégios ou imunidades", "igual proteção" e "liberdade de expressão". Ao dar conteúdo a essas expressões majestosas, tanto progressistas como conservadores precisam recorrer à sua própria experiência e a seu envolvimento empático com seus concida-

---

[27] *Krimstock v. Kelly*, 306 F.3d40 (2d Cir. 2002).

dãos. Ao agir assim, nenhum lado está descobrindo um direito com limites e fronteiras predeterminados; nem está inventando um direito a partir do nada.

Sotomayor acabou prevalecendo sobre Sessions, mas de acordo com as condições dele. Ela qualificou[28] o comentário "mulher sábia de origem latina" como um floreio retórico malsucedido, enquanto a Casa Branca declarou[29] que, se ela tivesse tido a oportunidade, provavelmente teria "escolhido outras palavras". Sotomayor também insistiu[30] que discordava do presidente de que o juiz devia ouvir seu "coração", observando que havia "uma lei" e que o trabalho do juiz era aplicá-la.

A retratação da afirmação de que a experiência podia influenciar o julgamento foi, provavelmente, o gesto mais político que ela podia ter. Ela preservou a fantasia a respeito do modo como os americanos desejam entender a lei. Não a culpo por ter tomado uma decisão estratégica quando os riscos eram tão grandes; culpo aqueles que a pressionaram a fazê-lo. Colocadas em contexto, essas trinta e seis palavras são uma réplica clara à afirmação feita pela primeira mulher a servir na Suprema Corte dos Estados Unidos, a juíza Sandra Day O'Connor. Perguntada se o fato de ser[31] mulher fazia diferença no modo como ela julgava, ela declarou que acreditava que "Ao decidirem os casos, um idoso sábio e uma idosa sábia vão chegar à mesma conclusão". Novamente, essa foi a atitude mais diplomática que a juíza da Suprema Corte O'Connor podia tomar. Mas, após ter assumido o cargo, ela não praticou o que havia dito. Por exemplo, num caso de 1994[32] que dizia respeito à participação das mulheres como juradas, ela observou que "[uma] quantidade enorme de pesquisas deixa claro que, nos casos de

---

[28] Savage, "A Nominee on Display, but Not Her Views".

[29] Joe Klein, "The Return of the Hot-Button Issues", *Time*, 4 jun. 2009.

[30] Michael Muskal, "Sotomayor, Senators Make Nice – For Now", *Los Angeles Times*, 3 jun. 2009.

[31] Chuck Raasch, "Sotomayor Speech at Center of Court Nomination", *USA Today*, 4 jun. 2009.

[32] *J. E. B. v. Alabama ex rel.* T. B., 511 U.S. 127, 148-49 (1994) (O'Connor, J., concordando).

estupro, por exemplo, a probabilidade de que as juradas votem pela condenação é um pouco maior do que a dos jurados". Ela prosseguiu[33], dizendo que, "embora não tenha havido pesquisas definitivas semelhantes a respeito de assédio sexual, custódia dos filhos ou maus-tratos contra a esposa ou filhos, não é preciso ser sexista para compartilhar a percepção de que, em determinados casos, o gênero da pessoa – e a experiência de vida daí resultante – será relevante para a visão que ela tem do caso".

Ao fazer o comentário "mulher sábia de origem latina", a então juíza Sotomayor estava descrevendo o que a juíza da Suprema Corte O'Connor estava fazendo no tribunal. Como deveria ser óbvio, os votos da juíza da Suprema Corte O'Connor não levaram ao colapso do Estado de Direito. Como o presidente Obama talvez dissesse, em 95 por cento (ou muito mais) dos casos da Suprema Corte duvido que seja possível adivinhar se um voto foi escrito por uma mulher ou por um homem. Em alguns casos, porém, a experiência de vida como mulher – ou homem – faz diferença.

Considerado desse ponto de vista, o critério de "empatia" do presidente Obama faz que ele se pareça mais com Escalo do que com Vicêncio. Ele foi cauteloso ao dizer que, quando a lei fosse clara, os juízes deveriam aplicá-la. O que ele teve a temeridade de fazer foi esvaziar a fantasia de que os juízes podiam ser a "voz da lei escrita". Mas o modelo de julgamento de Ângelo é pura ficção, como foi comprovado pelo próprio presidente da Suprema Corte. Como apontaram alguns dos democratas[34] que fazem parte do Comitê Judiciário, o presidente da Suprema Corte Roberts, que declarou ser apenas um árbitro, tem sido, na verdade, um participante ativo em muitos casos que têm chegado até ele. Por exemplo, Roberts redigiu[35] em 2007 um voto

---

[33] Ibid.

[34] Senate Committee on the Judiciary, Confirmation Hearing on the Nomination of John G. Roberts, Jr., to be Chief Justice of the United States. S. Hrg. 109-58 sess., 12-15 set. 2005.

[35] *Parents Involved in Community Schools v. Seattle School Dist. No. 1*, 551 U.S. 701 (2007).

vencedor que anulava os programas de integração voluntária das escolas baseados em *Brown v. Board of Education* [Brown *v.* Conselho de Educação], o caso paradigmático que ordenava a integração racial nas escolas públicas. Quer se concorde com o voto ou se discorde dele, evidentemente não se trata de uma simples marcação de "falta" ou "impedimento".

O presidente nunca defendeu um modelo de empatia pura destituído de lei; seus adversários não poderiam afirmar o contrário. Após Sotomayor ter sido confirmada como juíza da Suprema Corte, o senador Sessions declarou que, ao menos, ele estava convencido de que Obama não usaria mais a palavra "empatia". Parecia que Sessions queria um direito que fosse inteiramente destituído daquela característica.

Para mim, o problema não é que as audiências de confirmação produzam um debate acalorado sobre o papel do juiz; pelo contrário, esse debate me alegra. O problema é que essas trocas de ideias concentram-se demais em modelos extremos de atividade judicial que deveriam ser eliminados antes de começar o debate. Shakespeare percebeu que os juízes não podiam optar pela pura empatia ou pela pura lei. Desde o princípio, o ato de julgar diz respeito ao grau de imparcialidade com que aplicamos regras gerais a circunstâncias particulares. Tivemos muito tempo para lutar contra os princípios rivais que fazem deste um eterno dilema. Como Escalo, deveríamos encontrar o caminho do meio. Já está na hora de nos tornarmos mais veementes a respeito da temperança.

Capítulo Quatro

O Descobridor de Fatos

Otelo

WILLIAM BLACKSTONE, O GRANDE COMENTARISTA JURÍDICO[1] do século XVIII, sustentava que, para cada caso relacionado a uma questão de direito, mais de cem estavam relacionados a uma questão de fato. Viver em tal mundo – como sempre vivemos e sempre viveremos – significa que a justiça será conduzida por aqueles que determinam o que aconteceu. O direito chama esses personagens de "descobridores de fatos".

Na Inglaterra de Shakespeare, uma longa transição da descoberta sobrenatural dos fatos para a descoberta humana dos fatos estava prestes a se completar. Durante grande parte da Idade Média[2], o principal

---

[1] William Blackstone, *Commentaries on the Laws of England*, vol. 3 (1765-1769; Chicago, University of Chicago Press, 1979), p. 330.
[2] J. H. Baker, *An Introduction to English Legal History* (Oxford, Oxford University Press, 2007), pp. 4-6.

descobridor de fatos era Deus, que os revelava de diversas maneiras, minuciosamente prescritas. No entanto, ao menos a partir do Quarto Conselho de Latrão, de 1215, ganhou força um movimento popular no sentido de se distanciar das provas sobrenaturais e de se aproximar das provas humanas. Na época de Shakespeare, a ascendência do júri como o principal descobridor de fatos estava assegurada. Podemos perceber esse legado nas cartas patentes do século XVII das colônias da Nova Inglaterra, que continham a garantia de um processo por meio do júri. Essas garantias foram, por fim, consagradas na Constituição dos Estados Unidos.

As peças de Shakespeare contêm tanto descobertas sobrenaturais de fatos como descobertas humanas. Visto como um todo, o *corpus* parece conter mais nostalgia da descoberta sobrenatural de fatos e mais ansiedade no que toca à descoberta humana de fatos do que seria de esperar em um autor do início da Era Moderna. Shakespeare descreve com riqueza de detalhes e defende o duelo judiciário. À primeira vista, ele não oferece nenhuma investigação semelhante no que diz respeito à descoberta humana de fatos.

Este capítulo faz a leitura de *Otelo* sob a ótica dessa investigação. Otelo é um general veneziano que também é mouro. Quando a peça se inicia, a dama branca Desdêmona acabou de fugir da casa do pai para se casar com Otelo. Embora seu pai se oponha vigorosamente ao casamento em razão da raça, Otelo consegue obter a bênção do doge de Veneza: um dos motivos é que o doge precisa que Otelo impeça que a Turquia invada Chipre (então uma colônia de Veneza). Entretanto, quando Otelo e Desdêmona chegam a Chipre, os turcos já foram rechaçados por uma tempestade. Iago, porta-bandeira de Otelo, aproveita o tempo de ócio na ilha para convencer Otelo de que Desdêmona o traiu com Cássio, seu lugar-tenente. De início cético, Otelo convence-se da infidelidade da mulher quando Iago – por meio de sua mulher, Emília – consegue pôr as mãos no lenço, o primeiro presente que Otelo deu a Desdêmona. Otelo assassina a inocente Desdêmona em seu leito de núpcias. As coisas só se resolvem quando os nobres venezianos se reúnem na ilha. Quando percebe que foi ludibriado, Otelo primeiramente tenta – em vão – matar Iago, e então comete suicídio.

A peça compara duas formas de descoberta humana dos fatos – uma comunitária e racional, como a levada a cabo pelos nobres venezianos, e uma isolada e apaixonada, como a levada a cabo por Otelo. Ela não deixa dúvida sobre qual forma é superior, uma vez que a tragédia da peça é a incapacidade crônica de Otelo de descobrir os fatos. Em especial, Otelo está inteiramente propenso a assumir um tipo de preconceito que considera a evidência física (o lenço de Desdêmona) a prova definitiva de um atributo metafísico (a fidelidade de Desdêmona). A peça retrata o preconceito como problemático, embora natural, e descreve a descoberta coletiva e racional dos fatos pelos nobres venezianos como o corretivo.

Vivemos numa época em que a descoberta humana dos fatos venceu definitivamente a descoberta sobrenatural dos fatos: nós confiamos que os juízes ou os jurados descubram os fatos, em vez de exigir que as partes carreguem brasas ou se digladiem com seus acusadores. Por essa razão, pergunto se uma tragédia como a de Otelo pode acontecer em nossos dias. É claro que pode, e acontece.

Para demonstrá-lo, comparo *Otelo* com o julgamento de O. J. Simpson, de 1995. A analogia tem pouco que ver com raça. Em vez disso, ela repousa na capacidade que a "prova ocular" – a sólida evidência física – tem de suplantar todas as outras formas de evidência. No julgamento de Simpson, o objeto que desviava a atenção não era um lenço branco "salpicado de morangos", mas uma luva preta salpicada de sangue. Ao isentar Simpson, o júri demonstrou que mesmo a descoberta humana e coletiva dos fatos é vulnerável àquilo que vou chamar de preconceito da "prova ocular".

Essa vulnerabilidade põe em dúvida se o júri é mesmo um antídoto ao tal preconceito da prova ocular, como parece ser. Recentemente, fez-se um escarcéu com o suposto "efeito *CSI* (*Crime Scene Investigation*) [Investigação da Cena do Crime]", em que séries de TV, como

CSI, cujo foco é a ciência forense, aparentemente induzem os jurados a se fixar obsessivamente na evidência física. Embora tanto a origem quanto a extensão do efeito *CSI* tenham sido questionadas, os jurados, de fato, parecem ao menos tão suscetíveis ao preconceito da prova ocular como sempre foram.

Não estou dizendo que devemos abandonar o sistema do júri, mas que devemos entender melhor por que continuamos a utilizá-lo. Como aponta o historiador jurídico George Fisher[3], utilizamos o júri não porque ele seja um descobridor de fatos infalível, mas porque ele nos transmite segurança num mundo em que não existem descobridores de fatos infalíveis. O júri permite que evitemos as dificuldades inerentes à descoberta dos fatos porque, assim como Deus, ele não precisa responder a perguntas ou justificar as consequências de sua decisão. Mas, se assim é, não estamos tão distantes das provas sobrenaturais como podemos pensar. *Otelo* ajuda-nos a enfrentar a questão de saber se a descoberta humana dos fatos é um passo vitorioso que supera a descoberta sobrenatural dos fatos, ou simplesmente uma maneira diferente de permitir que uma autoridade inescrutável, mas definitiva, nos ajude a chegar a bom termo com um mundo que é e continuará sendo, em grande medida, impenetrável à compreensão humana.

ATÉ CERTO ponto, o processo legal medieval parece familiar. O litígio começava quando uma parte ou o Estado acusava publicamente um indivíduo; um tribunal ouvia ambos os lados e proferia a sentença. No entanto, o que era decisivo[4], o julgamento não dizia respeito a culpa ou inocência, mas sim a como a culpa ou a inocência seria demonstrada. Os três métodos predominantes confiavam que Deus po-

---

[3] George Fisher, "The Jury's Rise as Lie Detector", *Yale Law Journal* 107 (1997), pp. 578-9. *Ver também*: Edson Sunderland, "Verdicts, General and Special", *Yale Law Journal* 29 (1920), p. 262.

[4] Leonard W. Levy, *The Palladium of Justice: Origins of Trial by Jury* (Chicago, Ivan Dee, 1999), p. 4.

ria os fatos em ordem. Eram estas as "provas sobrenaturais": julgamento por meio do suplício (no qual a pessoa era queimada com ferro em brasa ou submersa em água); julgamento por compurgação (no qual o réu, juntamente com aqueles que o apoiavam, jurava inocência diante de Deus); ou julgamento por meio de duelo (no qual o acusado duelava com seu acusador).

Talvez a prova sobrenatural mais conhecida[5] fosse o suplício, como os suplícios do fogo e da água. O suplício por meio do fogo obrigava a acusada a percorrer determinada distância carregando um ferro em brasa. As queimaduras ficavam envoltas em ataduras durante vários dias e eram então examinadas. Feridas em processo de cicatrização indicavam a inocência da suspeita; as inflamadas, sua culpa. No suplício com água gelada, o acusado era amarrado e mergulhado em água santificada. Se ele afundasse, era considerado inocente, porque a pureza da água o aceitara. Se boiasse, era considerado culpado e executado. (Os gêneros aqui são propositais[6] – o suplício por meio do fogo era usado mais frequentemente nas mulheres, talvez porque já se soubesse, mesmo naquela época, que, na média, a probabilidade de que o corpo da mulher flutuasse era maior do que a do homem, pois sua massa corporal tem mais gordura.) Os suplícios eram reservados para os casos em que a ofensa era grave ou em que a palavra da parte não era considerada confiável.

No caso de delitos menos graves[7], os juízes normalmente optavam pelo julgamento por compurgação, também chamado de "aposta no Direito". Nesse procedimento, o acusado jurava sua inocência, com o apoio de outros que faziam o mesmo juramento. Embora inicial-

---

[5] Robert Bartlett, *Trial by Fire and Water: the Medieval Judicial Ordeal* (Oxford, Oxford University Press, 1986), pp. 1-2; John H. Langbein, Renée Lettow Lerner e Bruce P. Smith, *History of the Common Law: the Development of Anglo-American Legal Institutions* (Nova York, Aspen, 2009), pp. 44-6.

[6] Margaret H. Kerr, Richard D. Forsyth e Michael J. Plyley, "Cold Water and Hot Iron: Trial by Ordeal in England", *Journal of Interdisciplinary History* 22 (1992), pp. 582-3, 588-9.

[7] Baker, *English Legal History*, p. 5.

mente eles jurassem pela inocência do acusado, com o decorrer do tempo os "assistentes de juramento" passaram a testemunhar unicamente pela integridade do caráter do acusado. A compurgação pressupunha que os indivíduos não iriam pôr em risco sua salvação eterna dando um falso-testemunho. Condizente com uma ofensa menor, esse ônus da prova era muito mais leve: como observa o historiador jurídico John Baker, o acusado podia jurar "em termos bastante genéricos[8] e sem a possibilidade de ser questionado".

A terceira prova sobrenatural[9] era o julgamento por meio de duelo, também chamado de aposta no duelo, que chegou à Inglaterra após a conquista normanda. O julgamento por meio de duelo opunha o acusado ao acusador, partindo do pressuposto de que Deus fortaleceria os braços do justo. Inicialmente válida para todas as disputas, posteriormente a aposta no duelo ficou restrita aos delitos mais graves. Era a alternativa normanda ao suplício. Na Europa continental, os delitos graves geralmente eram julgados por meio dos suplícios. Na Inglaterra, contudo, a parte que buscava reparação por um delito grave usava "o julgamento por meio de duelo como a forma presuntiva[10] de prova".

A principal vantagem de todas as três provas sobrenaturais era sua legitimidade divina. A fim de organizar um mundo em que os fatos podiam ser difíceis de descobrir, um Deus onisciente os revelava. Como o especialista em História Medieval Robert Bartlett escrupulosamente resume o suplício: "Era um dispositivo para lidar com situações em que o conhecimento certo era impossível, mas a incerteza era intolerável."[11] E, como acrescenta Baker, "as provas sobrenaturais e os juramentos que elas examinavam eram absolutos e inescrutáveis; nenhuma pergunta legal era feita, nenhum motivo era apresentado, nenhum

---

[8] Ibid.
[9] Langbein, Lerner e Smith, *History of the Common Law*, p. 29.
[10] Ibid.
[11] Bartlett, *Trial by Fire and Water*, p. 33.

fato era descoberto, nenhuma regra revelada"[12]. As provas sobrenaturais conferiam um desfecho social conclusivo.

O que as provas tinham de reconfortante, no entanto, também tinham de perturbador. Elas representavam uma postura paradoxal de humildade e arrogância perante a autoridade divina. Por um lado[13], os seres humanos estavam se submetendo ao julgamento divino; por outro[14], estavam exigindo que Deus "tomasse assento" em todos os julgamentos humanos, em vez de entregar os indivíduos às leis comuns da natureza. As provas sobrenaturais revelavam a arrogância humana ao pressupor que Deus estava sempre à disposição dos seres humanos que queriam respostas a suas perguntas.

O suplício[15] era especialmente passível dessa acusação porque a Igreja se ocupava dos mínimos detalhes. Era o padre que determinava a distância que a acusada tinha de percorrer carregando o ferro em brasa, a temperatura do ferro e se a ferida tinha "sarado" ou "inflamado". Era o padre que santificava a água, verificava os nós e decidia se o acusado tinha "flutuado" ou "afundado". Mesmo no seu apogeu (entre 800 e 1200 d.C.), só se recorria ao suplício quando não se conseguiam obter outras formas de prova, como as testemunhais ou a confissão. Os últimos recursos são os primeiros a cair: no Quarto Concílio de Latrão, em 1215, a Igreja Católica[16] proibiu o clero de participar dos suplícios. Privado da aprovação divina[17], o suplício não tardou a desaparecer da Europa Ocidental.

Embora as outras provas sobrenaturais tenham sobrevivido, elas também estavam crivadas de problemas. A compurgação suscitou um saudável ceticismo acerca da probidade dos indivíduos ou de seus assistentes de juramento. Como observa o historiador Leonard Levy, "a

---

[12] Baker, *English Legal History*, p. 72.
[13] Fisher, "Jury's Rise as Lie Detector", p. 587.
[14] John Langbein, *Torture and the Law of Proof: Europe and England in the Ancien Régime* (1976; Chicago, University of Chicago Press, 2006), p. 6.
[15] Baker, *English Legal History*, p. 5.
[16] Levy, *Palladium of Justice*, p. 16.
[17] Ibid.

prova tinha se tornado muito fácil, quase um sucesso garantido para a parte – por mais que ela fosse culpada ou responsável –, que era extremamente afortunada por lhe ser conferido o direito de recorrer ao juramento com o apoio dos assistentes de juramento"[18]. Mesmo antes de 1600, a compurgação já estava em declínio[19]. O julgamento por meio de duelo também já havia caído em descrédito. Tornara-se rotina os indivíduos contratarem outros para lutar em seu lugar. Observa Levy: "Contratavam-se campeões[20] para duelar em lugar do litigante sempre que uma das partes era incapaz, por razões de idade, sexo ou enfermidade física, de representar a si própria." Os soberanos também se preocupavam[21] com o efeito da taxa de mortalidade na nobreza. Surpreendentemente, o julgamento por meio de duelo[22] só foi abolido em 1818, mas pode-se atribuir esse descuido à falta de uso nos dois séculos anteriores.

O declínio das[23] provas sobrenaturais significou que os seres humanos tinham de assumir o ônus de descobrir os fatos. A passagem do suplício para a confissão representou uma mudança profunda. Embora a confissão[24] sempre tivesse representado um recurso para determinar a culpa, sua importância aumentou à medida que a fé nas outras provas declinou. O Quarto Concílio de Latrão[25], que aboliu os suplícios, criou a exigência de que o fiel se confessasse uma vez por ano. Na Inglaterra, a confissão veio a ser considerada a "rainha das provas".

Os suspeitos que não confessavam continuavam representando um problema. A Europa continental e a Inglaterra adotaram soluções

---

[18] Ibid., pp. 9-10.

[19] Baker, *English Legal History*, p. 74.

[20] Levy, *Palladium of Justice*, p. 10.

[21] James Q. Whitman, *Origins of Reasonable Doubt* (New Haven, Yale University Press, 2007), p. 87.

[22] Baker, *English Legal History*, p. 74.

[23] Langbein, *Torture and the Law of Proof*, p. 6.

[24] Ibid., p. 7.

[25] Christopher R. Fee e David A. Leeming, *Gods, Heroes, and Kings: the Battle for Mythic Britain* (Nova York, Oxford University Press, 2001), p. 214.

radicalmente diferentes. O modelo inquisitorial da Europa continental[26] dependia da tortura para garantir as confissões. Contrastando com essa prática, os ingleses[27] evoluíram para um sistema de júri em que um grupo imparcial de indivíduos atuava como descobridor de fatos. Fisher estabelece uma ligação causal direta[28] entre o fim do suplício em 1215 e o primeiro júri criminal "verdadeiro" da Inglaterra, instituído em Westminster em 1220.

A troca das provas sobrenaturais pelas provas humanas foi dolorosa. O historiador John Langbein sugere o motivo: "É quase impossível para nós imaginar como deve ter sido difícil para as pessoas simples daquela época aceitar essa substituição. A pergunta que brota dos lábios é: 'você, que não passa de um simples mortal como eu, quem é você para presidir meu julgamento?'."[29] Ângelo assume essa inquietação em *Medida por medida* quando reflete sobre "as leis / que os ladrões aprovam para os ladrões" (2.1.22-23). A questão de como[30] seres humanos falíveis, em vez de Deus, descobririam os fatos continuava um tema crucial na época em que Shakespeare escrevia.

As peças põem em cena a ambivalência a respeito da troca da descoberta divina para a descoberta humana dos fatos. Não há exemplos de suplício ou compurgação em Shakespeare. Contudo, a aposta no duelo figura com destaque em *Henrique VI, Parte 2*; *Ricardo II*; e, se ampliarmos a interpretação, em *Rei Lear*. O julgamento por meio de duelo recebe o tratamento mais completo em *Henrique VI, Parte 2*, em que o aprendiz de armeiro Peter Thump é obrigado a passar por esse julgamento por seu senhor, que o acusa de traição. Todos consideram impossível, especialmente o pobre Peter, que ele possa levar a melhor. E, no entanto, ele se sai bem, porque seu senhor exagera na bebida

---

[26] Langbein, *Torture and the Law of Proof*, p. 9.
[27] Ibid.
[28] Fisher, "The Jury's Rise as Lie Detector", p. 585.
[29] Langbein, *Torture and the Law of Proof*, p. 6.
[30] J. Shapiro, *A Culture of Fact: England, 1550-1720* (Ithaca, Cornell University Press, 2000).

antes do duelo. Em seu leito de morte, o armeiro confessa que a acusação era falsa, justificando, assim, a forma de julgar. Em *Ricardo II*, o rei interrompe o duelo em Coventry entre os duques de Hereford e Norfolk, jogando ao chão o bastão que lhe confere autoridade. Ao fazê-lo, ele expressa a preocupação vigente na época de que os soberanos já não aguentavam a devastação que tais embates podiam causar entre os nobres: "E o áspero choque das irosas armas, / expulsará, talvez, a paz formosa das nossas calmas fronteiras, / resultando o mal de em sangue amigo mergulharmos" (*Ricardo II*, 1.3.136-38). Em *Lear*, Edgar derrota Edmundo, embora as condições nesse caso sejam menos formais do que as que presidem um embate apropriado (o que talvez não surpreenda, dado que o Lear histórico[31] reinou no século IX a.C.)!

Apesar do predomínio de julgamentos por meio de duelo, não devemos interpretar as peças como se elas defendessem categoricamente o embate. Elas representam períodos históricos anteriores à época em que foram escritas. A fé depositada nos embates podia ser comparada à fé depositada nos oráculos em *Conto de inverno* – como representações de um mundo que não existe mais, em vez do endosso do mundo presente. Além do mais, tais julgamentos[32] eram de natureza dramática, prestando-se para o palco. A despeito de todas essas advertências, nenhuma das peças descreve a aposta no duelo como falível.

Do mesmo modo que as peças revelam alguma confiança no julgamento por meio de duelo, elas também deixam entrever certa ansiedade quanto à descoberta humana dos fatos, como o julgamento pelo júri. Em *Medida*, Ângelo admite: "Haver no júri, convocado para julgar um criminoso / sobre doze jurados um ou dois ladrões / De culpa maior do que a do preso" (*Medida*, 2.1.19-21). Em *Henrique VIII*, peça que retrata uma época próxima à de Shakespeare, o conde de Surrey acusa o cardeal Wolsey de arquitetar a derrota política de Buckin-

---

[31] A. D. Nuttall, *Shakespeare the Thinker* (New Haven, Yale University Press, 2007), p. 300.

[32] Dunkar Plunket Barton e James Montgomery Beck, *Links Between Shakespeare and the Law* (Londres, Butler and Tanner, 1929), p. 95.

gham, e Wolsey esconde-se atrás do "nobre júri" que condenou este último (*Henrique VIII*, 3.2.268).

À primeira vista, nenhuma peça de Shakespeare faz uma defesa explícita da descoberta humana dos fatos. No entanto, *Otelo* pode ser interpretada como uma investigação tanto dos pontos fortes como dos pontos fracos desse procedimento. *Otelo* é uma peça sobre epistemologia – sobre a questão de como sabemos o que sabemos. A peça justapõe, de maneira convincente, duas formas de descoberta humana dos fatos. Uma, representada pelos nobres venezianos, age de maneira coletiva e racional e conduz a um *veredictum* – uma declaração verdadeira. A outra, representada por Otelo, move-se de maneira isolada e apaixonada, e conduz tragicamente ao erro.

Assim como *Medida*, *Otelo* baseia-se em grande parte numa história extraída de *Hecatommithi* (1565), de Giraldi Cinthio[33]. No entanto, a maioria das ações do primeiro ato de *Otelo* não tem nenhum precedente no conto de Cinthio. A decisão de Shakespeare[34] de situar esse único ato em Veneza, em vez de situá-lo na guarnição militar de Chipre, poderia ser explicada como a imposição da estrutura corte-campo-corte que ele utiliza em tantas peças (embora em *Otelo* a reviravolta final faça que a "corte" venha até Chipre). Tanto em *Otelo* como em *O mercador de Veneza*, Veneza representa a lei e a ordem. No primeiro ato, o senador Brabâncio grita para Rodrigo: "Por que me falas em roubo? Estamos em Veneza; minha casa não é uma granja" (1.1.103-104).

O caráter "civilizado" de Veneza revela-se no modo como seus líderes pensam numa situação de emergência. Encontramos o doge e alguns senadores reunidos tarde da noite para avaliar as notícias de que uma frota turca "fez-se ao mar" para atacar Chipre. As notícias

---

[33] E. A. J. Honigmann, introdução a *Othello*, de William Shakespeare (Londres, Arden Shakespeare, 2004), p. 2.

[34] Marjorie Garber, *Shakespeare After All*, p. 496.

quanto ao número de navios variam enormemente, de cento e sete a duzentos (1.3.3-5). O doge diz que "as notícias não são de todo acordes, porque possamos dar-lhes muito crédito" (1.3.1-2). Mas o Segundo Senador lembra que, "embora não haja pleno acordo nesse ponto – isso sói dar-se quando é feito o cômputo por simples conjeturas" (1.3.5-7). Quando se calcula o número de navios de uma frota (especialmente levando-se em conta a tecnologia da época), é de esperar alguma variação. Além do mais, o Senador diz que essa divergência não deve ocultar o entendimento geral de que uma frota turca está se movendo na direção de Chipre. O doge responde racionalmente que "um erro de minúcias não me impede de ficar apreensivo quanto ao ponto de maior importância" (1.3.11-12).

Num desdobramento que pode causar confusão, um marinheiro entra e anuncia que os turcos se dirigem a Rodes, não a Chipre. O doge ausculta os colegas. O Primeiro Senador rejeita a falsa pista: "Não pode ser; vai contra qualquer exame da razão. É uma ilusão, tão só, para obrigar-nos a olhar para o outro lado" (1.3.18-20). "Exame"[35] era outra palavra que se usava para "julgamento", e com esse "exame da razão" tais mentiras são rapidamente desmascaradas. Não faz nenhum sentido que os turcos estejam se dirigindo a Rodes, que é mais fortificada e menos importante, do ponto de vista estratégico, do que Chipre: "haveremos de compreender que o turco não é tão cego que para último deixe o que lhe importa primacialmente, abrindo mão de um ganho mais do que certo e, sobretudo, fácil, para correr um risco sem proveito" (1.3.28-31). A conclusão do julgamento é prontamente justificada – chegam notícias de que os turcos estão se dirigindo a Chipre.

Esse tribunal – ao mesmo tempo uma sala de guerra – inspira confiança por diversos motivos. Em primeiro lugar, ele é coletivo, não confiando em apenas um indivíduo para determinar os fatos; o Se-

---

[35] *The Oxford English Dictionary* (Oxford, Clarendon Press, 1989), pp. 703-4. A palavra "assay" tem diferentes definições: "Fazer julgamento (de)", ibid., p. 703; "Proceder por meio de julgamento", ibid., p. 703; ou "Desafiar para uma prova de força, destreza etc.", ibid., p. 704.

gundo Senador corrige a conjetura incorreta do doge; o Primeiro Senador descarta a informação enganosa trazida pelo marinheiro. Em segundo lugar, ele é racional – apesar das circunstâncias prementes, as informações são verificadas calmamente por meio de "exame(s) da razão". Por fim, ele não é hierárquico – o que prevalece é o argumento mais poderoso, não a pessoa mais poderosa. Embora distintos, esses valores estão relacionados – a natureza não hierárquica dos procedimentos significa que os senadores podem corrigir o doge.

O tribunal logo passa por outro teste. Outro senador, Brabâncio, irrompe no tribunal, enfurecido, acusando o general Otelo de haver enfeitiçado sua filha, Desdêmona. A objeção de Brabâncio ao casamento deve-se ao fato de Otelo ser mouro, e Desdêmona, branca. Mas não é essa a acusação legal. O casamento inter-racial normalmente era legal[36] segundo a lei consuetudinária inglesa. Em vez disso, a acusação é que Otelo usou de feitiçaria para seduzir Desdêmona.

Se lhes perguntarem que peça de Shakespeare começa com um julgamento de feitiçaria, creio que a maioria dos leitores de Shakespeare não pensaria em *Otelo*. Como tema da peça, a raça ofusca completamente a feitiçaria. No entanto, os dois temas estão interligados, já que Brabâncio crê que o casamento inter-racial é tão contrário à natureza que só a feitiçaria poderia tê-lo gerado. Brabâncio primeiramente levanta a possibilidade de que Otelo tenha enfeitiçado Desdêmona em favor do jovem Rodrigo: "Não há feitiços capazes de alterar as qualidades das virgens inocentes?" (1.1.169-71). Quando chega ao tribunal do doge, a pergunta de Brabâncio amadureceu, transformando-se numa acusação. Como mostra o discurso violento que ele faz contra Otelo:

> Oh! Infame raptor! Onde escondeste minha filha?
> Infernal como és, decerto a enfeitiçaste.
> Apelo a todos os seres de sentido:

---

[36] William D. Zabel, "Interracial Marriage and the Law", in *Interracialism: Black-White Intermarriage in American History, Literature and Law*, Werner Sollors, org. (Nova York, Oxford University Press, 2000), p. 56.

se não fosse ter sido presa por cadeias mágicas,
como uma jovem tão formosa e terna, tão feliz,
tão avessa ao casamento que evitava
a presença dos mancebos ricos e de cabelos anelados de nosso
    Estado,
como poderia, expondo-se à irrisão de toda gente,
fugir de seu guardião, para abrigar-se no seio escuro e cheio de
    fuligem
de uma coisa como és?
(1.2.62-71)

O Senador repete sua suspeita de feitiçaria em outros dois discursos (1.3.60-65, 100-07), sempre insistindo que nenhuma mulher branca sensata teria relações com um mouro. Brabâncio é tomado por uma ideia fixa, o mesmo que mais tarde acontecerá, de maneira tão intensa, ao homem que ele acusa.

Como juiz, o doge recebe sinais confusos. Sua primeira reação é pressupor que Brabâncio, poderoso senador que é, tem razão em fazer a acusação:

Seja quem for que tenha usado desses processos vis
para deixar privada vossa filha do juízo,
e, assim, vós mesmo de vossa filha: o sanguinário livro das leis
haveis de interpretá-lo como vos aprouver, no mais amargo
    sentido das palavras,
sim, ainda que nosso próprio filho fosse o objeto de tal acusação.
(1.3.66-71)

A declaração do doge de que permitirá que a lei seja aplicada imparcialmente, mesmo contra seu próprio filho, inspira confiança no Estado de Direito. Ao mesmo tempo, ele entrega "o sanguinário livro das leis" a Brabâncio para que o interprete "como vos aprouver", o que permite a Brabâncio ser juiz de seu próprio caso. (Essa atitude é coerente³⁷ com a prática vigente no início da Era Moderna, na qual se considerava que os indivíduos de condição social mais elevada tinham mais credibilidade que os de baixa condição social.) Só quando o doge percebe que Brabâncio está acusando Otelo – um general indispensável para o Estado veneziano – é que ele submete a alegação de Brabâncio a um escrutínio superior: "Somente a simples afirmação não basta para a prova,/ porque, sem testemunho mais patente, / não passa de suspeitas e aparências" (1.3.107-09).

Uma vez que as condições de acusador e acusado se anulam mutuamente, um julgamento nos moldes modernos acontece. Assim como o doge por fim reconhece que o rumor de que os turcos estão se dirigindo a Rodes "é uma ilusão, tão só, para obrigar-nos a olhar para o outro lado", ele reconhece que "somente a simples afirmação" não "basta para a prova". O tribunal também é excessivamente escrupuloso quanto ao rito processual. Diferentemente, por exemplo, do decreto imperial com o qual Saturnino condena os filhos de Tito à morte, o doge permite que o acusado Otelo fale em sua defesa e convoque uma testemunha, Desdêmona.

Visto que o celebrado relato de como ele cortejou Desdêmona é hoje um cânone, é difícil imaginar um mundo em que Otelo não tivesse tido a permissão de falar. O mouro desmonta, de imediato, sua alegação de que é "rude... de fala" (1.3.82) com aquilo a que G. Wilson Knight cognominou de "a música de Otelo"³⁸:

> O pai dela me amava, convidou-me muitas vezes,
> fazia-me perguntas sobre a história de toda a minha vida,
> ano por ano, prélios, cercos, lances
> por que passara.
> E narrava-lhe tudo, desde os dias de minha infância,
> até o momento em que ele me mandara falar,

---

³⁷ Shapiro, *Culture of Fact*, p. 17.
³⁸ G. Wilson Knight, *The Wheel of Fire* (1930; Nova York, Routledge Classics, 2001), pp. 109-35.

enumerando-lhe situações perigosas,
acidentes no mar e em terra, em tudo emocionantes,
como salvei a vida por um fio, na brecha perigosa,
como fora pelo insolente inimigo aprisionado,
vendido como escravo, e de que modo, depois, me resgatara,
e dos sucessos que em minhas viagens a esses se seguiram,
quando, então, lhe falava de cavernas descomunais,
rochedos escabrosos, ilhas desertas, montes cujos picos no
    céu
iam tocar.
E assim por diante,
no mesmo tom dos canibais falava,
que uns aos outros se comem,
de antropófagos e de homens com cabeças
sob os ombros. Para isso ouvir
Desdêmona se achava sempre inclinada;
mas os afazeres da casa muitas vezes a obrigavam a se afastar,
o que ela quase sempre depressa arrematava,
porque viesse novamente, com ávidos ouvidos,
devorar meu discurso. Percebendo-o,
da hora me aproveitei e encontrei meios
de lhe arrancar a súplica poderosa,
para que lhe contasse sem rodeios as minhas aventuras,
cuja história só por partes ouvira,
desconexas. Fiz-lhe a vontade;
e muitas vezes pude roubar-lhe algumas lágrimas,
no instante de lhe narrar algum sucesso triste
por que passara minha mocidade. Minha história concluída,
ela me dava por tanta dor um mundo de suspiros
e jurava em verdade, que era estranho, mais do que estranho,
por demais tocante, muito comovedora.
Desejara jamais a ter ouvido, mas quisera
que o céu tivesse feito dela esse homem. Agradeceu-me

> e disse-me que, quando um amigo eu viesse a ter, que a amasse,
> bastaria ensinar-lhe o modo simples de contar-lhe minha história,
> para que ele, sem falta, a conquistasse. Aproveitando tal
> insinuação, disse-lhe tudo.
> Ela me amou à vista dos perigos por que passei,
> e muito amor lhe tive, por se ter revelado compassiva.
> Foi essa toda a minha bruxaria.
> (1.3.129-170)

O discurso parece irresistível. No seu final, o doge (talvez aplicando um teste da "filha sensata") diz: "Quero crer que uma história tal como essa seduziria minha própria filha" (1.3.172). Posto na defensiva, Brabâncio diz que retirará a acusação de feitiçaria se Desdêmona corroborar "dizendo ela que assim favoreceu essa conquista" (1.3.176).

Quando Desdêmona chega, Brabâncio a chama: "Aproximai-vos, gentil senhora, e respondei-me: / acaso percebeis neste círculo seleto / alguém a quem deveis mais obediência?" (1.3.178-80). Shakespeare, nessa passagem, está treinando para escrever *Rei Lear*: como observa E. A. J. Honigmann[39], "gentil senhora" não é "como um pai normalmente se dirigia à sua filha". O viúvo Brabâncio saúda sua filha única mais como uma esposa do que uma filha. A resposta de Desdêmona repõe, de maneira dolorosa, as coisas em seu devido lugar:

> Meu nobre pai,
> percebo um dividido dever:
> a vida e a educação vos devo,
> educação e vida que me ensinam
> a saber respeitar-vos. Sois o dono do meu dever,
> sendo eu, pois, vossa filha. Mas também aqui vejo meu marido;
> e quanto minha mãe vos foi submissa,
> preferindo-vos mesmo aos próprios pais

---

[39] Honigmann, introdução a *Othello*, p. 146.

tanto agora pretendo revelar-me
em relação ao Mouro, a quem pertenço.
(1.3.180-89)

O discurso prenuncia o modo como Cordélia se dirige a Lear quando se vê numa situação difícil semelhante a essa (*Lear*, 1.1.94-103). E assim como Lear reage a Cordélia, Brabâncio, de fato, renega sua filha.

Embora não seja perfeito, o tribunal veneziano estabelece um critério com relação ao qual outros descobridores de fatos serão avaliados. Ele desmascara a "falsa encenação" dos turcos como um ardil para esconder seu real avanço sobre Chipre. De modo semelhante, ele desfaz a "impressão" de que Otelo tenha utilizado de feitiçaria e conclui que ele cortejou e conquistou Desdêmona de maneira limpa. Talvez Brabâncio esteja certo quando diz que atos ilegais não podem acontecer na Veneza descrita na peça. Por essa razão, a ação transfere-se para Chipre.

EM *OTELO*, CHIPRE diferencia-se de Veneza de diversas maneiras. A ilha é um posto avançado da civilização, não seu núcleo. É uma guarnição militar, não uma cidade habitada por civis. Sendo o lugar em que Vênus, a deusa do amor, nasceu[40], é também um lugar em que a racionalidade se encontra, alegoricamente, suspensa. Como muitos já observaram[41], amar e fazer amor, são coisas que fogem à competência de Otelo. Ele é um guerreiro, não um amante.

Além disso, quando Otelo chega a Chipre, não se tem mais necessidade de guerreiros. Os turcos foram[42] aniquilados por uma tempes-

---

[40] Irene Earls, *Renaissance Art: A Topical Dictionary* (Westport, Conn., Greenwood, 1987), p. 45.

[41] Ver, p. ex., Harold Bloom, *Shakespeare: The Invention of the Human* (Nova York, Riverhead, 1998), pp. 432-75; Nuttall, *Shakespeare the Thinker*, p. 280.

[42] Winston Graham, *The Spanish Armadas* (Nova York, Doubleday, 1972), pp. 221-2.

tade, mais ou menos como a Armada Espanhola foi destruída em 1588. Embora Otelo espere até o terceiro ato para se lamentar – "Otelo não tem o que fazer!" (3.3.360) –, ele já se tornou obsoleto antes mesmo de pôr os pés na ilha.

Assim, é em Chipre que o complô de Iago contra Otelo ganha força. Primeiro Iago joga Otelo contra seu lugar-tenente Miguel Cássio. Sabendo que o lugar-tenente tem "a cabeça muito fraca para bebidas" (2.3.31), Iago o deixa embriagado, o que leva Cássio a iniciar uma briga com Montano, antigo governador de Chipre. A rixa gera outro exercício de fim de noite de descoberta de fatos. Otelo intervém para interromper a briga:

> Então, que aconteceu? Como foi isso?
> Viramos turcos para permitir-nos
> o que o céu não consente aos otomanos?
> Pelo pudor cristão, parai com essa gritaria de bárbaros.
> Aquele que se mexer para saciar a raiva,
> não faz caso da vida; é homem morto.
> Fazei calar esse terrível sino, que ele espanta a ilha
> e a tira de seus hábitos. Que aconteceu, senhores?
> Honesto Iago, pareces morto de tristeza;
> dize-me: quem começou? Por teu amor, intimo-te.
> (2.3.165-74)

Em sua intervenção, Otelo afirma que aquele é um solo cristão e civilizado. No primeiro ato, Iago chamou Otelo de "cavalo bárbaro" (1.1.110) para Brabâncio, procurando retratar Otelo como berbere e mouro, boçal e bárbaro. Mas agora Otelo se apropria da palavra "bárbaro" e a utiliza contra os venezianos brancos. Ninguém sente que ele está sendo irônico. Naquela ilha selvagem, Otelo representa a civilização.

No final do primeiro ato, o condutor do processo pergunta: "Otelo usou de feitiçaria para seduzir Desdêmona?" O tribunal veneziano corretamente responde: "Não." No começo do segundo ato, o condutor do processo pergunta: "Quem começou a briga em Chipre?" O tribunal cipriota, composto apenas por Otelo, responde: "Cássio", o que, ao menos em parte, está correto.

Não devemos julgar Otelo com tanta severidade. Mesmo o conselho de Veneza talvez não tivesse conseguido descobrir a participação de Iago na briga. Uma descoberta de fatos bem-sucedida não depende apenas da integridade do tribunal, mas da dificuldade da pergunta. Além do mais, Otelo demonstra prudência processual, dando a todas as partes a oportunidade de se manifestar. Não é culpa de Otelo que Montano esteja machucado demais, e Cássio, envergonhado (ou bêbado) demais para testemunhar.

A descoberta de fatos empreendida por Otelo, porém, afasta-se, assim como se aproxima, daquela conduzida pelo conselho de Veneza. Otelo não admite a tomada de decisão coletiva – ele assume a posição de único juiz. Ele não percebe que o "sincero" Iago pode ter um motivo para incriminar Cássio, muito embora Iago tenha buscado os serviços de Cássio. Tampouco espera que as testemunhas incapacitadas recuperem sua capacidade de se manifestar antes de apresentar a sentença. E, pior de tudo, ele fica furioso:

> Agora, pelo céu,
> sinto que o sangue começa a dirigir-me o entendimento,
> e que a paixão, já tendo obscurecido minha razão,
> procura arrebatar-me. Se eu mexer
> ou levantar o braço, o melhor dentre vós
> cairá ao peso de minha repreensão.
> (2.3.200-05)

Diferentemente do "exame da razão" do conselho de Veneza, Otelo significa um "exame da paixão".

Como o próprio Otelo admite, a paixão "obscurece" sua "razão", tornando-a – e talvez tornando-o – mais estereotipadamente "negro".

O fato histórico que provavelmente esteve na origem[43] da composição de *Otelo* foi a visita de um embaixador do Rei da Berbéria, que chegou à Inglaterra em agosto de 1600 para uma estada de seis meses. No final daquele ano, John Pory publicou uma tradução de *A Geographical Historie of Africa* [Uma história geográfica da África], de John Leo, que fazia referência ao embaixador. Leo, ele próprio mouro[44], descreveu detalhadamente seus compatriotas:

> Trata-se de pessoas extremamente honradas, desprovidas de qualquer desonestidade e astúcia, muito orgulhosas e magnânimas, e admiravelmente devotadas à cólera... São parcos de sabedoria, e tão crédulos que acreditam em coisas inacreditáveis que lhes contam... Nenhum povo no mundo é tão dominado pelo ciúme; eles preferem antes perder a vida do que relevar qualquer desonra que recaia sobre suas mulheres.

A afirmação do crítico Geoffrey Bullough[45] de que é "quase certo" que Shakespeare "consultou" esse relato encontra amparo na impressionante semelhança entre a exposição de Leo do que seria o mouro típico e Otelo. Assim como o mouro "típico", Otelo é sincero e desprovido de "qualquer desonestidade e astúcia". Talvez devido a isso, ele é incapaz de perceber a astúcia dos outros, ou seja, ele é "tão crédulo que [ele] acredita em coisas inacreditáveis". E, além disso, como vemos em seu primeiro teste como descobridor de fatos, ele tem propensão à cólera, o que não é de bom agouro no que diz respeito à sua capacidade de responder à pergunta seguinte da peça: "Desdêmona é fiel?"

Iago procura provar a infidelidade de Desdêmona por meio de uma enxurrada de alusões indiretas. Na primeira rodada de insinua-

---

[43] Honigmann, introdução a *Othello*, p. 2.
[44] Ibid., p. 4 (citando o relato que Pory faz de Leo).
[45] Ibid., p. 208 (citação de Bullough).

ções, Iago (1) descreve Cássio como tendo "se esgueirado" (3.3.39) de uma conversa particular com Desdêmona quando Otelo se aproximou; (2) obriga Otelo a admitir que, quando este estava cortejando Desdêmona, Cássio "muitas vezes serviu de intermediário entre [eles]" (3.3.100); (3) recusa-se a compartilhar seus pensamentos com Otelo, fazendo-o pensar que "traz no pensamento um monstro horrível, horrível por demais, para ser visto" (3.3.110-11); (4) lembra a Otelo que Desdêmona "ao pai ela enganou com desposar-vos" (3.3.209); e (5) talvez com uma frieza excessiva para o público de hoje, força Otelo a admitir que, em razão da raça, seu casamento é "contrário à natureza" (3.3.232-42).

Otelo não é o simplório que transparece em muitas das descrições que se fazem dele. Embora as alegações de Iago o deixem inquieto, ele, assim como o doge, compreende que "a simples afirmação não basta para a prova". Assim como o doge, ele insiste na prova:

> Infame, dá-me a prova de que minha mulher é prostituta.
> Fica certo: quero prova evidente;
> *Segurando-o firmemente*
> ou, pelo mérito de minha alma imortal,
> melhor te fora teres nascido cão
> que responderes agora à minha cólera desperta.
> (3.3.362-66)

Otelo está irado novamente. Dessa vez, sua ira encontrou o objeto adequado. Mas é difícil interpretar esse momento como uma defesa dos "exames da paixão" porque, uma vez mais, sua ira "obscurece" a razão.

Tem-se dado muita importância – talvez demasiada importância – à raça de Otelo nessa peça. Porém, a raça do general pode influenciar a maneira como ele vê a realidade. Em razão de ser constantemente julgado pela "prova ocular" da cor de sua pele, Otelo pode ser especialmente suscetível ao julgamento baseado nessa prova. Ampliando o foco, lembramos que todos os três mouros que aparecem no *corpus* shakespeariano foram julgados de acordo com a cor da pele. Em *Tito*, o filho mestiço do mouro Aarão é considerado uma "consequência triste, maldita, tão negra e desgraçada" (4.2.68). Em *O mercador*, o príncipe do Marrocos apresenta-se a Pórcia dizendo "não vos desagradeis de mim por causa de minha compleição" (*O mercador*, 2.1.1). E em *Otelo* Brabâncio usa a raça de Otelo como "prova ocular" de que ele praticou feitiçaria.

Embora Otelo possa ter uma tendência especial de confiar em seus olhos, essa tendência era amplamente compartilhada pelos contemporâneos de Shakespeare. Langbein conta como[46], no início, o fim das provas sobrenaturais significou que somente uma "prova irrefutável" – o depoimento de duas testemunhas oculares ou uma confissão – poderia resultar em condenação. Porém, como diz ele, os juristas que inventaram[47] esse sistema "resolveram um problema criando outro". O sistema funcionava nos casos fáceis de crime evidente, mas não nos casos difíceis em que não havia testemunhas oculares nem confissão. Esses casos difíceis[48] ainda precisavam ser resolvidos, pois "nenhuma sociedade tolerará por muito tempo um sistema legal em que não exista a perspectiva de condenar pessoas impenitentes que cometam crimes secretos". Na Europa continental, a tortura produzia as confissões exigidas. Na Inglaterra, que evitava peremptoriamente a tortura, um júri tinha de examinar cuidadosamente a prova circunstancial.

A resposta de Iago ao pedido de prova por parte de Otelo percorre com destreza o dilema histórico de que, para crimes secretos, era muitíssimo pouco provável que se obtivesse uma prova irrefutável. Como, pergunta ele, ficará Otelo "convencido" (3.3.397)? Vendo Desdêmona ser "coberta" (3.3.399)? Com uma seriedade simulada tão cruel quanto serviçal, ele reflete em voz alta acerca da dificuldade de fornecer uma "prova irrefutável":

---

[46] Langbein, *Torture and the Law of Proof*, p. 7.
[47] Ibid.
[48] Ibid.

> Quem crer que seria uma tarefa assaz dificultosa
> convencê-los a se deixarem ver sob esse aspecto. O demo que
>   os carregue,
> se possível for a olhar de mortais,
> tirante o deles, vê-los deitados juntos.
> Que me resta para dizer? Que provas posso dar-vos?
> Não vos será possível ver tal coisa,
> embora ardentes fossem como bodes, quentes como macacos,
> luxuriosos como lobos no cio e tão grosseiros
> como o ser mais alvar, quando embriagado.
> (3.3.400-408)

Iago tem uma capacidade extraordinária de evocar descrições vívidas. No primeiro ato, ele oferece a Brabâncio, pai de Desdêmona, a inesquecível imagem do "animal de duas costas" (1.1.115). Embora ele agora afirme a Otelo que será impossível assegurar a "prova ocular" da infidelidade de Desdêmona, ele também oferece nesse trecho uma reprodução perfeita da cena. Algumas de suas imagens são tão vívidas que ficamos com a impressão de *tê-las* visto. Sabemos que Iago impressionou Otelo porque mais tarde este repete as fantasias com as quais Iago o alimentou ("embora ardentes fossem como bodes, quentes como macacos"), ao lançar sua praga "Bodes e macacos!" (4.1.263). O talento demoníaco de Iago em fazer insinuações encontra-se no fato de que ele parece repetir os outros – Otelo diz "ele me serve de eco" (3.3.109) –, embora faça que os outros repitam o que ele disse.

Após deixar clara a dificuldade de produzir uma "prova irrefutável", Iago declara que é capaz de produzir uma prova circunstancial, que, *faute de mieux*, levará Otelo à verdade: "Contudo, vos direi, / se alguns indícios, circunstâncias de peso, / que conduzem diretamente à porta da verdade / vos deixarem convicto, haveis de tê-las" (3.3.408-11). Otelo também está demasiado ansioso para ouvir a segunda rodada de insinuações. Iago afirma que ele (1) ouviu Cássio chamar pelo nome de Desdêmona enquanto dormia; (2) viu Cássio limpar a barba com o lenço de Desdêmona; e (3) sabe da existência de "outras provas", que ele não menciona. E, algo decisivo, entre a primeira e a segunda barragem de sua artilharia a sorte lhe sorri inesperadamente. Emília, sua mulher, seguindo sua orientação, surrupiou o lenço de Desdêmona, primeiro presente que Otelo lhe deu. Iago introduziu o lenço no quarto de Cássio. O lenço não é uma "prova ocular" no sentido que Otelo inicialmente pensava (observação direta do crime). Não obstante, é uma prova que, diferentemente das outras "provas" de Iago, pode ser tocada e vista.

Quando chegamos ao quarto ato, com exceção da prova física, todas as "provas" evaporaram. Iago assegura-se de que seja assim concentrando-se na relação entre a honra de Desdêmona e o lenço: "A honra é uma essência que não cai na vista. / Muitas vezes a tem quem nunca a teve. / Mas quanto ao lenço..." (4.1.16-18). Em outras palavras, é difícil determinar a honra de uma pessoa. Mas não é difícil determinar se alguém perdeu um lenço. A questão metafísica da culpa ou da inocência vê-se reduzida à questão empírica de saber se Desdêmona perdeu o lenço ou não.

Infeliz, Otelo diz: "Pelo céu! Mui de grado me esquecera de semelhante coisa. / Ias dizendo – Oh! à memória me retoma o assunto / como o corvo aos lugares empestados, / Gritando a todos – que ele tem meu lenço?" (4.1.19-22). Em seguida, Iago diz a Otelo que Cássio lhe confessou ter deitado com Desdêmona. Isso literalmente causa um curto-circuito na mente de Otelo, desencadeando um surto epilético: "O lenço... a confissão... o lenço! Confessar, e pelo trabalho: forca!... Confessa! O lenço... Oh!, diabo! – *[Ele entra em transe.]*" (4.1.37-38, 43). Ao assumir o papel de "bárbaro" desarticulado para o qual foi projetado, Otelo equipara o lenço perdido a uma confissão, que se constituiria na "prova irrefutável" do adultério de Desdêmona.

Mesmo após ter voltado a si do transe, Otelo não recupera mais a capacidade oratória nesse ato. Em outro golpe de sorte para Iago, Otelo vê Cássio com o lenço. Iago começa a conversar com Cássio, sem que Otelo possa ouvi-los. O pobre Otelo está tão fora de si que ele condena baseado numa "confissão" que ele só consegue ver como uma pantomima. Está fora de questão dar a Cássio ou a Desdêmona uma oportunidade de se explicar ou de replicar. Num percurso descendente, Otelo troca o papel de general calmo pelo de animal furioso para o qual fora projetado por seus detratores racistas. Na sua cabeça, ele virou um corno, e, como se acreditava que os cornos tivessem chifres na cabeça, ele virou um animal: "O homem de chifres é animal, é monstro" (4.1.62). Percebemos essa transmutação de homem em animal na perda da linguagem. Comparem o lirismo controlado de sua fala no primeiro ato, quando ele foi abordado pelo bando de Brabâncio: "Guardai essas espadas, que o sereno vai causar-lhes ferrugem" (1.2.59) com sua resposta agora: "Vou reduzi-la a cacos! Enganar-me!" (4.1.197). É esse "monstro", esse "animal", que mata Desdêmona em seu leito de núpcias.

Nenhuma peça de Shakespeare é pura tragédia, porque nenhuma termina sem uma promessa de que do caos nascerá a ordem. Marjorie Garber[49] descreve bem o modelo:

> O típico modelo triplo shakespeariano (corte-campo-corte) sempre inclui o retorno do lugar encantado, chame-se esse lugar de mundo verde, segundo mundo, lugar da "antiestrutura" ou do carnaval. O lugar intermediário geralmente é identificado com a imaginação, a arte, a maravilha e o sonho (se a peça for uma comédia ou se for uma peça romântica), ou com a selva, o perigo e a loucura (se a peça for uma tragédia). Em quase todos os casos ele traz consigo um elemento de dissimulação e de nivelamento social (provisório). Existe sempre o retorno desse lugar intermediário, ao menos para a maioria dos personagens da peça; mas aqueles que retornam, geralmente retornam transformados.

---

[49] Garber, *Shakespeare After All*, pp. 496-7.

Em *Otelo*, o inevitável "retorno" shakespeariano "desse lugar intermediário" é o retorno do lugar intermediário da loucura para o mundo da racionalidade, representado por Veneza. Nessa peça, no entanto, a montanha vai a Maomé, uma vez que Veneza – na forma dos nobres Ludovico e Graciano, tio de Desdêmona – vai até Otelo.

O desenlace da peça é um exercício final de descoberta de fatos, supervisionado por um grupo formado por Graciano, Ludovico e Montano. A pergunta é: "Quem matou Desdêmona?" Assim como a primeira pergunta que Otelo teve de responder – "Quem começou a briga em Chipre?" –, essa pergunta tem duas respostas. Cássio é a causa imediata da briga, mas Iago é a principal. Igualmente, Otelo é a causa imediata da morte de Desdêmona; uma vez mais, porém, Iago é a principal. Diferentemente de Otelo, o tribunal italiano compreende Iago, tanto no sentido figurado como no sentido literal*. Ele age assim seguindo os procedimentos coletivos e racionais adotados pelo tribunal do doge no primeiro ato.

Os descobridores de fatos – no caso, Montano e Graciano – correm o risco de considerar Otelo o único responsável, assim como Otelo considerou Cássio o único responsável pela briga. Otelo confessou sua culpa a Emília, assim como Cássio confessou sua culpa a Otelo. Contudo, felizmente Emília está em cena para negar essa "prova irrefutável". Ela acusa Iago de contar a Otelo que Desdêmona lhe era infiel. Em si mesma, essa acusação não revela a vilania de Iago, uma vez que Iago poderia ter acreditado de boa-fé na infidelidade de Desdêmona. No entanto, percebo que pela primeira vez Iago sente que está em perigo. Ele insiste no silêncio de Emília: "Ponde cobro nessa língua" (5.2.179). Mas Emília começou a perceber o verdadeiro caráter do marido: "Infâmia, infâmia! / Penso nisso, torno a pensar... Suspeito... Oh vilania! / Já havia suspeitado. Vou matar-me só de tristeza. / Oh infâmia!" (5.2.187-90). Iago ordena-lhe que deixe a sala, como um

---

*Em inglês, o verbo *"aprehend"* tem dois sentidos: o sentido literal, "prender"; o sentido figurado, "compreender". (N. do T.)

marido, naquela época, tinha o direito de fazer: "Como! Ficaste louca? Retirai-vos para casa, já, já!" (5.2.191). Emília recusa-se, apelando para que a autoridade doméstica masculina seja transferida à sua contraparte pública: "Caros senhores, permiti-me falar. / Sei que lhe devo plena obediência; não, porém, agora. / Talvez, Iago, eu não volte para casa" (5.2.192-94).

Imaginem se, nesse momento, o tribunal não tivesse permitido que ela falasse. Essa possibilidade é ainda mais aterrorizante porque acabamos de sofrer com uma cena em que Otelo, como juiz, júri e carrasco, não deu a Desdêmona essa oportunidade. Mas esse tribunal irá ouvi-la, não importa quantas vezes Iago, cada vez mais desesperado, tente silenciá-la.

Não é somente Iago, mas Otelo, que teme o que Emília tem a dizer. Quando tenta testemunhar, Emília é interrompida, dessa vez pelo general:

Ó! Ó! Ó!
[Atira-se sobre o leito.]
(5.2.195)

"O" é, em Shakespeare, a letra mais prenhe de significado, sendo utilizada para designar coisas tão variadas como o mundo, a coroa, os órgãos genitais femininos, o nada e o teatro. Como muitos de seus significados derivam de sua forma, a letra "O" pode ser lida como um poema concreto. Cleópatra refere-se "ao pequeno O, a Terra" (*Antônio e Cleópatra*, 5.2.80). O "O" também é um símbolo da vagina, também conhecida na Inglaterra do início da Era Moderna como uma "coisa-O"; isso é o que dá a *Muito barulho por nada*, uma peça que gira em torno da virgindade de uma jovem, seu duplo sentido. Hamlet também diz a Ofélia que um "nada" é "uma bonita ideia para alojar-se entre as pernas de uma donzela" (*Hamlet*, 3.2.117). "O" também significa "nada" no sentido de "zero", como quando Lear não dá "nada" (*Lear*, 1.1.247) a Cordélia, um sentido intensificado quando o Lear interpretado por Ian McKellen grita a palavra através do círculo de uma pequena coroa, na adaptação para o cinema de 2009. Por fim, "O" era um símbolo do teatro – como na menção que o Coro faz de "este O de madeira" (*Henrique V*, Prólogo, 13) dentro do qual a ação de *Henrique V* deve ser enfiada.

Otelo, a única peça de Shakespeare que começa com essa letra, atravessa com dificuldade esses "O"s. Otelo começa como comandante do mundo veneziano, sendo rebaixado em razão de sua obsessão com a fidelidade sexual da mulher. No final da peça, ele está reduzido a nada, caindo no leito nupcial que funciona, na montagem, como um palco sobre outro. O grito angustiado de Otelo – O! O! O! – resume, de maneira sucinta, a peça.

Uma vez que Otelo teme enfrentar a verdade, Iago ainda pode escapar. Otelo insiste que Desdêmona era "louca" e, de modo comovente, oferece sua "prova ocular" – "com o penhor e mimo de amor / que, de princípio, eu lhe ofertara: eu o vi na mão [de Cássio], era um lenço, lembrança muito antiga / que à minha mãe meu pai outrora dera" (5.2.212-15).

Agora o lenço funciona, de maneira apropriada, como uma prova – prova da culpa de Iago, aos olhos de Emília, em vez de prova da culpa de Desdêmona, aos olhos de Otelo. Quando o lenço é mencionado, Emília compreende tudo, inclusive sua própria cumplicidade no esquema de Iago: "Oh céu! Poderes celestiais!" (5.2.216). Iago tenta silenciá-la novamente, demonstrando, pela primeira vez na peça, uma emoção sincera: "Silêncio! Fica quieta!" (5.2.216). Mas agora Emília não pode ser silenciada: "Preciso dizer tudo! Preciso dizer tudo! Eu, ficar quieta, senhor? / De forma alguma. Falar quero tão livre como vento. / O céu, os homens, todos os diabos, tudo, / tudo pode exprobar-me esta ação, mas falar quero" (5.2.217-20). Nenhuma hierarquia – do marido sobre a esposa, ou mesmo de Deus sobre o mortal – irá interrompê-la. Iago tenta mandá-la para casa novamente, mas ela não vai. Finalmente, mostrando a mão, Iago tenta feri-la mortalmente com a espada. Os italianos ficam horrorizados: "Virar a espada contra uma mulher?" (5.2.222). Protegida por eles, Emília profere as últimas cinco linhas que desmascaram o marido:

> Oh Mouro bruto! O lenço de que falas
> foi por mim encontrado casualmente e dei-o a meu marido,
> pois bem vezes com mui séria insistência
> – mais, de fato, do qual tal ninharia merecia –
> pedira que o roubasse.
> (5.2.223-27)

Otelo, reconhecendo imediatamente a verdade, faz uma investida infrutífera para matar Iago. Iago, mais bem-sucedido, golpeia mortalmente a mulher com a espada.

Esse tribunal parece-se muito mais com o tribunal do doge do que com o de Otelo. Em primeiro lugar, ele não é hierárquico[50] – assim como os senadores podiam contradizer o doge, Emília não é silenciada nem mandada para casa. Em segundo lugar, ele é racional – embora as emoções estejam novamente fora de controle, os italianos controlam sua raiva em vez de serem controlados por ela. Quando Graciano diz: "Virar a espada contra uma mulher?" (5.2.222), ouvimos a poderosa e indignada voz da Justiça, não a fúria irracional. Por fim, o tribunal é coletivo – os italianos formam um bloco suficientemente amplo para impedir que Iago silencie Emília.

Ao condenar a si próprio, Otelo reconhece a superioridade do Estado veneziano:

> Docemente! Uma palavra ou duas antes de irdes.
> Prestei alguns serviços ao Estado, o que é sabido.
> Mas sobre isso, basta. Peço-vos por favor que em vossas cartas,
> ao relatardes estes tristes fatos,

---

[50] Durante esse período, o número de mulheres litigantes ou que participavam de processos estava explodindo. Ver Tim Stretton, *Women Waging War in Elizabethan England* (Cambridge, Cambridge University Press, 1998).

faleis de mim tal como sou, realmente, sem exagero algum,
mas sem malícia [...]
[...] Contai-lhes isso tudo.
E que também em Alepo, certo dia,
um turco de turbante e malicioso
bateu num veneziano e em termos baixos falou do Estado,
e que eu, pela garganta detendo aquele cão circuncidado,
o feri deste modo, assim... assim...
[Apunhala-se.]
(5.2.336-41, 49-54)

Otelo encontra-se em ambos os lados de sua adaga. Ele associa a mão que empunha a adaga a Veneza ao igualá-la à mão que defendeu a honra do Estado. Ele associa o corpo que recebe o golpe mortal ao corpo bárbaro do "turco de turbante" e "cão circuncidado". Nessa exposição, o ato é mais um homicídio do que um suicídio, e mais uma execução autorizada pelo Estado do que um homicídio. O discurso reconhece a superioridade dos italianos civilizados, principalmente pela capacidade de descobrir a verdade.

NO DIREITO ANGLO-AMERICANO, a descoberta humana dos fatos venceu, de maneira definitiva, a descoberta divina dos fatos. No interior da primeira, a descoberta coletiva dos fatos geralmente tem superado a descoberta individual. Como consequência disso, o descobridor de fatos paradigmático neste país hoje é o júri[51], exigido constitucio-

---

[51] *Ver* Constituição americana, art. III, § 2ª ("O julgamento de todos os crimes, exceto em caso de impedimento, deverá ser feito pelo júri; e tal julgamento terá lugar no estado onde os ditos crimes foram cometidos; mas, quando não tiverem sido cometidos dentro de nenhum estado, o julgamento ocorrerá no lugar ou lugares a ser(em) determinado(s), por lei, pelo Congresso"); Sexta Emenda à Constituição americana ("Em todas as instaurações de processo criminais, o acusado gozará do direito a um julgamento rápido e público, por um júri imparcial do estado e distrito em que o crime tiver sido cometido").

nalmente para quase todas as causas criminais e disponível constitucionalmente[52] para quase todas as causas cíveis federais. Exige-se que os tribunais de apelação deem a máxima deferência às descobertas de fatos feitas pelo júri.

A questão que se apresenta é: o quanto esse progresso deve nos deixar animados? Por um lado, *Otelo* sugere que devemos ficar bastante animados com o tribunal veneziano: coletivo, racional e democrático. Mas esse entusiasmo só faz sentido se o compararmos à paranoica e individual descoberta de fatos a que se lança Otelo. Não se pode afirmar peremptoriamente que entidades coletivas deliberativas como os júris sempre estarão a salvo de ideias preconcebidas, como a ideia preconcebida da "prova ocular" que enganou Otelo.

O julgamento de O. J. Simpson por assassinato, em 1995, põe em relevo essa questão. Quero deixar claro que meu interesse no julgamento de Simpson não se deve ao fato de ele ser um homem afro-americano acusado de matar a esposa branca, embora outros tenham feito essa comparação[53] com *Otelo*. Em vez disso, minha comparação baseia-se no modo como, em ambos os casos, um tipo de "prova ocular" sobrepôs-se completamente ao processo de descoberta de fatos. Em *Otelo*, a "prova ocular" era o lenço branco "salpicado de morangos" que se perdera; no julgamento de Simpson, era a luva negra salpicada de sangue que não cabia. Ao menos aparentemente, o julgamento de Simpson destrói a confiança que *Otelo* tem no júri. Parece que, no que diz respeito à evidência física, tanto os grupos como os indivíduos têm uma postura preconcebida insuperável.

Para aprofundar a analogia, proponho seis pontos de comparação. Primeiro: o lenço e a luva representavam, originalmente, provas

---

[52] Sétima Emenda à Constituição americana ("Em processos judiciais referentes à lei consuetudinária, em que o valor em disputa ultrapasse vinte dólares, o direito de ser julgado por júri deverá ser preservado, e, por outro lado, nenhum fato julgado por um júri deverá ser reexaminado em nenhum tribunal dos Estados Unidos, senão conforme as regras do Direito consuetudinário").

[53] Alan M. Dershowitz, *Reasonable Doubts* (Nova York, Simon & Schuster, 1996), p. 24.

de amor, tragicamente invertidas em seu simbolismo. De acordo com o relato de Otelo e Emília, o lenço fora o primeiro presente que Otelo dera a Desdêmona. Como era de esperar, ela dá muito valor ao lenço. Embora Iago tivesse pedido inúmeras vezes a Emília que o roubasse, ela encontrou dificuldade em fazê-lo, porque Desdêmona "ama tanto aquela lembrança / ... que a toda hora a traz consigo, e a beija, e com ela fala" (3.3.297-300). Emília prediz que Desdêmona ficará perturbada quando não conseguir achar o lenço, e é o que acontece. Parte da ironia da peça é que o lenço, inicialmente uma lembrança preciosa, acaba se tornando uma danação – logo Desdêmona exclamará "Quem dera, então, que nunca o houvesse visto!" (3.4.79).

Em dezembro de 1990, Nicole Brown Simpson comprou dois pares de luvas Aris Light[54] na Bloomingdale's, em Manhattan, para dá-las de presente de Natal ao marido. A acusação apresentou fotografias de Simpson usando luvas Aris Light em diversas ocasiões, entre 19 de dezembro de 1990 até 1994. Como observaria a *Newsweek*[55], era uma "trágica ironia" que Nicole tivesse comprado as luvas que faziam parte de seu assassinato.

Segundo: embora aparentemente fossem objetos de uso cotidiano, o lenço e a luva estavam imbuídos de um significado místico. Ao ser introduzido no terceiro ato, o lenço é descrito simplesmente como um "guardanapo". Depois que começa a desconfiar que Desdêmona deu o lenço a Cássio, Otelo apresenta uma visão muito mais nítida de sua procedência. Ele diz à mulher que o lenço fora dado à sua mãe por uma feiticeira egípcia, que disse que ele preservaria o amor entre os cônjuges. (Em seu misticismo "oriental", isso remete ao anel de turquesa de Shylock, uma vez que a turquesa também era considerada uma pedra exótica do Oriente Médio que favorecia a harmonia conjugal.) Otelo pode ter inventado essa história para aumentar a culpa

---

[54] Jeffrey Toobin, *The Run of His Life: the People v. O. J. Simpson* (Nova York, Random House, 1996), p. 364.

[55] Donna Foote, Mark Miller e Tessa Namuth, "A Size Too Small", *Newsweek*, 26 jun. 1995.

de Desdêmona por ter perdido o lenço. Seja como for, sua descrição é inesquecível:

> É como estou dizendo. Seu tecido contém virtude mágica;
> por uma sibila que na terra já contara
> do sol duzentas voltas foi bordado
> durante acessos de furor profético.
> De vermes consagrados viera o fio,
> que tinto foi no suco retirado
> de corações de virgens e habilmente
> conservado até então.
> (3.4.71-77)

O lenço é descrito anteriormente na peça como sendo "salpicado de morangos" (3.3.438). Se o relato de Otelo merece crédito, esses morangos foram feitos com sangue de virgens. O lenço manchado de sangue imita os lençóis de núpcias manchados de sangue, que significavam que a noiva se casara virgem. A perda do lenço pode ser interpretada como uma perda metafórica desses lençóis, que também representaria a perda da reputação de castidade de Desdêmona.

Conforme o *New York Times* noticiou, quando chegou a hora de debater o caso das luvas, os jurados do julgamento de Simpson foram "convidados a participar de uma discussão extremamente técnica sobre objetos do cotidiano"[56]. O "especialista em luvas"[57] Richard Rubin, um antigo executivo do sofisticado fabricante de luvas Aris Isotoner, testemunhou durante dois dias sobre as características inconfundíveis das luvas ensanguentadas. O júri ficou sabendo que o número de molde das luvas era 70263, e que somente cerca de 10 mil dessas luvas no tamanho extragrande haviam sido vendidas no país. Uma pesquisa

---

[56] David Margolick, "O. J. Simpson Jury Revisits the Gloves, a Stitch at a Time", *New York Times*, 13 set. 1995.

[57] Lawrence Schiller e James Willwerth, *American Tragedy: the Uncensored Story of the Simpson Case* (Nova York, Random House, 1996), pp. 474, 478.

minuciosa confere significado a qualquer objeto. Porém, enquanto o *Times*[58] resumia o testemunho de Rubin, ficou-se sabendo que as luvas eram especiais por si sós: "Havia o intrincado 'pesponto Brasser' – de 22 a 24 pespontos por polegada –, feito por máquinas de costura Singer que estavam fora de linha há muito tempo, e que só uns poucos artesãos eram capazes de operar; uma abertura de ventilação na palma da luva; uma bainha escondida ao lado do pulso; adornos de fio de seda no dorso da luva feitos por meio de uma configuração especial de agulhas." Embora Rubin não tivesse testemunhado que as máquinas de costura Singer eram operadas com profético entusiasmo por sibilas de duzentos anos de idade, ele também não descartou essa possibilidade.

Terceiro: o lenço e a luva foram encontrados em lugares incriminadores, o que, a menos que tivessem sido "plantados", comprovaria a culpa. Ao responder à exigência de Otelo de uma "prova ocular", Iago diz que viu Cássio "limpar a barba" com o lenço. Trata-se de uma rematada calúnia, mas mesmo a imagem de Cássio de posse do lenço deixa Otelo possesso de ciúme. Essa imagem reaparece mais tarde quando Otelo vê a prostituta Bianca jogando o lenço no rosto de Cássio. Otelo chega a acreditar que Cássio recebeu o lenço de Desdêmona, mas que ele se importa tão pouco com ela que, por sua vez, repassou o presente a Bianca.

A conclusão que Otelo tira a respeito do lugar em que o lenço foi encontrado não é irracional. Mas sabemos que ela é injustificada porque o lenço foi "plantado" por Iago na cama de Cássio. Depois de encontrá-lo, Cássio dá o lenço a Bianca porque ele quer que ela copie seu padrão antes que o legítimo proprietário o peça de volta. Existe uma explicação simples para o lugar em que o lenço foi encontrado.

No caso Simpson, foi encontrada uma luva da mão esquerda manchada de sangue[59] na cena do assassinato duplo, do lado de fora

---

[58] Margolick, "O. J. Simpson Jury Revisits the Gloves".
[59] Toobin, *Run of His Life*, p. 25.

do condomínio de Nicole Simpson, em Brentwood. Seu par[60], também manchado de sangue, foi encontrado na propriedade rural de Simpson, em Rockingham. O lugar em que a luva da mão direita foi encontrada também era um forte indício da culpa de Simpson. Como disse a advogada de acusação Marcia Clark:

> O que encontramos, então, na luva de Rockingham, aquela que ele deixou cair? Encontramos tudo. Tudo. Encontramos fibras compatíveis com a camisa de Ron Goldman. Encontramos seu cabelo. Encontramos o cabelo de Nicole. Encontramos o sangue de Ron Goldman. Encontramos o sangue de Nicole Brown. E encontramos o sangue do acusado. E encontramos fibra dos óculos de sol Bronco que pertenciam ao acusado. Encontramos fibras de algodão azuis e pretas exatamente iguais àquelas encontradas na camisa de Ron Goldman e nas meias do acusado que estavam em seu quarto.[61]

A partir dessa prova, a acusação deduziu[62] que Simpson matou Brown e Goldman, pegou o carro, foi até sua propriedade rural de Rockingham e, ao entrar na casa, deixou a luva cair.

Os advogados de defesa não argumentaram – nem poderiam – que o assassino não estava usando as luvas. Em vez disso, argumentaram que a luva da mão direita fora retirada da cena do crime e "plantada" na propriedade rural de Simpson (Rockingham) para incriminá-lo falsamente pelo assassinato. Para isso seria necessário alguém que representasse o papel de Iago. Os advogados de defesa escolheram Mark Fuhrman, um policial que, como tal, havia feito inúmeros comentários racistas no passado.

---

[60] Ibid., pp. 41-3.

[61] Argumentação final da srta. Clark e argumentação final do sr. Darden em *36, Simpson (n. BA097211). Disponível em: 1995 WL 672671 (argumentação final de Clark).

[62] Dershowitz, *Reasonable Doubts*, p. 81.

Quarto: no processo de avaliação quanto à culpa ou inocência do acusado, o lenço e a luva desempenharam papel exageradamente importante. Em *Otelo*, a questão de saber se Desdêmona é culpada ou não de adultério acaba dependendo, em grau inacreditável, do fato de ela estar de posse ou não do lenço. Thomas Rymer criticou, em 1693, esse aspecto da peça:

> Tanto barulho, tanta tensão, tanto sofrimento e repetição por causa de um Lenço! Por que não deram o nome de *Tragédia do lenço*?... Caso se tratasse da *Desdêmona* de Gartner, o Sagaz Mouro teria suspeitado de uma Tramoia: mas o Lenço é de uma banalidade tão absurda que nenhum Idiota, do lado de cá da Mauritânia, deduziria qualquer coisa dele.[63]

Rymer reclama que o objeto que é o móvel das ações de uma peça precisa, pelo menos, ser algo de importância. O lenço é aquilo que os juristas chamam de "evidência frágil como uma teia" tanto literalmente, na medida em que é descrita como uma "teia", como metaforicamente, na medida em que é um tipo tão insatisfatório de prova.

De fato, como vimos, o lenço não passa de um dos muitos itens de prova circunstancial que Iago apresenta para provar a culpa de Desdêmona. Entre as outras estão: (1) Cássio foi visto tendo uma conversa particular com Desdêmona; (2) Cássio fez o papel de mensageiro quando Otelo estava cortejando Desdêmona; (3) Desdêmona enganou o pai e, portanto, poderia estar enganando Otelo; (4) É provável que Desdêmona, que é branca, retome o comportamento habitual de uma mulher branca e arranje um amante branco; e (5) Cássio gritou o nome de Desdêmona enquanto dormia. No entanto, todos esses itens de prova circunstancial são ofuscados pelo lenço branco. Se Desdêmona perdeu o lenço, ela é culpada.

---

[63] Thomas Rymer, *A Short View of Tragedy* (1693), reproduzido em *Othello: a Sourcebook*, Andrew Hadfield, org. (Nova York, Routledge, 2003), p. 44.

No julgamento de Simpson, a questão de sua culpa ficou dependendo de maneira exagerada do fato de as luvas ensanguentadas pertencerem ou não a ele. Como nota o comentarista jurídico Vincent Bugliosi: "Muitas pessoas consideram que esse foi o ponto fundamental do julgamento, do qual a acusação jamais se recuperou."[64] A disposição da acusação em aceitar a demonstração com a luva foi criticada como uma trapalhada histórica jamais vista. Devido ao sangue e ao orvalho a que ficou exposta, não resta dúvida de que a luva teria encolhido. Além disso, Simpson teria de usar uma luva de borracha por baixo da luva ensanguentada para que esta não ficasse comprometida como prova. No entanto, tendo acontecido a demonstração, o estrago estava feito. Nas argumentações finais, o advogado de defesa Johnnie Cochran declarou: "Todos nós podemos viver até os 100 anos, e espero que cheguemos lá, mas vocês sempre irão se lembrar de que, quando [o advogado de acusação Christopher] Darden pediu que ele experimentasse as luvas, elas não serviram."[65] Pelo menos três jurados disseram ter votado pela absolvição com base nisso. "Dizendo com todas as letras"[66], declarou um jurado após o julgamento, "a luva não serviu."

Além disso, a ênfase na luva não fazia sentido[67] porque a acusação acrescentou muitas outras provas contra Simpson, entre elas as seguintes: (1) Simpson tinha um histórico de prisões por violência doméstica contra Nicole Simpson; (2) o cabelo pertencente a Simpson encontrado na camisa de Ron Goldman; (3) o sangue em Brentwood era do mesmo tipo do de Simpson (e seria igual ao tipo de sangue de

---

[64] Vincent Bugliosi, *Outrage: the Five Reasons Why O. J. Simpson Got Away with Murder* (Nova York, W. W. Norton, 1996), p. 143. Ver também George Fisher, "The O. J. Simpson Corpus", *Stanford Law Review* 49 (1996-97), p. 998 (afirmando que "o momento em que o julgamento deixou de lado uma investigação séria" foi "o momento fatídico quando O. J. Simpson experimentou a luva").

[65] "Trechos das argumentações finais sobre as acusações de assassinato contra O. J. Simpson", *New York Times*, 28 set. 1995.

[66] Timothy Egan, "The Simpson Case: the Jury; with Spotlight Shifted to Them, Some Simpson Jurors Talk Freely", *New York Times*, 5 out. 1995.

[67] Dershowitz, *Reasonable Doubts*, pp. 30-1.

apenas meio por cento do resto da população); (4) o sangue nas meias de Simpson, do mesmo tipo do de Nicole; (5) pegadas na cena do crime de um par de sapatos Bruno Magli número 43, que é o mesmo tamanho que Simpson usava.

Quinto: como forma de inclinação cognitiva humana, a ênfase atribuída à "prova ocular" é compreensível. Embora saibamos, *a posteriori*, que isso é incorreto, tal ênfase também deveria parecer familiar. O ser humano tem a tendência de superestimar o concreto em detrimento do abstrato – quando não podemos avaliar o que é importante, tornamos importante o que podemos avaliar. Iago faz o possível para capitalizar essa inclinação humana quando diz a Otelo: "A honra é uma essência que não cai na vista. / Muitas vezes a tem quem nunca a teve. Mas quanto ao lenço..." (4.1.16-18).

Assim como a honra de Desdêmona, a culpa de Simpson era impossível de ser avaliada diretamente. Porém, assim como o paradeiro do lenço, o ajuste da luva era outra questão. Como disse Cochran: "Não creio que ele conseguisse 'simular' o tamanho das mãos[68]. Ele seria um grande ator se fosse capaz de fazer que suas mãos 'parecessem' maiores." O público estava extremamente inclinado a seguir Cochran do abstrato ao concreto. Muitas pessoas citaram erroneamente a célebre rima* de Cochran "Se ela não serve, deve-se absolver"[69] como "Se a luva não serve, deve-se absolver". Mas Cochran não estava se referindo à luva, e sim à argumentação geral usada pela acusação.

Sexto: e, por fim, um dos objetivos do processo de descoberta de fatos deveria ser corrigir tais formas de equívoco humano, fazendo da notoriedade tanto do lenço como da luva o símbolo de uma ação judicial malsucedida. Embora concebida como forma natural de precon-

---

[68] Associated Press, "Expert: Shrinkage, Damage in Gloves", *Seattle Times*, 15 jun. 1995.

* Em inglês, os versos rimam: "If it doesn't fit, you must acquit". / "If the glove doesn't fit, you must acquit." (N. do T.)

[69] Cochran usou essa frase várias vezes em sua argumentação final. Johnnie L. Cochran Jr. e Tim Rutten, *Journey to Justice* (Nova York, One World, 1996), pp. 340, 342.

ceito, a importância desmedida que Otelo atribui ao lenço também é um problema. Na peça, a solução é o tribunal italiano, que examina cuidadosamente a prova no quinto ato e rapidamente apura a verdade. Isso poderia dar a entender que os grupos maiores tendem a ser mais difíceis de enganar do que os indivíduos, especialmente quando se envolvem num diálogo racional.

O caso Simpson parece desafiar esse ponto de vista: o júri concluiu que Simpson não era culpado, um veredito que me parece evidentemente errado. Pelo menos alguns dos jurados foram influenciados pela "prova ocular" da luva que não servia. Portanto, a existência do júri não irá – em si e por si – nos livrar da tendência cognitiva humana em favor do concreto sobre o abstrato.

Nem o caso de Simpson é peculiar. Os anos recentes levaram a uma renovada ansiedade acerca da capacidade do júri de superar a inclinação pela "prova ocular", devido ao chamado efeito *CSI*. Defensores do efeito *CSI*[70] postulam que a enorme popularidade dos programas de televisão que descrevem o uso de ciência forense, como o *CSI*, tem levado os júris a atribuir um valor exagerado às provas científicas. Embora a investigação empírica[71] acerca desse efeito ainda esteja dando os primeiros passos, as poucas pesquisas empíricas que foram feitas não mostram nenhuma ligação estatisticamente relevante entre esses programas de televisão e a maior exigência de provas forenses. No entanto, alguns estudiosos[72] têm postulado que, devido à pro-

---

[70] Simon A. Cole e Rachel Dioso-Villa, "Investigating the '*CSI* Effect': Media and Litigation Crisis in Criminal Law", *Stanford Law Review* 61 (2009), p. 1.351.

[71] Kimberlianne Podlas, "'The *CSI* Effect': Exposing the Media Myth", *Fordham Intellectual Property Media and Entertainment Law Journal* 6 (2006), pp. 429-65; Tom R. Tyler, "Viewing *CSI* and the Threshold of Guilt: Managing Truth and Justice in Reality and Fiction", *Yale Law Journal* 115 (2006), pp. 1.050-85.

[72] Donald E. Shelton, Young S. Kim e Gregg Barak, "A Study of Juror Expectations and Demands Concerning Scientific Evidence: Does the "*CSI* Effect" Exist?", *Vanderbilt Journal of Entertainment and Technology* 9 (inverno de 2006), pp. 331-68; Shelton, Kim e Barak, "An Indirect-Effects Model of Mediated Adjudication: the *CSI* Myth, The Tech Effect and Metropolitan Jurors' Expectations for Scientific Evidence", *Vanderbilt Journal of Entertainment and Technology* 12 (outono de 2009), pp. 1-43.

liferação geral da tecnologia na sociedade, pode ser que os júris estejam, de fato, exigindo mais provas científicas do que o fizeram ao longo da história. O chamado efeito *CSI*, afirmam eles, na verdade é simplesmente um "efeito técnico". Independentemente do motivo, parece que os jurados atribuem uma ênfase excessiva à prova "concreta" ou "física".

Meu mal-estar generalizado com respeito à descoberta humana dos fatos não deve ser entendido como uma condenação ampla ao júri moderno. A descoberta coletiva e deliberativa de fatos é infinitamente superior à descoberta individual e apaixonada. Eu só gostaria de chamar a atenção para o fato de que o júri não é uma panaceia, podendo estar ainda propenso a formas específicas de inclinação cognitiva como a inclinação pela "prova ocular".

De forma sutil, o próprio *Otelo* chama a atenção para a falibilidade da descoberta humana e coletiva dos fatos. Embora os nobres venezianos que estão dentro da peça lidem bem com as questões relacionadas aos fatos, nós, como público que se encontra do lado de fora da peça, geralmente não o fazemos. A maior parte do público e dos leitores não percebe que nós mesmos fomos ludibriados acerca do *timing* da peça. Quando Bianca conversa com Cássio, ela se refere ao fato de que ele "ficou fora uma semana", dando a entender que, durante esse espaço de tempo, ele esteve em Chipre. No entanto, a peça passa-se toda em três dias – o primeiro dia em Veneza, o segundo dia por ocasião da confusão em Chipre, e o terceiro dia, que contém o resto da ação. Qualquer complacência que tenhamos a respeito de nossa própria onisciência deve ser devidamente modificada por aquilo que os críticos chamaram de problema da "duplicidade temporal"[73] presente na peça.

Levando-se em conta isso, surpreende-me que a principal defesa do júri não possa se basear unicamente na capacidade que os corpos

---

[73] Honigmann, introdução a *Othello*, pp. 68-72.

coletivos têm de descobrir a verdade. Outros valores devem estar em jogo, como a articulação dos valores da comunidade. Na verdade, esse pode ser outro modo de entender o que aconteceu no julgamento de Simpson. Como argumentou o especialista legal Paul Butler[74], o júri de Simpson pode ter ficado tão indignado diante do racismo de Mark Fuhrman que se entregou a uma forma de autoinvalidação. De acordo com essa interpretação, o júri talvez não tenha sido, de maneira nenhuma, enganado pelos fatos: ele pode ter optado, deliberadamente, por desconsiderá-los.

Nunca conseguiremos resolver essa questão, o que me leva ao tópico final: que valor tem aquilo que o júri apresenta? Júris são caixas-pretas – eles não podem ser obrigados a explicar seus motivos nem a justificar suas decisões. Como ressalta George Fisher[75], esse é um aspecto crucial dos júris porque permite encerrar casos que, de outro modo, dificilmente teriam fim. Isso faz do júri uma exata analogia humana de Deus – inescrutável, inquestionável, definitivo. Lembrem-se de que Bartlett afirmou que o suplício divino "era um dispositivo para lidar com situações em que o conhecimento certo era impossível, mas a incerteza era intolerável"[76]. Num mundo que trocou a prova divina pela humana, talvez o júri faça o papel desse dispositivo.

Com isso, porém, completamos o círculo e voltamos às provas divinas. Nós as rejeitamos porque elas eram demasiadamente místicas e irracionais. Em vez disso, procuramos aperfeiçoar a busca humana dos fatos. Dado, porém, que isso é impossível, ocultamos a imperfeição para que possamos seguir adiante com nossas vidas. Não lidamos com os fatos como eles são, mas como eles nos são transmitidos por um corpo de iguais que fala de uma caixa-preta. Talvez seja por isso que Shakespeare era tão cético acerca da mudança da prova divina para a humana. Tanto antes como agora, a mudança não foi tão grande.

---

[74] Paul Butler, "Racially Based Jury Nullification: Black Power in the Criminal Justice System", *Yale Law Journal* 105 (1995), p. 721, n. 225.

[75] Fisher, "The Jury's Rise as Lie Detector", p. 579.

[76] Bartlett, *Trial by Fire and Water*, p. 33.

Capítulo Cinco

O Soberano

A Henríada

Falar de justiça nas peças de Shakespeare sem falar do soberano seria como encenar *Hamlet* sem o príncipe. Na época de Shakespeare, o soberano era a principal fonte de justiça. A mais profunda reflexão que Shakespeare fez sobre o modo como um governante estabelece sua legitimidade encontra-se nas quatro peças a que os estudiosos deram o nome de *Henríada* (*Ricardo II; Henrique IV, 1ª Parte; Henrique IV, 2ª Parte;* e *Henrique V*). Nessas peças, acompanhamos a evolução gradual do jovem e dissoluto príncipe Hal, à medida que ele amadurece até se tornar o lendário rei Henrique V.

A *Henríada* – cujo nome remete à *Ilíada*[1], para assinalar seu alcance épico – conta a história de três soberanos sucessivos. Ricardo II é um tirano deposto por Henry Bolingbroke, que se torna Henrique IV. Henrique IV encontra pouco consolo na coroa, pois se sente imensa-

---

[1] Marjorie Garber, *Shakespeare After All*, p. 314.

mente culpado por tê-la tirado de outro soberano. Ele também se preocupa com a sucessão: seu filho mais velho, o príncipe Hal, era um despreocupado que não saía das tabernas de Eastcheap. A figura de seu pai substituto na taverna, Falstaff, é uma das mais brilhantes criações de Shakespeare. Hal sabe, no entanto, que um dia terá de deixar aquele ambiente sórdido para assumir o trono. Após a morte de Henrique IV, Hal torna-se Henrique V. Encantado com o rumo dos acontecimentos, Falstaff dirige-se a Londres para colher as vantagens do favoritismo. Mas Hal o ignora, dizendo "Não te conheço, velho" (*Henrique IV, 2ª Parte*, 5.5.31), e abraça a velha nêmesis de Falstaff, o Lorde Grande Juiz*. Falstaff morre de desgosto fora de cena, em *Henrique V*. Nessa peça, o novo rei Henrique V derrota a França na lendária Batalha de Agincourt.

Interpreto a *Henríada* como uma escolha que o jovem Hal faz entre três pais – o pai biológico, Henrique IV; o "pai" da taverna, Falstaff; e o "pai" legal, o Grande Juiz. No começo da *Henríada*, Hal rejeita o pai biológico, Henrique IV, por Falstaff. Em seguida, rejeita Falstaff em favor do Lorde Grande Juiz, que representa a virtude incorruptível. No entanto, quando chegamos à última peça da sequência – *Henrique V* –, Lorde Grande Juiz foi substituído silenciosamente pelo inescrupuloso arcebispo de Cantuária. Desse modo, Henrique V acaba rejeitando todos os três pais porque nenhum é capaz de lhe dar a autoridade de que ele precisa.

Nesse caso, Shakespeare antecipa o grande sociólogo Max Weber, que, em sua palestra de 1919[2], "Politics as a Vocation" [A política como vocação], descreve os três caminhos que o líder pode trilhar para estabelecer sua autoridade. Em primeiro lugar, existe a autoridade feudal[3], que ele chama de "autoridade do 'eterno passado'", exercida pelos "patriarcas e pelas regras patriarcais". Em segundo lugar, existe a auto-

---

* Presidente de uma divisão da Suprema Corte de Justiça inglesa. (N. do T.)

[2] Max Weber, "Politics as Vocation", em *The Vocation Lectures*, David Owen e Tracy B. Strong, orgs., Rodney Livingstone, trad. (Indianápolis, Hackett, 2004), pp. 32-94.

[3] Ibid., p. 34.

ridade do carisma[4], o culto da personalidade que pode ser exercido tanto pelo "governante eleito" como pelo "grande demagogo". Finalmente, existe a autoridade legal[5], exercida pelo "servidor do Estado". Henrique IV, Falstaff e o Grande Juiz representam, respectivamente, cada um desses tipos de autoridade. Não obstante, Weber sustenta que a verdadeira autoridade geralmente é uma combinação dessas três formas. O que percebemos no final da *Henríada* é que Henrique absorveu traços de cada um dos pais que ele rejeitou. O resultado é de tirar o chapéu. Henrique V possui uma capacidade instintiva de circular entre as três fontes de inspiração para consolidar seu poder.

Ao mesmo tempo, Henrique V busca o poder de maneira oportunista, calculista e implacável. Como demonstra o crítico literário Stephen Greenblatt[6], ele – cioso de si – encara a arte de governar como uma espécie de arte de encenar, preocupando-se mais com a aparência de legitimidade do que com a própria legitimidade. Shakespeare mostra como Henrique V projeta a imagem de um governante justo quase como se estivesse revelando um truque de mágica. Ele não afirma que Henrique V é um governante justo, apenas que ele passa essa impressão como ninguém.

Ao agir assim, Shakespeare levanta questões inquietantes acerca da possibilidade de existir um governo justo. Henrique V recebe a descrição mais positiva que qualquer outro soberano no exercício de suas funções numa peça histórica de Shakespeare. Assim, a contestabilidade da autoridade de Henrique suscita o temor de que o governo justo nada mais é que o nome que o poder dá a si próprio. E, na medida em que o universo de Shakespeare pretenda representar o nosso, deveríamos perguntar se acreditamos em autoridade legítima hoje.

Durante sua presidência, George W. Bush era insistentemente comparado ao príncipe Hal, que havia amadurecido e se transformado em

---

[4] Ibid.

[5] Ibid.

[6] Stephen Greenblatt, "Invisible Bullets", em *Political Shakespeare: Essays in Cultural Materialism*, Jonathan Dollimore e Alan Sinfield, orgs. (Manchester, Manchester University Press, 1994), p. 31.

Henrique V. Como resultado do 11 de Setembro, Bush alcançou o maior índice de aprovação entre todos os presidentes na história do Instituto Gallup[7]. Essa popularidade foi diminuindo aos poucos, silenciando o coro daqueles que ligavam Bush e Henrique. Mas a ligação entre eles talvez ainda seja válida. Bush pode lançar mais luz sobre Henrique do que este sobre Bush, ajudando-nos a compreender a profunda desconfiança que Shakespeare tinha da autoridade legítima.

A REFERÊNCIA MASCULINA MAIS evidente de Hal é o pai biológico. Mesmo descontando a rebeldia natural dos filhos, Hal tem motivo para desconfiar de Henrique IV. Embora Ricardo II fosse tirânico, ele também era legítimo. Ao usurpar a coroa da linhagem natural aprovada por Deus, pode-se dizer que Henrique IV cometeu uma traição.

Shakespeare mantém uma pressão constante no que diz respeito ao problema de legitimidade. Enquanto ainda é rei, Ricardo faz uma profecia lúgubre a respeito do destino de Bolingbroke caso ele usurpe a coroa:

> Mas antes de ele ter, em paz, na fronte
> a almejada coroa, dez mil outras frontes sanguíneas de
>   ardorosos filhos
> hão de desfigurar as róseas faces da Inglaterra,
> mudar a cor virgínea da paz
> em escarlate indignação e umedecer
> os campos arrelvados da pátria com o fiel sangue de seus filhos.
> (*A tragédia do rei Ricardo II*, 3.3.95-100)

Aliado de Ricardo, o bispo de Carlisle concorda: "Se o coroardes, faço a profecia / que o sangue dos nativos vai ao solo fertilizar da pátria / e que as idades futuras gemerão por esse crime detestando" (4.1.137-39).

---

[7] Richard Benedetto, "Support for Bush, Military Action Remains Firm", *USA Today*, 24 set. 2001.

A profecia de Ricardo se cumpre: após usurpar a coroa, Henrique IV passa o resto da vida sufocando rebeliões. Já na primeira fala de *Henrique IV, 1ª Parte*, percebemos um homem que fora cheio de energia transformado num rei cansado de tanta guerra: "Muito embora ainda pálido e abalado pelas preocupações" (*Henrique IV, 1ª Parte*, 1.1.1). Nessa peça, Henrique é obrigado a adiar a viagem à Terra Santa para esmagar uma rebelião liderada pela família Percy. Embora ele consiga derrotar a insurreição na batalha de Shrewsbury, quando a peça termina ainda há tarefas a cumprir.

Em *Henrique IV, Parte 2ª*, embora submeta os rebeldes de uma vez por todas, o declínio de Henrique IV continua. Nesse ponto central de sua trajetória, nós o vemos sofrendo de insônia e invejando o sono das pessoas comuns. Ele recorda com pesar a profecia de Ricardo "predizendo os fatos de hoje / e a divisão de nossos sentimentos" (*Henrique IV, 2ª Parte*, 2.3.178). No leito de morte, ele confessa ao príncipe Hal a ilegitimidade de sua usurpação: "Deus é que sabe, meu filho, / por que vielas e caminhos tortuosos / eu cheguei até a coroa, não ignorando eu próprio / quão pesada me foi sempre à cabeça" (4.5.183-86). Ele observa que seu reino foi consumido pela luta para justificar sua legitimidade: "Pois o meu reinado não passou de uma cena / em que essa ideia fosse desenvolvida" (4.5.197-98). Como não consegue impor a ordem em seu próprio país, Henrique nunca chega a partir para as Cruzadas. Em suas horas finais, quando é informado de que o quarto do palácio em que ele foi acometido do primeiro "desmaio" é conhecido como o "quarto de Jerusalém" (*Henrique IV, 2ª Parte*, 4.5.233-34), ele deslinda uma profecia aparentemente auspiciosa que diz que ele morreria em Jerusalém.

Embora não disponha de autoridade feudal, Henrique IV acredita que pode transmiti-la a Hal: "pois o que era compra, / te passa agora por maneira mais digna, / por direito hereditário" (*Henrique IV, 2ª Parte*, 4.5.199-201). Com mais do que um toque de inveja, ele declara: "[embora] estejas mais seguro [do que eu]" (4.5.202). No entanto, o simples fato de Henrique IV deixar a coroa de herança não significa necessariamente que o príncipe Hal a possua legitimamente. Se um indivíduo rouba uma propriedade, seu filho não se torna seu legítimo dono só porque a adquiriu por meio de herança. Henrique V tem plena consciência dessa fragilidade. Antes da Batalha de Agincourt, ele pede a Deus que não leve em conta a usurpação cometida por seu pai: "Hoje não, Senhor! Oh! hoje não! Esquece-te por hoje do crime / de meu pai, por ter do cetro se apossado" (*Henrique V*, 4.1.289-91). Por ter deposto um governante legítimo, Henrique IV é uma fonte comprometida da autoridade feudal.

Henrique IV também é uma fonte de autoridade extremamente desfavorável para Hal. Em *Henrique IV, 1ª Parte*, o rei Henrique IV declara publicamente que ele inveja Northumberland por Harry Percy, conhecido como Hotspur, ser seu filho:

> Fazes-me triste e, mais, pecar me fazes,
> pois tenho inveja ao pai abençoado,
> Lorde Northumberland, por ter tal filho,
> tema constante da honra,
> a mais esbelta árvore da floresta,
> o delicado favorito e, ainda, o orgulho da fortuna,
> ao passo que eu, sua glória contemplando,
> vejo o vício e a desonra na pessoa
> do meu jovem Henrique. Oh! se possível fosse provar
> que um gênio buliçoso trocara nossos filhos
> envoltos em seus panos nos berços em que dormiam,
> dando o nome de Percy ao meu e ao seu Plantageneta,
> meu fora o seu Henrique e o dele meu.
> (*Henrique IV, 1ª Parte*, 1.1.77-89)

Shakespeare altera radicalmente a idade de Hotspur para fazê-lo contemporâneo de Hal (o Hotspur histórico[8] foi, na verdade, contem-

---

[8] Garber, *Shakespeare After All*, p. 318.

porâneo do Henrique IV histórico). Essa alteração transforma Hotspur na frustração de Hal ao longo de toda a *Henríada*. Ela deixa Hal na situação difícil de receber a mais dura reprovação que um pai pode dirigir ao filho – que ele gostaria que tivesse ocorrido uma troca de bebês no berçário.

Henrique IV repete essa reprovação na frente de Hal, observando que Hotspur tem direito a reivindicar o trono: "Pelo meu cetro e por minha alma, / Percy se mostra muito mais digno do trono do que tu / que és herdeiro só de nome" (*Henrique IV, 1ª Parte*, 3.2.97-99). O direito a uma "vantagem merecida" de Hotspur supera o direito de sucessão de Hal, que se tornou vago por causa do descrédito. A acusação é desconfortavelmente familiar. Henrique IV equipara Hal a Ricardo II, por ambos terem legitimidade mas não terem merecimento, "exatamente como és agora era Ricardo" (3.2.94). Ele também se equipara a Hotspur – "e como eu, nesse tempo, é Percy agora" (3.2.96). Na verdade, Henrique IV diz: "Você se parece mais com o rei que eu depus, e eu me pareço mais com o homem que eu gostaria que fosse meu filho." Não é de admirar que Hal rejeite a corte pelo mundo da taverna, e o pai biológico indiferente pelo enorme afeto de Falstaff.

FALSTAFF É FEITO de carisma. Carisma, que deriva da palavra grega que significa "favor divino", é difícil de definir. Eu a utilizo aqui com o significado de magnetismo pessoal que desperta uma intensa devoção nos outros. Harold Bloom, um célebre devoto[9] de Falstaff, acha que o personagem "abandonou o papel inicialmente planejado para ele". Mesmo esse épico não é capaz de dar conta dele. Ele é retratado novamente nas *Alegres comadres de Windsor*, supostamente em razão da solicitação da rainha Elizabeth[10] para que Shakespeare escrevesse uma peça que mostrasse Falstaff apaixonado.

---

[9] Harold Bloom, *Shakespeare: the Invention of the Human* (Nova York, Riverhead, 1998), p. 272.

[10] Ibid., p. 315.

O carisma de Falstaff é, no entanto, o do "grande demagogo", não o do governante. Quando ele nos é apresentado, está perguntando ao príncipe Hal sobre as horas: "Então, Hal! Que horas são, rapaz?" (*Henrique IV, 1ª Parte*, 1.2.1). Hal pergunta, em tom zombeteiro, por que o gordo cavaleiro, que está saindo de uma ressaca, precisa saber que horas são. A resposta descarada de Falstaff é que ele só pode roubar à noite, ligando imediatamente seu roubo ao futuro *status* de rei de Hal:

> Mas dize-me uma coisa, delicioso pândego, quando fores rei, ficará de pé alguma forca na Inglaterra? E será a resolução maltratada como hoje em dia, pelo freio enferrujado dessa antiqualha que se chama lei? Não enforques nenhum ladrão, quando fores rei.
> (1.2.55-59)

Esse diálogo inicial é bem revelador. Falstaff demonstra uma familiaridade paternal com o "rapaz" e "delicioso pândego" "Hal" (não "Harry", muito menos "Henrique"); ele ama sinceramente Hal. Ao mesmo tempo, Falstaff nos é apresentado como um símbolo típico da ilegalidade. Ele anseia por um mundo de pernas para o ar no qual "dessa antiqualha que se chama lei" não intimide os ladrões. Longe de serem enforcados, no mundo de Falstaff os ladrões serão nomeados cavaleiros como "guardas-florestais de Diana, gentis-homens da sombra, favoritos da Lua" (1.2.24-25). E – o que é extremamente perigoso para Hal – Falstaff deseja usar o príncipe para transformar em realidade seu mundo anárquico.

De início, a ameaça feita por Falstaff parece inofensiva: sua incursão imediata na ilegalidade é propor um assalto em Gad's Hill. Ele resolve armar uma emboscada para os viajantes e roubar-lhes o ouro. Hal só concorda com o golpe porque seu amigo Poins vê nele uma oportunidade para enganar Falstaff; seu plano é deixar Falstaff e os três comparsas cometerem o crime e depois roubar os ladrões.

Falstaff leva seu plano a cabo com êxito. Ao fazê-lo, grita: "Sois grandes jurados, não é verdade? Pois vamos jurar-vos desta vez" (2.2.88-89). Ele chama os viajantes[11] de "grandes jurados" porque, naquela época, só as pessoas de posse podiam exercer essa função. Ao dizer que irá julgar ("jurar") os jurados, Falstaff inverte a estrutura habitual da lei: os ladrões julgam os jurados. Ele não se limita apenas a roubar, também utiliza a retórica da lei ao fazê-lo. Ao roubar os ladrões, Hal restaura a lei indiretamente. Disfarçados com roupas engomadas, ele e Poins atacam Falstaff e seus cúmplices, que saem correndo e berrando no meio da noite.

O desafio à lei por parte de Falstaff estende-se ao seu discurso. Ele rompe com o pentâmetro jâmbico falado pelos personagens ilustres da *Henríada*. Não se trata rigorosamente de uma diferença de classe, pois "Sir John Falstaff" é um cavaleiro. Ele tem a educação de um cavalheiro, como podemos perceber das referências frequentes à mitologia clássica ("guardas-florestais de Diana" [*Henrique IV, 1ª Parte*, 1.2.24]), à religião ("pobres-diabos tão esfarrapados quanto Lázaro" [4.2.24-25]) e à medicina ("Li em Galeno a causa de seus efeitos" [*Henrique IV, 2ª Parte*, 1.2.115-16]). Nós só nos esquecemos disso porque a erudição de Falstaff é ofuscada pela inteligência nata, em especial a impressionante percepção das possibilidades da língua. Falstaff era tão incapaz de falar em pentâmetro jâmbico como Henrique IV o era de falar em prosa. A forma segue o conteúdo – Falstaff viola as regras da métrica, passa por cima delas e espera que não somente o perdoem, mas também o amem por seus excessos. E seu público – dentro e fora da peça – de fato o ama.

Hal delicia-se com Falstaff. Ele percebe que Falstaff é um Proteu verbal capaz de escapar de qualquer enrascada. O imenso prazer que ele sente em Gad's Hill não vem tanto do fato de frustrar os planos de Falstaff, e sim das mentiras previsíveis que ele vai contar para esconder

---

[11] Edward J. White, *Commentaries on the Law in Shakespeare* (St. Louis, F. H. Thomas Law, 1913), p. 255.

seu fracasso. Como observa Poins, "O chiste de tudo isso está na mentirada que esse velho pançudo há de contar-nos quando nos reunirmos para a ceia: como se terá batido com trinta pelo menos; quantas paradas tenha feito, os golpes que haja recebido, os perigos por que tenha passado" (*Henrique IV, 1ª Parte*, 1.2.181-85). Falstaff não decepciona. Ao relatar os acontecimentos na taverna, os exageros são tão descarados que se tornam evidentes. Ele começa dizendo que foi atacado por dois homens, depois por quatro, por sete, por nove e finalmente por onze. Conta que fez marcas na espada com o punhal como "prova ocular" da luta. Quando Hal e Poins confrontam-no com a verdade, Falstaff permanece imperturbável. Ele agora passa a afirmar que sabia desde o começo que era Hal que o abordara e que seu "instinto" (2.4.267) impediu que ele matasse o herdeiro legítimo. Falstaff é incapaz de sentir vergonha – como observa Freud[12], "as exigências da moralidade e da honra devem ricochetear numa barriga tão gorda".

Esse comportamento leviano é relativamente inofensivo. No entanto, Bloom, que se identifica demais com Falstaff[13], exagera quando diz que ele "não prejudica ninguém" na peça. Isso pode ser verdade antes de a guerra civil começar; quando vem a guerra, Falstaff causa um enorme dano. Hal o encarrega de reunir e comandar um regimento. Falstaff admite que "abus[ou] miseravelmente da ordem real de alistamento" (*Henrique IV, 1ª Parte*, 4.2.12-13) ao permitir que os ricos pagassem para escapar do alistamento, embolsando "trezentas e tantas libras" (4.2.14). Ele descreve os soldados remanescentes como "uns pobres-diabos tão esfarrapados quanto Lázaro dos panos de decoração, a quem os cachorros do glutão lambem as chagas; indivíduos que nunca sentaram praça, criados despedidos por desonestidade, filhos mais jovens dos filhos segundos, criados de taberna que fugiram ao emprego e estalajadeiros arruinados" (4.2.24-29). Hal observa: "Nun-

---

[12] Sigmund Freud, "Jokes and Their Relation to the Unconscious", em Sigmund Freud, *The Standard Edition of the Complete Psychological Works of Sigmund Freud*, James Strachey, org. e trad., 1-238 (1905; Londres, Hogarth Press, 1955), 8, p. 231, n. 1.

[13] Harold Bloom, *Shakespeare: The Invention of the Human*, p. 285.

ca vi chusma mais miserável" (4.2.63). Falstaff replica: "Ora, ora! Bons de sobra para serem espetados. Carne para canhão, carne para canhão. Saberão encher um fosso tão bem como os melhores. Pois é, amigo: homens mortais, homens mortais" (4.2.64-66). Esperamos que ele esteja brincando, mas sua insensibilidade se estende aos campos de batalha. Em Shrewsbury, ele informa: "Deixei os meus farrapos de gente onde os apimentaram a valer: dos cento e cinquenta, escaparam apenas três, e assim mesmo em condições de só prestarem para mendigar o resto da vida nas portas da cidade" (5.3.35-38).

Diferentemente dos críticos sentimentais, Hal tem uma opinião formada sobre o amigo desde o começo. No segundo ato, o rei Henrique IV convoca Hal à sua presença. Hal e Falstaff sabem que será um interrogatório paternal. Eles preparam-se para o encontro por meio de uma encenação: Hal faz o papel do pai, e Falstaff, o de Hal. No papel de Hal, Falstaff se defende:

> Não, meu bom senhor, desterrai Peto, desterrai Bardolfo, desterrai Poins; mas quanto ao doce Jack Falstaff, o gentil Jack Falstaff, o verdadeiro Jack Falstaff, o valente Jack Falstaff, e tanto mais valente por tratar-se do velho Jack Falstaff, esse não desterreis da companhia do teu Harry: desterrai o gordanchudo Jack e tereis desterrado o mundo inteiro!
> (2.4.461-67)

Interpretando o pai, Hal diz: "Fá-lo-ei, quero-o" (2.4.468). Essa é a vírgula mais aguda, mais cortante[14] da história da literatura. Hal diz "Fá-lo-ei" de brincadeira, mas "quero-o" profundamente a sério. Ele diz "Fá-lo-ei" como Henrique IV, mas "quero-o" como Henrique V, o rei que ele irá se tornar.

---

[14] O fragmento do Primeiro Quarto não inclui esse diálogo. No Segundo Quarto consta "Fá-lo-ei, quero-o" [I do, I will], e no Fólio consta "Fá-lo-ei, quero-o" [I doe, I will].

A percepção que Hal tem do apuro em que se encontra pode ser percebida no ardil que prepara para o atendente do bar, Francis. Ele pede que Poins vá a outro salão da taverna e chame o nome de Francis várias vezes. Enquanto isso, Hal começa a conversar com Francis, que fica cada vez mais agitado: embora tenha de atender aos clientes, ele não pode deixar o príncipe. O ardil chega ao fim quando Hal e Poins chamam "Francis!" ao mesmo tempo. Como a marcação de cena indica: *"O príncipe e Poins chamam por Francis ao mesmo tempo; Francis fica atrapalhado, sem saber para que lado corra"* (2.4.77).

Os críticos chamam a artimanha de Hal[15] de mesquinha. Podemos nos compadecer do transtorno de Francis sem conceder que Hal seja movido apenas pela crueldade. Hal dramatiza seu próprio dilema; assim como o atendente, ele é chamado pela corte e pela taverna simultaneamente. Aqui, Hal representa a voz da corte, do mesmo modo que ocorre quando ele faz a encenação com Falstaff. No entanto, sua identificação é com o atendente, imobilizado por forças opostas semelhantes. A voz da corte é fria e poderosa; a voz da taverna é quente e degenerada.

O dilema aparentemente desaparece no final de *Henrique IV, 1ª Parte*. Após Hal salvar a vida do pai em Shrewsbury, Henrique IV e ele se reconciliam. Sua amizade não dura. Em *Henrique IV, 2ª Parte*, é como se a aproximação nunca tivesse ocorrido. No entanto, essa peça introduz o personagem que, parece, pode de fato ajudar Hal.

EMBORA SEJA a encarnação da autoridade legal na *Henríada*, o Lorde Grande Juiz é claramente ignorado. Ele só aparece em uma das quatro peças – *Henrique IV, 2ª Parte* – e nunca recebe um nome. Foi preciso um advogado militante para que se percebesse que ele representa algo inconfundível em Shakespeare. Daniel Kornstein observa

---

[15] David Scott Kastan, introdução a *The First Part of King Henry the Fourth*, de William Shakespeare, David Scott Kastan, org. (Londres, Arden Shakespeare, 2007), p. 42.

que, com o Grande Juiz, "Shakespeare nos apresenta o retrato mais completa e inequivocamente lisonjeiro de um advogado sóbrio, íntegro e imparcial a figurar em todo o cânone"[16]. O Grande Juiz é, originalmente, inimigo de Hal – Hal é banido do Conselho Privado* antes de *Henrique IV* começar por ter agredido o Grande Juiz. Contra toda expectativa, no final de *Henrique IV, 2ª Parte*, Henrique recebe o Grande Juiz.

Falstaff e o Grande Juiz são inimigos naturais e se reconhecem como tais. Falstaff ganha os primeiros assaltos. No primeiro ato de *Henrique IV, 2ª Parte*, o Grande Juiz enfrenta Falstaff, repreendendo-o por ignorar uma intimação do tribunal relacionada ao roubo de Gad's Hill: "Mandei chamar-vos para falar-me, quando pendiam sobre vós acusações de importância vital" (*Henrique IV, 2ª Parte*, 1.2.131-32). Falstaff esquiva-se com facilidade: "E eu, seguindo nisso o parecer do meu advogado, que é muito entendido nas leis do país, não compareci" (1.2.133-34). Ele se esconde por trás do serviço militar, que o deixa fora do alcance das leis civis.

O Grande Juiz aceita a justificativa e até lhe dá crédito pelos serviços prestados: "Bem, não quero reabrir uma ferida que acabou de cicatrizar; vossos feitos do dia de Shrewsbury douraram, de algum modo, as façanhas da noite em Gad's Hill; podeis agradecer à inquietação da época a quietude com que tudo isso terminou" (1.2.146-50). Mesmo em sua retórica, o Lorde Grande Juiz é equilibrado – o "dia" de Shrewsbury tem mais valor do que a "noite" em Gad's Hill; o período de "inquietação" da guerra civil justifica a "quietude" com que o crime de Falstaff foi tratado.

Mesmo após retirar a intimação, o Grande Juiz tenta fazer uma exortação moral. Falstaff passa-lhe a perna inúmeras vezes, fazendo que a cena soe, aos ouvidos modernos, como um número de *vaudeville*.

---

[16] Daniel J. Kornstein, *Kill All the Lawyers?: Shakespeare's Legal Appeal* (Lincoln, University of Nebraska Press, 2005), p. 135.

* *Privy Counsel* – Um conselho que assistia o soberano britânico e, até o século XVII, era o corpo legislativo supremo. (N. do T.)

GRANDE JUIZ:
Vossos meios são escassos e os gastos excessivos.

FALSTAFF:
Quisera que fosse o inverso; os meios, maiores, e o desgaste, insignificante.
(1.2.139-42)

GRANDE JUIZ:
Todos esses fios brancos da barba deveriam dar testemunho de vossa gravidade.

FALSTAFF:
Gravidade, gravidade, peso...
(1.2.159-61)

GRANDE JUIZ:
Que Deus conceda ao príncipe um companheiro melhor!

FALSTAFF:
Que Deus conceda ao companheiro um príncipe melhor! Não posso livrar-me dele.
(1.2.199-201)

Podemos perguntar, como o faz Escalo em *Medida por medida*, "Quem revelará mais senso: a Justiça ou a Iniquidade?" (*Medida*, 2.1.169). Assim como o condestável Elbow em *Medida*, alguns juízes da *Henríada* são o reflexo de seus nomes. O Juiz Silêncio não fala quase nada; o Juiz Superficial é o bobo de Falstaff. Em comparação, o Grande Juiz é realmente mais sábio que o iníquo Falstaff. Este, porém, dispõe de três poderosas salvaguardas – a proteção do herdeiro legítimo, a confusão criada no país pela rebelião e seu carisma galhofeiro.

Vemos Falstaff usar todas essas vantagens no ato seguinte, quando a estalajadeira da taverna manda prender Falstaff pelo não pagamento crônico de suas dívidas. Quando o Grande Juiz intervém, Falstaff declara:

> Milorde, esta pobre mulher é louca; anda espalhando pela cidade que o seu filho mais velho se parece convosco. Já esteve bem; mas a verdade é que a pobreza a deixou avariada das ideias. No que respeita a estes oficiais imbecis, peço-vos que me deixeis desagravar-me.
> (Henrique IV, 2ª Parte, 2.1.102-06)

Falstaff calunia a estalajadeira dizendo que ela alegou que o Grande Juiz é o pai de seu filho mais velho. Ele a desculpa em razão da pobreza e da loucura, mas procura processar os oficiais que o prenderam. Falstaff agora pretende "jurar" os "grandes jurados" de maneira ainda mais literal.

O Grande Juiz responde com uma calma louvável. Ele não se deixa distrair nem com a alegação absurda que é o pai do filho da estalajadeira nem com a afirmação de Falstaff de que o governo se conduziu mal. Pelo contrário, ele observa que os recursos retóricos de Falstaff são sobejamente conhecidos:

> *Sir* John, *Sir* John, conheço perfeitamente vosso costume de torcer a boa causa pelo mau caminho. Não há de ser um semblante confiado, nem esse chorrilho de palavras que deixais escapar com descaramento mais que impudente, que me farão deixar de julgar com equilíbrio. Parece-me claro que abusastes do espírito crédulo desta mulher, levando-a a servir-vos com a bolsa e com a pessoa.
> (2.1.107-15)

O perspicaz Grande Juiz percebe tudo. Retórica não significa realidade; audácia não significa autoridade. O hábito de Falstaff de "torcer a boa causa pelo mau caminho" não impedirá que o Grande Juiz julgue "com equilíbrio", uma frase que remete às escalas de Justiça.

Falstaff, então, lança mão de suas outras cartas, observando que ele deve ser libertado para poder cumprir as ordens reais:

> Milorde, não deixarei passar sem protesto semelhante repreensão. Chamais de descaro impudente a franqueza honrada. Para vós é virtuoso todo indivíduo que se desmancha em mesuras e não vos objeta coisa alguma. Não, milorde; sem me olvidar de meu humilde dever, não vos falarei como suplicante; digo-vos apenas que preciso ficar livre destes oficiais, porque me encontro em missão urgente, da parte de Sua Majestade.
>
> (2.1.121-27)

O Grande Juiz encontra-se numa sinuca. Ele não pode mandar Falstaff para a cadeia sem privar o rei de um líder militar (igual a ele). Assim, ele manda Falstaff para a guerra. Apesar de todas as alegações de pressa, assim que é posto em liberdade Falstaff convida um amigo para almoçar.

Quando fica sabendo que o rei Henrique IV morreu e que Hal tornou-se rei, ele imediatamente procura se vingar da repreensão que recebeu do Grande Juiz:

> As botas, as botas, mestre Shallow; tenho certeza de que o moço rei está doente por ver-me. Tomemos os cavalos sejam lá de quem forem; as leis da Inglaterra agora se encontram à minha disposição. Felizes dos que se mostraram meus amigos, e ai do milorde juiz.
>
> (5.3.130-34)

É sempre perigoso quando qualquer indivíduo declara que a lei do país é a sua própria lei. Vemos isso antes no *corpus* de Shakespeare quando o rebelde Jack Cade diz: "Queimai todos os registros do reino! Minha boca vai ser, daqui por diante, o parlamento da Inglaterra" (*Henrique VI, 2ª Parte*, 4.7.11). Vemos isso mais tarde quando Goneril, de *Lear*, diz "as leis são minhas" (*Lear*, 5.3.156). Faz muito tempo que Falstaff deseja proclamar vitória sobre "essa antiqualha que se chama lei", e agora acredita tê-lo conseguido.

Quando o Grande Juiz fica sabendo que Henrique IV morreu, ele também teme que a morte do rei o tenha deixado "exposto a toda sorte de vexames" (*Henrique IV, 2ª Parte*, 5.2.8). Lorde Warwick também pensa que "o jovem rei não [o] tolera" (5.2.9). O Grande Juiz replica: "Não o ignoro, e já me acho armado / para sofrer as consequências; / ninguém pode olhar-me com mais fera catadura / do que eu próprio concebo em fantasia" (5.2.10-13). Shakespeare revela nessa passagem a bondade do Grande Juiz. Não o vemos como uma encarnação abstrata da justiça, mas como um ser humano dotado de imaginação, e que está com medo. Os nobres que o rodeiam compadecem-se de sua situação. Lencaster diz: "a vossa expectativa parece muito fria. / Isso me pesa; desejara que fosse de outro modo" (5.2.31-32).

A ruína predita do Grande Juiz está explicitamente ligada à ascensão predita de Falstaff. O duque de Clarence declara: "Ora deveis tratar Sir John Falstaff com toda a cortesia, / o que é contrário à corrente de vossa dignidade" (5.2.33-34). Isso traz para fora o que há de melhor no Grande Juiz:

> Quanto fiz, caros príncipes, foi guiado pelos ditames da honra,
> Pela norma imparcial de minha alma.
> Jamais heis de ver-me solicitar
> Perdão indigno.
> Se a verdade e a inocência me faltarem,
> irei para onde está meu rei defunto
> e lhe direi quem me mandou após ele.
> (5.2.35-41)

O Grande Juiz preferia seguir seu antigo senhor Henrique IV na morte a submeter-se ao Lorde do Desgoverno.

No final de *Henrique IV, 2ª Parte*, de fato pede explicações ao Grande Juiz por tê-lo mandado para a prisão: "Concebe-se que um príncipe de tantas esperanças, como eu, venha a esquecer-se / de quanta indignidade lhe causastes? / Como! Descomposturas, reprimendas, prender tão rudemente o herdeiro próximo da Inglaterra?" (*Henrique IV, 2ª Parte*, 5.2.68-71). O Grande Juiz responde com dignidade e integridade. No tempo de Henrique V, assim como no tempo de Shakespeare, o judiciário não era independente do Executivo[17]; pelo contrário, o Grande Juiz era um agente do rei. O Grande Juiz enfatiza esse ponto em seu discurso: "Representava eu vosso pai, nessa época; / a imagem de sua força em mim se achava" (5.2.73-74). Ele explica que não puniu Hal por este tê-lo agredido como indivíduo, mas porque o agrediu como representante de Henrique IV: "Vossa Grandeza se comprazeu em esquecer meu posto, / a majestade e a força da Justiça, / a figura do rei que em mim se via, / chegando a esbofetear-me em plena audiência" (5.2.77-80).

Mas o Grande Juiz era o representante de Henrique IV na época somente porque Henrique IV era rei. Os dois homens interagiam em razão de seus cargos oficiais, não como indivíduos. Agora que Hal se tornou Henrique V, o Grande Juiz pode representá-lo. Portanto, ele pergunta a Henrique V o que ele queria que fosse feito se seu próprio filho viesse a "desdenhar a vossa real imagem / e rir do que fizer vosso outro corpo" (5.2.89-90). "Se o feito é condenável", pergunta, "ora que estais coroado, / como seria se um vosso filho viesse a desprezar os vossos decretos?" (5.2.83-85). Hal já respondeu indiretamente a essa situação hipotética, enquanto representava o papel do pai na cena da taverna. Quando perguntado se baniria Falstaff, ele diz: "Fá-lo-ei, quero-o." Sabemos que Henrique V gostaria que seu filho fosse disciplinado.

A capacidade que o Grande Juiz tem de impor a lei com imparcialidade é exatamente do que Henrique V precisa. Assim, contrariamente a todas as expectativas – inclusive do próprio Grande Juiz –, Henrique V o aceita:

> Tendes razão, Juiz; é com equidade que pesais isso tudo;
> conservai, pois, a espada e a balança.

---

[17] Jack Benoit Gohn, "Richard II: Shakespeare's Legal Brief on the Royal Prerogative and the Succession to the Throne", *Georgetown Law Journal* 70 (1982), p. 949. ("O rei... era o principal magistrado e a fonte de todo poder judicial").

Só desejo que vossas honras cresçam
té que a vida vos chegue, para verdes que meu filho
vos ofende e obedece como o fiz.
Possa eu também viver para as palavras repetir de meu pai:
"Feliz me julgo por ter um servidor de tanta têmpera,
que se atreve a julgar meu próprio filho,
e não menos feliz por ter um filho
que assim entrega sua grandeza
ao braço da Justiça." Puseste-me em custódia;
por isso, em mãos vos ponho, agora,
a espada sem mancha que a levar vos afizestes,
com a recomendação de que a useis sempre com o mesmo
espírito imparcial e injusto que usastes contra mim. Eis minha
    mão;
pai ides ser da minha mocidade;
só dirá minha voz o que disserdes;
sujeitarei, humilde, os meus intentos
à vossa direção sábia e sensata.
(*Henrique IV, 2ª Parte*, 5.2.102-21)

Parece que, finalmente, Henrique V escolheu um pai: "pai ides ser da minha mocidade."

Nesse momento de transição, o Grande Juiz é o pai ideal para Henrique V, porque ele pode defender o novo rei tanto da anarquia de Henrique IV, que vem de cima, quanto da anarquia de Falstaff, que vem de baixo. Henrique V reconhece que pode se considerar mais legítimo do que o próprio pai, por ter conquistado a coroa pela linhagem direta. Diferentemente de seu pai, o novo rei está em condições de representar a lei, e o Grande Juiz pode ajudá-lo nessa missão. O Grande Juiz parece-se o suficiente com Henrique IV para que possa representá-lo, mas também é suficientemente diferente dele para que possa sobreviver a ele e representar Hal.

Como Ernst Kantorowicz demonstra em seu livro[18] *The King's Two Bodies* [*Os dois corpos do rei*], a teoria política medieval dividiu o átomo da soberania em dois "corpos". Um deles era[19] o corpo natural do rei, que era um corpo mortal passível de deterioração como o de qualquer ser humano. O outro era[20] o corpo político do rei, imutável e eterno, e que representava a unidade da nação. Shakespeare conhecia essa teoria. Ele invoca-a em *Hamlet*, em que o príncipe, após matar Polônio, o conselheiro do rei, observa que "o corpo está com o Rei, mas o Rei não está com o corpo" (*Hamlet*, 4.2.26-27). Nesse caso, o Grande Juiz observa que quando Hal o agrediu ele agrediu o rei em seu "segundo corpo". O Grande Juiz é o "segundo corpo" do rei porque, sendo o mais alto oficial de justiça da nação, ele representa a lei imutável e eterna que constitui a nação. Ele pode oferecer a Hal nada menos que o corpo político imortal do rei, agora que o corpo natural de Henrique IV não mais o contém.

O Grande Juiz também pode defender Henrique V da ameaça vinda de baixo, representada pela figura de Falstaff. Quando este se aproxima de Henrique V, dirige-se a ele no velho estilo conhecido: "Deus salve sua graça, rei Hal, meu real Hal!" (*Henrique IV, 2ª Parte*, 5.5.41). Falstaff expressa-se de maneira bastante categórica – ainda é "Hal" em vez de "Henrique", ao que ele ainda acrescenta um possessivo: "*meu* real Hal". Henrique V o ignora, mas Falstaff não se deixa dissuadir facilmente: "Deus te proteja, meu doce menino!" (5.5.43). Então, para evitar um confronto direto, o rei volta-se para seu novo representante legal: "Falai a esse homem vão, Lorde Juiz" (5.5.44). O Grande Juiz prontamente oferece a assistência: "Sabeis o que dizeis? Estais no juízo?" (5.5.45). Talvez haja certa retaliação aqui – lembrem-se que Falstaff acusou falsamente a estalajadeira de loucura na presença do Grande Juiz, quando ele pouco podia fazer a respeito.

---

[18] Ernst Kantorowicz, *The King's Two Bodies: a Study in Mediaeval Political Theology* (Princeton, Princeton University Press, 1957), p. 7.

[19] Ibid.

[20] Ibid.

Falstaff faz pouco-caso do Grande Juiz. Ele já superara seu adversário quando Hal era um mero príncipe. Agora que Hal é rei, Falstaff deve acreditar que ele estará acima de qualquer funcionário da Justiça. É bem verdade que ele melhora um pouco o discurso, passando de "meu doce menino" para "Meu rei, meu Jove! É a ti que eu falo, amor!" (5.5.46). Não obstante, ele nunca abandona a familiaridade – "É a ti que eu falo" (a forma mais familiar de "vós", assim como "Hal" é a forma mais familiar de "Henrique"). Falstaff obriga Henrique V a se dirigir a ele diretamente. Por fim, e de maneira terrível, ele o faz:

> Não te conheço, velho; vai rezar.
> Como vão mal as cãs num galhofeiro!
> Muito tempo sonhei com um homem destes,
> profano e velho, inchado pela orgia;
> mas, desperto, renego do meu sonho.
> Diminui o teu corpo, aumenta a graça,
> deixa a gula; compreende que o sepulcro vai abrir
> para ti boca três vezes maior que para os outros.
> Não repliques com uma dessas chalaças de bufão;
> não presumas que eu seja o que já fui,
> pois Deus bem sabe – e o mundo há de notá-lo –
> que me livrei de minha antiga forma
> e outro farei com os companheiros.
> Quando ouvires dizer que eu sou o que fui,
> volta para tornares-te o que foste:
> tutor e incitador dos meus excessos.
> Mas até lá, desterro-te, sob pena de morte,
> como fiz com os outros todos que me descaminhavam,
> não deixando que a dez milhas de mim eles estejam.
> Quanto aos meios de vida, vou prover-vos,
> porque ao mal a carência não vos leve;
> e se virmos que vos regenerastes,
> dar-vos-emos emprego

na medida do vosso esforço e mérito.
[Para o Lorde Grande Juiz]
Incumbi-vos, milorde,
de dar corpo a nossas ordens.
Ao ataque.
(5.5.47-72)

A determinação de Henrique não é tão forte como parece. Ele se rende ao tom jocoso da taverna quando se refere à obesidade de Falstaff: "compreende que o sepulcro vai abrir / para ti boca três vezes maior que para os outros". Esse é o momento mais vulnerável do discurso do novo rei, pois o expõe aos antigos gracejos insensatos. Antevemos, como num reflexo, a resposta de Falstaff, que gostaríamos de ser suficientemente espertos para formular. Henrique V prevê o perigo, e rapidamente se apropria da réplica de Falstaff: "Não repliques com uma dessas chalaças de bufão." Ele se distancia, em primeiro lugar, não de Falstaff, mas de seu antigo eu – "não presumas que eu seja o que já fui". Só depois de ter realizado esse autoestranhamento é que ele consegue banir o amigo da juventude: "que me livrei de minha antiga forma / e outro farei com os companheiros". O impressionante é que Henrique V não bane Falstaff da Inglaterra, mas de se aproximar a menos de dez milhas de sua pessoa. A ameaça mais direta que Falstaff apresenta não é à nação, mas a Henrique, onde quer que ele esteja.

A rejeição é necessária: o carisma anárquico de Falstaff destruiria o país. Como diz A. D. Nuttall[21], Henrique V "está fazendo isso por nós". Mas o fato de o repúdio ser indispensável não o torna mais suportável. Uma vez mais o Grande Juiz assume o que nenhum mortal seria capaz de assumir – Hal volta-se para ele, com um sofrimento impassível, para que ele execute suas ordens: "Incumbi-vos, milorde, / de dar corpo a nossas ordens." Em seguida, tendo banido o rechonchudo Jack e o mundo todo, Hal parte para o ataque.

---

[21] A. D. Nuttall, *Shakespeare the Thinker* (New Haven, Yale University Press, 2007), p. 154.

Os críticos se dividem radicalmente a respeito de Falstaff. No entanto, Falstaff é, *ao mesmo tempo*, infinitamente sedutor e ameaçador. A relação que Hal tem com Falstaff é semelhante à relação que o Sócrates de Platão tinha com o poeta[22] em *A república*. Aristóteles não amava[23] o poeta, mas deixou que ele ficasse. Em comparação, Platão amava o poeta e o baniu por causa desse amor, não apesar dele. É por amar o poeta que Platão[24] percebeu seu carisma anárquico. De maneira semelhante, Hal chega a reconhecer que Falstaff é o mais sublime dos transgressores da lei. Ele é o cordeiro mais gordo que a literatura já sacrificou no altar da lei.

Uma vez completada a transição para o reinado, no entanto, Henrique V também abandona o Grande Juiz. Em *Henrique V*, a próxima e última peça da *Henríada*, o Grande Juiz desapareceu sem explicação. No início da peça, Henrique V busca orientação legal junto ao arcebispo de Cantuária: o jovem rei deseja saber se ele tem o direito legal de invadir a França. Comparado ao Grande Juiz, nesse caso o arcebispo é extremamente parcial. O Parlamento está em via de aprovar uma lei que irá dizimar os cofres da igreja, e o arcebispo acredita que se Henrique V invadir a França o Parlamento não aprovará a lei. Assim, a conclusão de Cantuária é que a França pertence a Henrique por direito dinástico. Henrique não deixa de advertir o arcebispo para que ele não submeta a lei às suas conveniências: "Meu caro e fiel lorde, Deus não queira / que venhais a forçar vosso discurso, torcendo-o com sofismas" (*Henrique V*, 1.2.13-14). No entanto, o fato de Henri-

---

[22] Platão, *The Republic of Plato*, Allan Bloom, org. e trad. (Nova York, Basic, 1991), p. 397a-b.

[23] Aristóteles, *Poetics*, em *The Complete Works of Aristotle: the Revised Oxford Translation*, vol. 2, Jonathan Barnes, org. (Princeton, Princeton University Press, 1984), pp. 2.322-3.

[24] Sócrates observa que, se um poeta imitador chegasse à cidade, nós "nos ajoelharíamos diante dele como se ele fosse um homem sagrado, maravilhoso e amável". Platão, *Republic*, 398(a). No entanto, após agirmos assim, "diríamos que tal homem não se encontra entre nós na cidade, nem é lícito que tal homem tenha nascido aqui". Ibid.

que recorrer a um juiz tão tendencioso levanta a suspeita de que ele, como muitos governantes, transforma em autoridade o indivíduo que fala o que ele quer ouvir.

POR CONSEGUINTE, QUANDO *HENRIQUE V* COMEÇA, O monarca rejeitou todas as três figuras paternas. No entanto, essas rejeições apenas comprovam até que ponto Henrique V *absorveu* as formas de legitimidade que cada pai representa. Em *Henrique V*, vemo-lo utilizar uma combinação estratégica das autoridades feudal, carismática e legal para consolidar seu poder.

Com respeito à autoridade feudal, Henrique V ataca a França em parte por ter uma pretensão dinástica a ela que ele não consegue afirmar em seu próprio país. O hábil arcebispo da Cantuária explica que, de acordo com a Lei Sálica – que se acredita estar em vigor na França –, o trono não pode ser herdado por meio da linhagem feminina. A Inglaterra, contudo, sempre seguiu a herança matrilinear. Como a trisavó de Henrique V era filha do rei da França, ele seria o herdeiro legítimo do trono francês.

A França provavelmente consideraria que a Lei Sálica, e não a lei inglesa, é que regulava a disputa. No entanto, Cantuária também tem uma resposta para isso. De acordo com seus próprios termos, o obstáculo à sucessão feminina só se aplica à "Terra Sálica" (*Henrique V*, 1.2.39). Cantuária opina que essa terra está contida inteiramente na Alemanha, porque a lei foi aprovada para punir as mulheres alemãs "por causa da vida desonesta que levavam" (1.2.49). Por esse motivo, a Lei Sálica não é relevante para a disputa em torno da França.

Antes de morrer, Henrique IV diz ao filho "para ocupar esses espíritos inquietos / em contendas distantes" (*Henrique IV, 2ª Parte*, 4.5.213-14). Henrique V reconhece que o conselho é acertado – uma guerra externa acalmará a agitação popular. Porém, diferentemente de seu pai, que desejava partir numa cruzada para a Terra Santa, Henrique V escolhe a França como alvo. Essa decisão demonstra que ele é um estadista mais perspicaz. Pelo menos de acordo com a interpretação de Cantuária, Henrique tem, *de fato*, direito à França; pode-se dizer que seu direito feudal àquelas terras está mais assegurado que seu direito à Inglaterra. Essa é a ironia oculta na declaração que Henrique faz antes de içar velas para a batalha: "Só serei vosso rei, se o for da França!" (*Henrique V*, 2.2.194).

Henrique também se vale da autoridade carismática de Falstaff, embora, é claro, ele a canalize para favorecer a autoridade real e não para miná-la. Em *Henrique IV, 1ª Parte*, Henrique IV repreende severamente o filho por ser demasiadamente íntimo das massas, observando que ele jamais teria conseguido conquistar a coroa se tivesse se comportado assim. Henrique IV atribui seu êxito à *distância* das massas: "Sendo pouco visto, despertava admiração, / como os cometas, sempre que me mexia" (3.2.46-47). Hal adota uma estratégia diferente, tanto como príncipe como após se tornar rei. Seu tempo de taverna conferiu-lhe um traço populista. Na noite anterior à batalha, o coro observa como Henrique se move entre suas tropas, de modo que cada um sinta "este retrato pálido de Henrique na calada da noite" (*Henrique V*, 4.0.47). Nessa noite, ele também se junta, disfarçado, a três soldados rasos para ouvir o que eles esperam da batalha.

Além do mais, assim como Falstaff, Henrique V utiliza suas formidáveis habilidades retóricas para transformar a realidade. No dia da batalha, Westmorland lamenta que, desgraçadamente, os ingleses são superados em número pelos franceses (Exeter calcula "cinco para um" [4.3.4]), desejando que pudessem dispor de mais soldados. Henrique rebate-o com o famoso discurso do Dia de São Crispiniano. Ele começa dizendo a Westmoreland que ele não queria um único soldado a mais porque "quanto menos formos, maior será nosso quinhão de glória" (4.3.22). Percebendo que o dia é conhecido como Dia de São Crispiniano, ele declara que suas façanhas nesse dia jamais serão esquecidas:

> Esta história os valentes hão de aos filhos transmitir,
> e de agora ao fim do mundo

> não poderá jamais ser pronunciado o nome de Crispim
> > Crispiniano
> sem que lembrados todos nós sejamos.
> Nós, poucos; nós, os poucos felizardos; nós, pugilo de irmãos!
> Pois quem o sangue comigo derramar,
> ficará sendo meu irmão. Por mais baixo que se encontre,
> confere-lhe nobreza o dia de hoje.
> Todos os gentis-homens que ficaram na Inglaterra
> julgar-se-ão malditos por não terem estado aqui presentes,
> e hão de fazer ideia pouco nobre de sua valentia, quando
> > ouvirem alguém dizer
> que combateu conosco neste dia de São Crispiniano.
> (4.3.56-67)

No final do discurso, Westmoreland está completamente mudado. Quando perguntado se ainda deseja mais ajuda da Inglaterra, ele responde: "Prouvera a Deus, meu príncipe, que vós e eu, tão somente, aqui estivéssemos, / sem mais auxílio, para sustentarmos esta batalha real" (4.3.74-75).

Por fim, Henrique V dá uma grande demonstração de autoridade legal quando aplica a lei contra um de seus antigos camaradas de taverna. Na França, Bardolfo, um dos ladrões de Gad's Hill, é pego roubando o porta-paz (um pequeno quadro sagrado feito de metal precioso) de uma igreja. Seu amigo Pistola apela ao capitão Fuellen para que ele peça a Henrique que perdoe Bardolfo. Fuellen recusa-se a fazê-lo, observando que a pena é a punição adequada para o saque. Henrique V concorda. A implacável versão cinematográfica de Kenneth Branagh[25], de 1989, traduz bem a cena: embora permita que o amigo seja executado, Henrique V assiste à execução em meio às lágrimas. Como a interpretação de Branagh ressalta, Bardolfo representa Falstaff, que já morreu nos bastidores.

---

[25] *Henrique V*, DVD, dirigido por Kenneth Branagh (1989, Hollywood, MGM, 2000).

Assim, fica fácil louvar Henrique como a perfeita convergência das três fontes de autoridade – feudal, carismática e legal. Em Agincourt, contra todas as expectativas, Henrique sai vitorioso. Em Shakespeare, o lado francês tem dez mil baixas (4.8.88), enquanto os ingleses perdem vinte e nove homens (4.8.104-07). Henrique termina a peça como rei da Inglaterra e herdeiro da França. Não obstante, o verniz que recobre a autoimagem de Henrique V é frágil. Seu direito feudal à França é extremamente contestável, tendo sido estabelecido por uma fonte tendenciosa. Trata-se de uma guerra feita por escolha, não por necessidade, e ela é determinada, num grau inquietante, pelo desejo de distrair a Inglaterra de suas próprias contendas. Além disso, o discurso carismático de São Crispiniano feito por Henrique é falso. Embora obviamente prefira contar com mais homens, ele tem de fazer o melhor possível com aqueles de que dispõe. Também não é verdade que os homens do povo que lutarem por ele se tornarão "nobres" quando voltarem para a Inglaterra. Por fim, embora Henrique faça um grande escarcéu dizendo que se submete à autoridade legal ao mandar enforcar Bardolfo, ele também viola as leis da guerra. Quando ouve falar que os franceses estão se reagrupando, Henrique V manda matar todos os prisioneiros. O professor de Direito Theodor Meron[26] examina cuidadosamente se essa ordem poderia ser justificada em razão de uma represália (os franceses também haviam matado os mensageiros ingleses) ou de uma necessidade (os prisioneiros franceses continuavam representando uma ameaça, uma vez que poderiam ser resgatados). Meron rejeita os dois raciocínios segundo a lei de guerra vigente na época de Henrique. Mesmo Winston Churchill, um leal admirador de Henrique, recuou horrorizado diante dessa passagem da peça.

Henrique V, portanto, é mais um governante que dominou a arte de parecer virtuoso do que um governante inteiramente virtuoso. Shakespeare demonstra que Henrique tem essa intuição desde o prin-

---

[26] Theodor Meron, *Henry's Wars and Shakespeare's Laws: Perspectives on the Law of War in the Later Middle Ages* (Nova York, Oxford University Press, 1993).

cípio. Mesmo enquanto provoca desordens no mundo da taverna no primeiro ato, o príncipe Hal demora-se em solilóquios para descrever seus companheiros:

> Eu vos conheço, e quero, por um tempo,
> prestar-me ao vosso humor vadio e infrene.
> Com isso, imitarei o sol radioso
> que consente que nuvens desprezíveis,
> ante o mundo, a beleza lhe atenuem,
> porque, quando lhe apraz ser ele próprio,
> faça o anelo crescer a admiração,
> ao cortar ele as brumas
> e vapores que pareciam prestes a asfixiá-lo.
> Se o ano todo só fosse de feriados,
> como o trabalho, o esporte entediaria;
> mas, porque não frequentes, são bem-vindos.
> Os acidentes raros sempre agradam.
> Assim, mal eu me dispa desta vida desregrada que levo,
> e me disponha a pagar até mesmo o que não devo,
> serei tanto melhor do que prometo,
> quanto mais enganar a expectativa do mundo inteiro.
> Como metal brilhante em fundo escuro,
> há de minha reforma sobre os erros resplandecer,
> mostrando-se mais bela de ver e mais atraente,
> que a virtude cujo brilho nenhum contraste exalta.
> Serei assim, pelo erro convertido,
> quando todos me derem por perdido.
> (*Henrique IV, 1ª Parte*, 1.2.185-207)

Essa passagem merecidamente louvada mostra que Hal, como seu pai, compreende que a soberania inclui a encenação. Como aponta o professor de Literatura David Scott Kastan, pai e filho simplesmente tomam decisões diretivas diferentes[27] sobre como alcançar o mesmo objetivo de verem "crescer a admiração" (uma frase que ambos utilizam). Enquanto Henrique IV retira-se para fazer que seu aparecimento seja mais dramático, Hal esconde-se debaixo das "nuvens desprezíveis". Se Henrique IV é o "cometa", Hal é o "sol".

Shakespeare tinha motivo para inserir esse discurso logo depois de apresentar Hal. O Henrique V histórico era uma figura semidivina para os elisabetanos. O público pode ter ficado preocupado ao ver seu herói nacional ser apresentado numa taverna rodeado de libertinos. Assim como Cláudio pergunta a respeito da peça-dentro-da-peça em *Hamlet*, eles poderiam ter perguntado: "Ouviste o argumento? Não contém nenhuma ofensa?" (*Hamlet*, 3.2.227-28). Esse solilóquio tê-los-ia tranquilizado.

Mas ele *não* deve nos tranquilizar. O príncipe Hal é apresentado, desde o início, como uma figura calculista; Shakespeare não permite que nos alegremos celebrando um governo justo. Pelo contrário, ele mostra como se consegue transmitir a ideia de uma grande liderança sem nos dar nenhuma garantia de que existe qualquer conteúdo debaixo do verniz imaculado.

DIFERENTEMENTE DOS personagens que eu examinei, Henrique V já tem uma figura análoga firmemente estabelecida nos dias de hoje: nosso quadragésimo terceiro presidente, George W. Bush. A comparação existe pelo menos desde[28] 1998, antes mesmo de Bush ter sido eleito, quando o jornal londrino *The Guardian* considerou-o "uma espécie de príncipe Hal texano que deixava de lado a juventude libertina como parte dos preparativos para ascender ao poder". A analogia talvez tenha atingido seu ápice na esteira do 11 de Setembro. Naquele momento, Bush, como Henrique V, parecia representar a perfeita confluência das três formas de autoridade weberiana – feudal, carismática e legal.

---

[27] Kastan, introdução a *The First Part of King Henry the Fourth*, p. 32.
[28] Julian Borger, "The Making of a Dynasty", *The Guardian* (G.B.), 31 out. 1998, seção de Notícias.

Pode parecer estranho falar da autoridade feudal de Bush quando os Estados Unidos se afastaram, de maneira tão decidida e consciente, da sociedade monárquica de Shakespeare. No entanto, há muito que os Estados Unidos têm tido dinastias políticas[29] como as representadas pelos Adamses, os Harrisons, os Roosevelts, os Kennedys e os Bushes. (Chamar a atenção para o fato de que os Bushes supostamente podem traçar sua linhagem até a realeza britânica significa simplesmente aquilo que Falstaff chamaria de "efeito da gravidade".) Como diz o historiador Richard Brookhiser, nos Estados Unidos a dinastia política é o "tributo que a democracia paga à aristocracia"[30].

O exemplo de George W. Bush pode nos ajudar a compreender por que somos tão fascinados pelo governo dinástico. As dinastias nos permitem contar magníficas histórias intergeracionais como a do filho pródigo que se sai bem. Como observa Marjorie Garber: "A juventude de bebedeiras e farras de George W. Bush e sua 'conversão' parecem análogas à juventude desregrada e à transformação do príncipe Hal; a tensão com um antecessor paterno poderoso e homônimo marca 'George II' como uma versão de Henrique V."[31] Ken Adelman, que dirige seminários sobre liderança baseados em *Henrique V* como parte da série "Movers and Shakespeares" [Progressistas e Shakespeares], concorda que a dinâmica intergeracional é fundamental: "[um] filho que deseja redimir o reino do pai, Hal deixa as imprudências da juventude de lado para falar sério e andar na linha"[32].

O que nos leva à autoridade carismática de Bush. Da forma como o percebemos, Bush pode nos surpreender como o oposto de carismático. Embora, como Shakespeare, Bush tenha inventado um monte de palavras, a maioria de suas criações foi sem querer. Entretanto,

---

[29] Richard Brookhiser, *America's First Dynasty* (Nova York, Free Press, 2002), p. 5.
[30] Ibid., p. 6.
[31] Marjorie Garber, *Shakespeare and Modern Culture* (Nova York, Pantheon, 2008), p. 191.
[32] Ken Adelman, "Not Lady Macbeth", *Washingtonian Magazine*, 1. nov. 1999, p. 58.

creio que essa descrição "subsubestima*" o apelo populista de Bush³³. Em sua autobiografia³⁴, ele admite francamente ser um alcoólatra, e os rumores de uso pesado de drogas nunca foram refutados. Além disso, não é nenhum segredo que ele não era o filho favorito, uma vez que seu pai – o presidente George H. W. Bush – concentrou suas expectativas políticas no filho Jeb³⁵, assim como Henrique IV favoreceu Hotspur em detrimento de Hal. (A propósito, a analogia também poderia ser feita com relação à maneira como Joseph P. Kennedy pai inicialmente cravou suas aspirações dinásticas em Joseph P. Kennedy Jr.³⁶ em lugar de John F. Kennedy.) A ascensão de Bush como um pobre coitado que veio do mundo das tavernas faz parte de seu carisma populista. Como o professor de Inglês Scott Newstok aponta, o que tanto Hal como Bush representam é um "misto de autoridade vertical com camaradagem horizontal de uma forma que evoca o melhor dos dois mundos, ou pelo menos ofusca o pior de cada um deles"³⁷.

Logo após o 11 de Setembro, o carisma do presidente Bush estava a pleno vapor. Como o editor conservador Richard Lowry observou: "Achei que na última sexta-feira, enquanto estava em cima dos destroços do World Trade Center, Bush esteve mais perto do que nunca de pronunciar um discurso do Dia de São Crispiniano. Esse espírito e

---

* "Misunderestimates" no original em inglês. O autor utiliza uma palavra inventada por Bush na qual ele utiliza dois sufixos (*mis* e *under*) que têm o mesmo significado (*sub*). (N. do T.)

³³ George W. Bush, discurso de campanha, 6 nov. 2000, Bentonville, Ark., em Jacob Weisberg, *George W. Bushisms: the Slate Book of Accidental Wit and Wisdom of Our 43rd President* (Nova York, Fireside, 2001), p. 22.

³⁴ George W. Bush, *A Charge to Keep* (Nova York, Harper-Collins, 1999), p. 133; "Bush Faces New Round of Drug Questions", CNN, 20 ago. 1999. Disponível em: <http://www.cnn.com/ALLPOLITICS/stories/1999/08/20/president.2000/bush.drug/>. Acesso em: 27 jun. 2010.

³⁵ Bill Minutaglio, *First Son: George W. Bush and the Bush Family Dynasty* (Nova York, Three Rivers, 1999), p. 7.

³⁶ Michael O'Brien, *John F. Kennedy* (Nova York, St. Martin's, 2005), p. 52.

³⁷ Scott Newstok, "'Step aside, I'll Show thee a President': George Was Henry V?" (2003). Disponível em: <www.poppolitics.com/archives/2003/05/George-W-as-Henry-V>.

essa determinação foram transferidos para a Câmara dos Deputados na noite passada, e era algo que se podia notar."[38] O jornalista Balint Vazsonyi concordou: "'Pois quem o sangue comigo derramar ficará sendo meu irmão, por mais baixo que se encontre'[39], exclama o rei Henrique quando o dia rompe nos campos de batalha de Agincourt. Não sei se quem escreve os discursos do presidente estuda Shakespeare... No entanto, o mundo silenciou quando ele estendeu o apelo – mesmo àqueles que mais baixo se encontravam – para que se juntassem a ele." O comentarista político David Gergen[40], que parece ter-se atribuído o papel de especialista no vínculo V/W, observou: "quando bateu a desgraça, com que rapidez deixamos para trás as páginas de Henrique o 4º [pelas] páginas de Henrique o 5º... Ora, na verdade, [Bush] não venceu sua Agincourt, mas içou velas, e por isso o país pode lhe ser grato".

Bush recebeu prontamente o mandato legal para lutar sua Agincourt. Uma semana após os ataques o Congresso aprovou a Autorização para Uso da Força Militar (AUFM)[41]. Essa lei deu a Bush o mandato para usar toda "a força necessária e apropriada" para trazer perante a Justiça os terroristas responsáveis pelo 11 de Setembro. Embora sua tendência de distorcer a lei posteriormente tenha se mostrado um enorme obstáculo ao seu governo, Bush confiou bastante na "AUFM" com relação à grande parte de sua atividade militar internacional posterior.

A natureza infinitamente discutível da própria autoridade de Henrique V pode, entretanto, ser percebida na facilidade com que os críticos progressistas conseguiram posicionar a peça contra Bush. O conselho sinistro que Henrique IV dá a seu filho para que ele "ocupe esses espíritos inquietos em contendas distantes" foi evocado pelo *New York Daily News* em 2003: "este ano, a montagem de Shakespeare no Cen-

---

[38] Rich Lowry, "Magnificent: this Was Not a Foggy Bottom Speech", *National Review Online*, 21 set. 2001. Disponível em: <http://www.nationalreview.com/lowry/lowry092101.shtml>.

[39] Balint Vazsonyi, "From Henry V to Bush II", *Washington Times*, 12 out. 2001.

[40] Newstok, "'Step aside'" (citando Gergen).

[41] "Authorization for Use of Military Force Against Terrorists 2001." (P. L. 107-40), *United States Statutes at Large*, 115 Stat. 224.

tral Park[42] é sobre o líder de um país que desvia a atenção da população da forma duvidosa como ele chegou ao poder invadindo outro país. O presidente George W. Bush? Não, Henrique V." Tentando atingir o populismo de Bush, o londrino *Observer* disse, a respeito de uma montagem do National Theatre [Teatro Nacional] de 2003: "se a peça de Shakespeare tem qualquer ressonância atual, ela vem da história de um líder nacional que vai à guerra baseado em motivos extremamente discutíveis e, na melhor cena da peça – na noite que antecede a batalha –, é posto em maus lençóis por um de seus soldados rasos: 'se [sua causa] for injusta, o rei terá de prestar contas muito sérias'"[43]. Descrevendo as críticas à autoridade legal de Bush, Jack Lynch observa: "a justificativa de Henrique V para a guerra com a França – baseada numa interpretação muito frágil da antiga Lei Sálica apoiada por estudiosos do Direito pagos para dizer ao rei o que ele queria ouvir – fez que alguns críticos se lembrassem dos argumentos em defesa da invasão do Iraque."[44] (O colunista David Brooks[45] comparou, com muita perspicácia, os defensores neoconservadores da guerra de Bush ao arcebispo da Cantuária chamando-os de "teoconservadores*".) Com um significado mais sombrio, a decisão de Henrique de matar os prisioneiros de guerra e a ameaça de maltratar aqueles que não se rendessem têm sido comparadas aos atos de crueldade praticados pelos Estados Unidos em Fallujah e Abu Ghraib[46].

---

[42] Robert Dominguez, "Summer in the City 2003: One Thing's for Curtain, the Shows Go on", *New York Daily News*, 23 maio 2003, Seção Especial.

[43] Richard Ingrams, "Diary: Richard Ingrams' Week: Trial of King Tony: His Grounds for War Are Falling Apart, so who Will Trust Blair on the Euro?", *The Observer* (Londres), 18 maio 2003, p. 30.

[44] Jack Lynch, "The Politics of Shakespeare, the Shakespeare of Politics". Ensaio apresentado no English Speaking Union of Monmouth County [Sindicato de Falantes de Inglês do Condado de Monmouth], Nova Jersey, 17 fev. 2008.

[45] Bob Thompson, "The King and We: Henry V's War Cabinet", *Washington Post*, 18 maio 2004.

* "Theocons" no original em inglês. (N. do T.)

[46] "Picture Emerges of Fallujah Siege", *BBC News*, 23 abr. 2004. Disponível em: <http://news.bbc.co.uk/2/hi/middle_east/3653223.stm>. Acesso em: 27 jun. 2010; Seymour M. Hersh, "Torture at Abu Ghraib", *The New Yorker*, 10 maio 2004, p. 12.

À medida que o governo de Bush se tornou impopular, as comparações entre ele e Henrique V diminuíram; parece que ainda desejamos manter a reputação de Henrique V imaculada. Acredito que isso seja um erro. A principal diferença entre Bush e Henrique V é que Bush não venceu sua Agincourt. Afinal, logo após o 11 de Setembro, ele foi tão celebrado quanto Henrique V. Além do mais, muitos dos defeitos de Bush também podem ser atribuídos a Henrique V. Não devemos usar a impopularidade de Bush para diferenciá-lo de Henrique V; devemos usá-la para questionar a popularidade de Henrique V.

As questões que estão em jogo neste debate vão além do Henrique V da ficção. Nas dez peças históricas de Shakespeare, Henrique V é o governante que mais deveríamos admirar. Basta dar uma olhada nos outros: Shakespeare apresenta o rei João como ilegítimo e homicida, Ricardo II como um tirano, Henrique IV como um frio usurpador, Henrique VI como jovem e inexperiente e Ricardo III como um bobo da Igreja. Portanto, atacar Henrique V é o mesmo que atacar a própria possibilidade de um poder supremo justo.

Gostaria de firmar que Shakespeare endossou esse ataque. Embora existam personagens shakespearianos que defendem a justiça de maneira absoluta, eles geralmente são secundários e intersticiais – Escalo em *Medida*, os nobres venezianos em *Otelo* ou o criado anônimo que se levanta contra Cornwall em *Lear*. Na *Henríada*, esse personagem é o Grande Chefe. Existe uma razão para que Shakespeare o retire rapidamente de cena – ele é puro demais para o mundo político que se abre ao seu redor. Shakespeare mostrou-nos como um líder astuto conquista o poder, e parte dessa estratégia é não se submeter a uma única fonte de autoridade, mesmo – ou talvez especialmente – a um poço de virtude. Ao agir assim, o Bardo deixou-nos com a percepção perturbadora de que o governante justo talvez seja mais singular do que raro, e quem sabe mais irreal do que singular. Tanto naquela época como nos dias de hoje, o poder supremo é basicamente impuro.

Capítulo Seis

NATUREZA

Macbeth

Macbeth GOZA DE UMA NOTÁVEL REPUTAÇÃO NÃO SOMENTE entre as peças de Shakespeare, mas entre *todas* as peças. Como observa o historiador do teatro Richard Huggett: "Existe uma superstição tão antiga, tão absorvente, que praticamente todo o mundo do teatro acredita nela, não importa quão cínica, materialista ou durona a pessoa seja."[1] A superstição é que *Macbeth* é uma peça amaldiçoada. Uma longa história de mortes, acidentes, problemas técnicos e apresentações desastrosas tem sido citada para confirmar a existência da maldição. Os atores evitam dizer "Macbeth" ou citar falas da peça fora do ensaio ou durante a apresentação, referindo-se a ela como a "peça escocesa", e a seus protagonistas como "Sr. e Sra. M". Eles geralmente se recusam a usar um manto ou um elmo se ficam sabendo que ele foi usado numa montagem *daquela* peça. Na época em que as companhias

---

[1] Richard Huggett, *Supernatural on Stage* (Nova York, Taplinger, 1975), p. 153.

de repertório viajavam em turnê, quando acessórios e cenários eram usados em diferentes peças, os móveis, figurinos e cenários de *Macbeth* eram cuidadosamente mantidos à parte.

Para aqueles que se esquecem e cometem um lapso, existem rituais especiais de purificação. Se um ator diz a palavra "Macbeth" ou uma fala da peça, ele deve "sair do camarim, dar três voltas, cuspir, bater na porta três vezes e implorar humildemente para ser readmitido"[2]. Ou então o ator pode citar uma de duas falas de Shakespeare. A primeira é "Anjos do céu, correi em nosso auxílio!" (*Hamlet*, 1.4.39), que Hamlet profere para se proteger do fantasma do pai. A outra é a fala de Lourenço d'*O mercador*: "Formosos pensamentos e felizes horas vos acompanhem" (*O mercador*, 4.4.41). Embora não tão pertinente, ela se vale da reputação geral[3] que essa peça tem de que dá sorte.

Considerando esse histórico, fiquei impressionado, ao reler *Macbeth*, como a peça é estranhamente reconfortante no que diz respeito à justiça do universo. A inegável maldade dos Macbeths, que deixam um rastro negro atrás de si, desaparece no final da peça. Eles morrem infelizes; Malcolm, o filho de Duncan de virginal pureza, assume o trono, e a parte favorável da profecia das feiticeiras – que o virtuoso descendente de Banquo irá reivindicar a coroa – cumpre-se com criatividade no vigilante rei James I, para quem a peça foi escrita.

E o mais importante é que, na peça, o mal muitas vezes parece pedir "logicamente" sua própria punição. No primeiro ato, Macbeth quase decide poupar Duncan porque teme as "sentenças sanguinárias que, uma vez aprendidas, em tormento / se viram do inventor" (1.7.9-10). Ele prossegue: "Essa justiça serena e equilibrada / a nossos lábios / apresenta o conteúdo envenenado da taça que nós mesmos preparáramos" (1.7.10-12). Lady Macbeth convence-o a abandonar essa crença, mas apresenta-a como autêntica no final da peça. Quando observa a atormentada e sonâmbula Lady Macbeth, o médico dá o

---

[2] Ibid., p. 154.
[3] Marjorie Garber, *Shakespeare After All*, p. 537.

diagnóstico: "feitos contra a natureza / sempre engendram consequências doentias" (5.1.68-69). Se a peça tem uma moral, é esta.

O *mercador* e *Macbeth* combinam não apenas porque *O mercador* é considerada uma peça auspiciosa e *Macbeth* uma peça agourenta, mas também porque *O mercador* não é tão auspiciosa e *Macbeth* não é tão agourenta como cada uma delas parece. Geralmente se diz que *O mercador* é uma "comédia problemática" porque seu final feliz é maculado com complicações embaraçosas. *Macbeth* é o oposto – pode-se dizer que é uma "tragédia que acaba bem". As mortes do "carniceiro e sua diabólica Rainha" (5.9.35) são caracterizadas não apenas como justas, mas como a consequência inevitável de seus crimes. Chamarei essa crença no universo autorregulado de "justiça natural"[4]. De acordo com a "justiça natural", as leis morais são tão indestrutíveis como as leis físicas – a lei humana é tão incontornável como a lei da gravidade. Essa característica dá uma feição otimista a uma das peças mais sanguinárias de Shakespeare.

Não devemos, no entanto, aceitar o consolo que *Macbeth* oferece, porque a justiça natural não existe no mundo real. Embora arte e natureza sejam geralmente consideradas termos opostos, a justiça ideal é mais parecida com a justiça natural do que qualquer uma delas é parecida com a justiça real. As punições perfeitas do *Inferno* de Dante, em que os adivinhos têm a cabeça virada para trás, ou em que os raivosos lutam entre si, por exemplo, nunca poderiam ser alcançadas no mundo em que vivemos.

---

[4] Enfatizo que não estou dizendo que "justiça natural" seja o mesmo que "Direito natural". O vigor com que o teórico do Direito natural John Finnis faz essa distinção é útil: "Os teóricos que descrevem sua teoria do bem e do mal e do certo e do errado como uma 'teoria do Direito natural' não estão comprometidos com a afirmação de que as proposições normativas que eles defendem são 'derivadas da natureza', 'lidas' ou 'examinadas na natureza das coisas'. Os teóricos do Direito natural estão ainda menos comprometidos com a alegação de que as proposições normativas que eles defendem encontram-se numa relação definida com – ou são garantidas pelas – 'leis da natureza', no sentido das regularidades observadas e dos fatores explicativos acrescentados pelas 'ciências naturais'." John Finnis, "Natural Law", em *Routledge Encyclopedia of Philosophy*, Edward Craig, org. (Londres, Routledge, 1998), I, p. 685.

Essa lacuna entre a justiça natural e a justiça real pode ser percebida na maneira extremamente ousada com que Shakespeare teve de alterar suas fontes históricas para criar o universo autorregulado de *Macbeth*. A principal fonte utilizada por Shakespeare[5] para escrever a peça foram as *Chronicles* [*Crônicas*] de Raphael Holinshed. Nas *Chronicles*, porém, a linha que divide os personagens "bons" dos "maus" é muito menos nítida. Além disso, as punições não se adaptam muito prontamente aos crimes. Um exame mais atento de *Macbeth* mostra que nosso desejo de acreditar na justiça natural no mundo real não passa disso – um desejo.

Numa época em que as pessoas são tão bem informadas, pode parecer desnecessário advertir que a justiça natural é uma falácia. No entanto, a crença num mundo autorregulado tem-se mostrado surpreendentemente resistente. Essa falácia levou Susan Sontag[6] a publicar *Illness as Metaphor* [*Doença como metáfora*] em 1978 enquanto lutava contra o câncer, indignada de que sua doença fosse tratada como uma punição por algo ofensivo que ela tivesse feito. O livro *When Bad Things Happen to Good People* [*Quando coisas ruins acontecem às pessoas boas*], de Harold Kushner, lançado em 1981[7], não teria se tornado um *best seller* se não tivesse desafiado de maneira tão eficaz o pressuposto subjacente de que coisas ruins só acontecem às pessoas ruins. Em 2001, Jerry Falwell responsabilizou "os pagãos, os defensores do aborto e as feministas"[8] pelos ataques do 11 de Setembro. Muitos de nós ainda vivemos sob o jugo desse pensamento mágico: qualquer coisa que se assemelhe a uma punição deve ter sido causada por um crime.

---

[5] David Bevington, "Shakespeare's Sources", em *Macbeth*, de William Shakespeare, David Bevington, org. (Nova York, Random House, 1988).

[6] Susan Sontag, *Illness as Metaphor* (Nova York, Farrar, Straus and Giroux, 1978).

[7] Harold Kushner, *When Bad Things Happen to Good People* (Nova York, Random House, 1981).

[8] Disponível em: <http://archives.cnn.com/2001/US/09/14/Falwell.apology/>. Falwell desculpou-se posteriormente por esse comentário. Ibid.

Na verdade, interpreto a aparente maldição que acompanha *Macbeth* como um exemplo duradouro da falácia. Como se convencionou dizer, a peça é amaldiçoada porque contém feitiços de verdade; invocá-los é um "ato inatural" que provoca "desgraças inaturais". A maldição é a sobrevida da moral da peça. Se respeitar as regras da maldição, você não será punido. Se desrespeitá-las, você será punido fora da peça de acordo com os mesmos princípios de justiça natural impostos aos personagens da peça.

A suposta maldição é uma inofensiva brincadeira de Halloween. Mas a crença que ela representa – a "falácia da justiça natural" – não é. A justiça não é um fenômeno natural, mas uma frágil conquista humana, e parece que precisamos ser constantemente lembrados dessa verdade simples. Ao postular que a peça é muito mais brilhante e o mundo muito mais sombrio do que parece que pensamos, pretendo oferecer tal lembrete.

A LEI DOS HOMENS e a lei divina não têm muito trabalho em *Macbeth*. Ninguém procura processar os Macbeths por seu crime, mesmo quando a culpa se torna evidente. Existe uma razão histórica para isso – o rei James I condenava todos os regicídios, mesmo quando o rei tivesse matado o rei para se tornar rei. Lady Macbeth pode defender o argumento da "imunidade do soberano" literalmente enquanto dorme: "Por que termos medo de que alguém o venha a saber, se ninguém poderá pedir contas a nosso poder?" (5.1.35-37). Ao assumir o poder, Lady Macbeth está confiante de que adquiriu, simultaneamente, a imunidade do soberano, escapando à possibilidade de que qualquer pessoa venha lhe pedir explicações por seus atos. Igualmente, quando Deus e os anjos são mencionados na peça, eles permanecem abstrações distantes. Em comparação, as feiticeiras "sobrenaturais" (1.3.130) – essas antíteses andróginas da natureza – estão vividamente presentes. Ao dar início à peça em meio a trovões e relâmpagos, elas criam sua própria atmosfera – literal e metaforicamente.

A justiça humana e a justiça divina retiram-se da peça para deixar o centro do palco à justiça natural. Cada ato repisa a palavra "natureza", que ocorre com insistente regularidade ao longo da tragédia mais curta de Shakespeare. No primeiro ato, Macbeth recebe uma advertência inicial de que as feiticeiras são más porque fazem o coração dele bater "contra o uso da natureza" (1.3.137); Lady Macbeth teme que Macbeth não vá assassinar Duncan porque sua "natureza" é "cheia de leite da bondade humana" (1.5.16-17); ela pede que lhe seja "tirado o sexo" (1.5.41), para que "batida alguma compungida da natureza" (1.5.45) venha a se interpor entre o plano homicida e sua realização. Devidamente convencido, Macbeth sente-se aliviado de que "a natureza parece morta" (2.1.50) e consegue matar Duncan, em parte porque Lady Macbeth drogou os guardas de Duncan, de tal forma que "a morte e a natureza neles lutam sobre se vão morrer ou ficar vivos" (2.2.7). A natureza, no entanto, está bem viva. Cada um dos cortes na cabeça de Duncan é como uma "brecha da natureza" (2.4.16), e a morte do soberano causa prodígios na "natureza" (2.4.16). Em razão de as feiticeiras terem profetizado que o descendente de Banquo assumirá o trono, Macbeth começa a temer a "natureza soberana" (3.1.49) de Banquo. Ele contrata dois assassinos, que deixam Banquo no fundo de uma vala "com vinte feridas na cabeça, / das quais uma qualquer já fora mais que suficiente para que estivesse morto pela natureza" (3.4.26). Porém, o fantasma de Banquo volta para assombrar Macbeth. Com o marido cada vez mais paranoico, Lady Macbeth diz que ele "carec[e] do que à natureza é grato: sono" (3.4.140). No quarto ato, Macbeth revela às feiticeiras que seu único desejo é "chegar ao termo da natureza até o alento extremo" (4.1.99). Isso também não vai acontecer. A própria Lady Macbeth só consegue dormir até certo ponto: seu sonambulismo é descrito como "uma grande perturbação da natureza" (5.1.9). Ela morre, supostamente por suas próprias mãos. Macbeth é derrotado por forças externas (nesse caso, a justiça humana desempenha seu papel), mas esses agentes humanos trazem os galhos da floresta de Birnam até ele, como se a natureza estivesse marchando na direção do castelo.

A definição de "natureza" muda ao longo da peça, significando fisiologia, temperamento, consciência, vida, forças físicas inanimadas, fauna e flora, ordem, personalidade ou estado normal. Embora os significados da palavra mudem, seu sentido permanece o mesmo. Na falta de anjos, a natureza está do lado deles.

A atuação da justiça natural fica bem evidente nos fenômenos extraordinários que acompanham a morte do rei Duncan. A natureza demonstra sua reprovação para uma população aterrorizada; o assassinato do bom rei Duncan por Macbeth faz que as trevas irrompam em pleno dia:

> ROSS
> O céu, como estás vendo, indignado com o jogo dos humanos,
> comina ameaças ao sanguíneo palco. Pelo relógio é dia;
> no entretanto, atrasa a lâmpada ambulante a noite caliginosa.
> É tão potente a noite? É a vergonha do dia que permite
> que a treva cubra o rosto, assim, da terra,
> a que beijar devera a luz radiosa?
>
> O VELHO
> É contra a natureza,
> tal como o ato que aqui foi perpetrado. Na passada terça-feira
> um falcão que se gloriava no remígio habitual,
> preado e morto foi por uma coruja caça-ratos.
> (2.4.5-13)

O diálogo apresenta duas imagens de seres inferiores suplantando os superiores – a Lua que obscurece o Sol e a coruja caça-ratos que mata o falcão real. A natureza inanimada não se manifesta apenas por meio do eclipse, mas também por meio de tempestades (2.3.53-55) e terremotos (2.3.59-60). O reino animal não se manifesta apenas por meio da morte do falcão, mas também por meio de outra "ave das trevas" que "durante toda a noite não deixou de piar" (2.3.58) e

– a imagem de que todos se lembram – por meio dos cavalos de Duncan, que "tornaram-se selvagens" (2.4.16) e "se devoraram mutuamente" (2.4.18).

A justiça natural também influencia os dois criminosos. O caso de Lady Macbeth é mais evidente. Preocupada que Macbeth tenha uma "natureza" bondosa demais, Lady Macbeth se coloca deliberadamente contra ela:

> Vinde, espíritos
> que os pensamentos espreitais de morte, tirai-me o sexo,
> cheia me deixando, da cabeça até os pés,
> da mais terrível crueldade! Espessai-me todo o sangue,
> obstruí os acessos da consciência,
> porque batida alguma compungida da natureza
> sacudir não venha minha hórrida vontade, promovendo acordo
> entre ela e o ato. Vinde ao feminino peito,
> e fel bebei por leite, auxiliares do crime,
> de onde as vossas substâncias incorpóreas sempre se acham
> à espreita de desgraças deste mundo. Vem, noite espessa,
> e embuça-te no manto dos vapores do inferno mais sombrios,
> porque as feridas meu punhal agudo não veja que fizer,
> nem o céu possa espreitar através do manto escuro
> e gritar: "Para! Para!"
> (1.5.40-54)

Nessa passagem encantada, Lady Macbeth usa os imperativos "Vinde... Vinde... Vem..." três vezes para convidar o mal a entrar em seu corpo. Com cada repetição, a ideia impensável de regicídio ganha força e especificidade. Após o primeiro "Vinde", suas referências são "ambíguas" (para usar uma palavra que ficou associada à peça). Os "espíritos que os pensamentos espreitais de *morte*" poderiam ser "espíritos que os pensamentos espreitais de *assassinato*" ou "espíritos que os pensamentos espreitais de *humanos*". Ela pede que esses espíritos impeçam qualquer interrupção "natural" entre intenção e gesto, mas deixa a proeza sem nome. Após o segundo "Vinde", os espíritos agora são "auxiliares do crime", um título que identifica o ato pretendido. Com o imperativo final "Vem", ela imagina o ato em si – o punhal agudo no escuro que "as feridas... não veja que fizer". Através desses versos, um desejo incipiente ganha corpo numa intenção específica de matar.

O feminismo moderno protege-nos, até certo ponto, do horror que um público do início da Idade Moderna teria sentido ao ouvir esse discurso. Implorar pela androginia teria sido visto como uma blasfêmia contra Deus e a natureza. Na primeira vez que Banquo encontra as feiticeiras na charneca, ele nota que elas são "assexuadas": "Quase vos tomara por mulheres; / no entanto, vossas barbas não me permitem / dar-vos esse nome" (1.3.45-47). Ao pedir que lhe tirem o sexo, Lady Macbeth está pedindo para ser transformada na quarta feiticeira, como Macbeth pode, ele próprio, se transformar no misterioso "terceiro assassino".

Inicialmente, a estratégia de Lady Macbeth parece dar certo. Ela convence o marido a superar seus escrúpulos mostrando a forma pela qual ela superou sua natureza feminina:

> Já amamentei e sei
> como é inefável amar a criança que meu leite mama;
> mas no momento em que me olhasse, rindo,
> o seio lhe tirara da boquinha desdentada,
> e a cabeça lhe partira, se tivesse jurado,
> como o havíeis em relação a isso.
> (1.7.54-59)

Lady Macbeth inspira horror não porque lhe faltem sentimentos "próprios" de seu gênero – ela sabe "como é inefável amar a criança que meu leite mama" –, mas porque ela é capaz de experimentar plenamente esses sentimentos e deixá-los de lado.

A recusa "inatural" de sua feminilidade destrói aos poucos Lady Macbeth. O moral do casal encontra-se numa gangorra: à medida que a confiança de Macbeth sobe, a de Lady Macbeth desce. Um exemplo decisivo é aquele relacionado ao sangue de Duncan. Horrorizado com as mãos manchadas de sangue após o assassinato, Macbeth pergunta: "Todo o oceano do potente Netuno poderia de tanto sangue / a mão deixar-me limpa? Não; antes minha mão faria / púrpura do mar universal, / tornando rubro o que em si mesmo é verde" (2.2.59-62). Lady Macbeth zomba, dizendo que "um pouco d'água nos limpa desse gesto" (2.2.66). No quinto ato, porém, enquanto Macbeth se prepara para a guerra, Lady Macbeth ecoa o marido, lamentando que "todo o perfume da Arábia não conseguiria deixar cheirosa esta mãozinha" (5.1.47-48).

Quando toma conhecimento da loucura da mulher, Macbeth pergunta ao médico: "Não podes encontrar nenhum remédio para um cérebro doente?" (5.3.40). Sua súplica por um tratamento psicanalítico ou psiquiátrico chega alguns séculos antes do tempo: o médico objeta que "para isso o doente / deve achar os meios" (5.3.45-46). No entanto, mesmo o pai da Psicanálise confessaria mais tarde ter ficado perplexo com o caso de Lady Macbeth. Num ensaio sobre[9] "aqueles arruinados pelo sucesso", Freud começa observando que a tese do trabalho psicanalítico é "que as pessoas ficam neuróticas por causa de uma *frustração*". Ele então adota a ideia "mais surpreendente que as pessoas adoecem justamente quando um desejo profundo e há muito acalentado torna-se realidade". Tomando Lady Macbeth como tal personalidade, ele aparenta estar confuso com seu caso. No entanto, oferece[10] um diagnóstico de acordo com as concepções da natureza da mulher vigentes na época de James I:

> Seria um exemplo perfeito de justiça ideal à maneira da lei de talião se a falta de filhos de Macbeth e a esterili-

---

[9] Sigmund Freud, *Some Character-Types Met with in Psychoanalytic Work* (1916), republicado em *The Standard Edition of the Complete Psychological Works of Sigmund Freud*, James Strachey, org. e trad. (Londres, Hogarth, 1955), 14, p. 316 (ênfase no original).

[10] Ibid., 14, pp. 321-2.

dade de Lady Macbeth representassem a punição por seus crimes contra a santidade da procriação... Creio que a doença de Lady Macbeth e a transformação de sua desumanidade em penitência poderiam ser explicadas claramente como uma reação à sua impossibilidade de ter filhos, por meio da qual ela é convencida de sua impotência contra os desígnios da natureza e, ao mesmo tempo, é lembrada de que é por meio de sua própria culpa que seu crime foi despojado da maioria de seus frutos.

No universo da peça, a esterilidade de Lady Macbeth deve ser um suposto efeito secundário do assassinato, uma vez que só se passa uma semana entre seu crime e o ato de contrição. (Nas fontes de pesquisa, o ritmo em que as coisas acontecem é mais elástico.) A lógica ainda se sustenta. Mal conquista a coroa, Lady Macbeth deseja deixá-la para sua posteridade. Como, em sua imaginação, ela se tornou incapaz de procriar ao dessexuar-se, esse desejo é frustrado. Fico surpreso que Freud pareça pensar que seu caso seja excepcional porque, de acordo com sua própria hipótese, Lady Macbeth representa o caso *habitual* destruído pela frustração. Finalmente, ela é completamente dominada pelos argumentos que superara momentaneamente.

A natureza também toma conta de Macbeth. Diferentemente da mulher, Macbeth é destruído, aparentemente, por forças externas: o filho de Duncan, Malcolm, e seus defensores ingleses. No entanto, os inimigos de Macbeth têm um aliado no próprio Macbeth. Muito antes que as forças comecem a se reunir contra ele, Macbeth percebe-se tão incapaz de dormir, tão atormentado pela consciência, que começa a invejar sua vítima. Pode-se dizer que ele é destruído de forma bem semelhante à de Lady Macbeth.

Macbeth obtém sua justa retribuição "natural" através da imaginação. Como observou Harold Bloom[11], o que caracteriza o persona-

---

[11] Harold Bloom, *Shakespeare: the Invention of the Human*, p. 535.

gem Macbeth é o poder de sua imaginação. Não é que ele simplesmente consegue imaginar-se rei (um passo natural para qualquer um que se encontrasse remotamente na linha de sucessão do trono), mas que ele tem visões concretas. Imediatamente antes de assassinar Duncan, Macbeth é levado a agir não por Lady Macbeth, mas por um punhal imaginário:

> Será um punhal que vejo em minha frente
> com o cabo a oferecer-se-me? Peguemo-lo.
> Não te apanhei ainda; no entretanto, vejo-te sempre.
> Não será sensível, visão funesta,
> ao tato como à vista? Ou de um
> punhal não passas, simplesmente, do pensamento, uma criação fictícia,
> procedente do cérebro escaldante?
> Vejo-te, no entanto, e tão palpável,
> como este que ora empunho.
> Mostras-me a estrada que seguir eu devo
> e o instrumento que a usar serei forçado.
> Se meus olhos joguetes não se mostram de meus outros sentidos,
> sobrepujam todos eles. Ainda te vejo,
> manchado o cabo e a lâmina de gotas de sangue
> que antes não estava neles. Não existe tal coisa;
> é o sanguinário projeto que a meus olhos
> toma forma. Em metade do mundo, neste instante,
> parece estar sem vida a natureza...
> (2.1.33-50)

Tomamos conhecimento aqui de uma transformação interna, expressa, uma vez mais, por meio de uma tripla repetição: "Vejo... Vejo... Vejo." Após o primeiro "Vejo", o punhal imaginário é simplesmente descrito; após o segundo, Macbeth confessa que ele o conduz aonde ele deseja ir; após o terceiro, ele imagina aquele desejo satisfeito por meio das "gotas de sangue" que mancham a lâmina e o cabo.

Em um mundo governado pela justiça natural, aqueles que vivem de acordo com o punhal da imaginação morrem por meio dele. Embora Macbeth assassine Duncan movido pela ambição, os assassinatos subsequentes que ele comete (ou manda outros cometer) são motivados por um desejo de segurança. O novo rei Macbeth não consegue parar de imaginar ameaças à sua coroa. Isso, uma vez mais, é um exercício habitual da imaginação, ao qual o "regicida razoável" seria suscetível. Porém, após ter providenciado a morte de Banquo, Macbeth tem uma visão tão idiossincrática quanto a do punhal – a do fantasma de Banquo. Diferentemente das feiticeiras, esse fantasma só aparece para Macbeth. A resposta de Macbeth seria comicamente lamuriante não fosse ela perpassada por uma angústia desesperada:

> Derramado muito sangue já foi, nos velhos tempos,
> antes que a humana lei limpado houvesse o mundo dos pagãos,
> sim, e até mesmo depois têm sido perpetrados crimes
> terríveis de se ouvir. Já houve tempo
> em que, saltado o cérebro, morria de vez alguém
> e... tudo estava feito. Mas os mortos, agora, se levantam
> com vinte fatais golpes na cabeça
> e de nossas cadeiras nos empurram. É mais estranho
> do que o próprio crime.
> (3.4.74-82)

A queixa de Macbeth é que desde tempos imemoriais as pessoas têm cometido assassinatos sem serem visitadas por fantasmas. A lei dos homens – o "estatuto humano" contra o homicídio – faz uma breve aparição aqui apenas para ser caracterizada como irrelevante. O que ele diz é que, tanto antes como após essa lei, têm-se cometido assassinatos sem que as vítimas retornem para assombrar seus assassinos. Seu protesto lembra os advogados de hoje falando em punição "cruel e incomum", pois sustenta que essa forma de punição – por meio de um fantasma – é mais incomum que o próprio homicídio: "É mais estranho do que o próprio crime." O que ele não compreende é que a punição por meio do fantasma é a punição adequada à sua própria "natureza".

Os contemporâneos de Shakespeare estavam intimamente familiarizados com o conceito de um universo autorregulado. Como demonstrou o estudioso de Literatura[12] Jeff Dolven, os "livros emblemáticos"* da era elisabetana mostravam crimes que geravam punições sem que houvesse intervenção humana. Uma cena mostra um assaltante sendo estrangulado pelo saco com o fruto do roubo que ele enrolou no pescoço; outra representa um assassino atacado por sua sombra no momento em que ergue a espada. *Macbeth* é, no fundo, uma versão dramática ampliada do emblema do assassino acossado por sua sombra. Assim como os livros emblemáticos, a peça transmite uma mensagem profundamente consoladora.

INFELIZMENTE, COMO a mensagem é falsa, assim é o consolo. Como se pode perceber no próprio caso de *Macbeth*, a vida real não funciona assim. Como a *Henríada*, *Macbeth* baseia-se na edição de 1587 das *Chronicles* de Holinshed. Porém, Duncan, Macbeth e Banquo são personagens mais complexos em Holinshed que em Shakespeare. Ele teve de modificar de maneira significativa as fontes para que a peça transmitisse sua mensagem de justiça natural.

Em Holinshed, Duncan é um rei muito menos simpático, mais jovem e, como o duque Vicêncio em *Medida por medida*, excessivamente leniente. Podemos encontrar alguns vestígios disso na peça de Shakespeare – afinal de contas, Macbeth é o principal responsável por sufocar uma revolta *civil* liderada por Macdonwald. Mas qualquer sinal desse tipo desaparece diante do panegírico que Macbeth faz a Duncan:

---

[12] Jeff Dolven, "Spencer's Sense of Poetic Justice", *Raritan* 21, n. 1 (2001).

* Trata-se de uma categoria de livros ilustrados publicados na Europa durante os séculos XVI e XVII, geralmente com finalidade didática. Traziam uma grande quantidade de imagens emblemáticas, acompanhadas de textos explicativos. (N. do T.)

Esse Duncan,
por fim, tem revelado tão brandas qualidades de regente,
seu alto ofício tem exercitado por maneira tão pura que suas
  claras virtudes
hão de reclamar, sem dúvida, contra
o crime infernal de sua morte.
(1.7.16-20)

Shakespeare inverte a interpretação da "brandura" de Duncan; ao transformar o jovem rei meigo em um rei santo mais velho, ele aumenta a culpa de Macbeth.

Se Duncan é menos simpático em Holinshed, Macbeth é mais. Nas *Chronicles*, Macbeth tem uma mágoa legítima de Duncan. Segundo as regras de sucessão apropriadas, Macbeth pode reivindicar realisticamente o direito de suceder Duncan até que um de seus filhos alcance a maioridade. Ao indicar prematuramente seu filho mais novo Malcolm como herdeiro legítimo, Duncan desconsidera essas regras. Por esse motivo, Holinshed descreve a tentativa de Macbeth[13] de assumir o trono como uma guerra entre dois clãs, em vez de uma usurpação descarada. Além disso, após subir ao trono, o Macbeth de Holinshed revela-se um bom governante durante dez anos. Somente quando essa década não produz nenhum herdeiro é que ele começa a temer a profecia relacionada à descendência de Banquo.

Quanto a Banquo, Holinshed descreve o guerreiro como um *cúmplice* de Macbeth. Como está registrado nas *Chronicles*: "Finalmente, então, comunicando seu propósito aos amigos de confiança, entre os quais o principal era Banquo, contando com a ajuda deles, ele assassinou o rei." Na versão de Shakespeare, Banquo recusa firmemente a indecente proposta conspiratória para participar no crime.

Algumas das modificações feitas por Shakespeare são imediatamente mais compreensíveis do que outras. Em razão de Banquo ser

---

[13] Kenneth Muir, introdução a *Macbeth*, de William Shakespeare, Kenneth Muir, org. (Londres, Arden Shakespeare, 1951), p. xxxviii.

(segundo a lenda) o ancestral do rei James I, Shakespeare tinha de absolvê-lo da cumplicidade. Não é recomendável descrever o ancestral de seu patrono como cúmplice de um homicídio. Mas as alterações nos retratos nuançados que Holinshed faz de Duncan e Macbeth ainda exigem uma explicação. E. M. Forster faz uma distinção[14] entre personagens "superficiais" e "profundos". Em outras peças, Shakespeare geralmente lança mão de personagens "superficiais" em seus materiais de pesquisa[15] e os transforma em personagens "mais profundos". Nesse caso, parece que ele fez o contrário, transformando Duncan e Macbeth em encarnações do bem e do mal. Mas por quê?

Em sua magnífica resposta, Stephen Greenblatt[16] interpreta a peça como uma resposta à Conspiração da Pólvora. Já em 1603, o nobre católico Robert Catesby havia organizado um complô para assassinar o rei James I. Catesby pertencia a um movimento conspiratório católico radical que acreditava que James havia quebrado a promessa de aumentar ainda mais a tolerância religiosa com relação aos católicos. No início de 1604, os conspiradores puseram em marcha um plano para aniquilar não somente James, mas todo o Parlamento. Para ter acesso ao porão do Parlamento, alugaram uma casa ao lado do edifício. De acordo com o historiador Alan Stewart[17], era sua própria tentativa de fazer uma "justiça ideal". Segundo o relato posterior do rei James, como o Parlamento era o lugar onde as "leis cruéis (como eles dizem) contra a religião deles eram feitas", eles consideravam adequado que "tanto o lugar como a pessoa deveriam ser destruídos e explodidos ao mesmo tempo". O complô foi descoberto em cima da hora – na noite anterior à abertura do Parlamento, funcionários encontraram o conspirador católico Guy Fawkes no porão do Parlamen-

---

[14] E. M. Forster, *Aspects of the Novel* (Orlando, Harcourt, 1927), pp. 67-8.

[15] Muir, introdução a *Macbeth*, David Bevington, pp. xxxvi.

[16] Stephen Greenblatt, *Will in the World: How Shakespeare Became Shakespeare* (Nova York, w.w.), p. 337.

[17] Alan Stewart, *The Cradle King: the Life of James VI & I, the First Monarch of a United Great Britain* (Nova York, St. Martin's, 2007), p. 219.

to com trinta e seis barris de pólvora. Embora o desmonte do complô tenha sido considerado providencial, o tamanho da ameaça ainda desafiava a imaginação. Se ele tivesse sido bem-sucedido, o país inteiro poderia ter sido lançado na anarquia.

Para Greenblatt, *Macbeth* é uma tentativa de afastar os temores criados pela Conspiração:

> Com *Macbeth*, Shakespeare parece ter decidido escrever uma peça que funcionaria como um ritual coletivo de retomada de confiança. Todos haviam sido profundamente abalados: o conjunto da elite governante, além do rei e de sua família, poderia ter sido feito em pedaços, o reino desmembrado e lançado no caos de uma destrutiva guerra religiosa. A encenação dos acontecimentos da Escócia do século XI – o assassinato traiçoeiro do rei, o colapso da ordem e da decência, a longa luta para arrancar o reino das mãos ensanguentadas dos traidores – permitiu que seu público do século XVII encarasse uma versão simbólica desse desastre e testemunhasse a triunfante restauração da ordem.

Embora indireta, a ligação entre *Macbeth* e a Conspiração da Pólvora é evidente. No segundo ato, o Porteiro finge ser o guardião das portas do inferno. Nessa posição, ele dá as boas-vindas ao "sujeito de língua equívoca, que poderia jurar em qualquer um dos pratos da balança, contra o outro prato, que cometeu bastantes traições por amor de Deus, mas não pode equivocar o céu" (2.3.9-11). O público da época do rei James I teria percebido que "o sujeito de língua equívoca" era uma alusão ao padre Henry Garnet, um jesuíta que, como confessor, estava a par da Conspiração da Pólvora. Embora não tenha participado da conspiração, foi acusado por sua omissão em revelá-la. Garnet defendeu sua decisão de acordo com a doutrina da reserva mental, que permitia que o clero deixasse de revelar assuntos que chegavam a seu conhecimento durante a confissão. A doutrina também era conhecida como doutrina da "equivocação". A defesa foi rejeitada e Garnet foi executado – ele não poderia "equivocar o céu".

Macbeth é, portanto, propaganda política. A peça bajula James de diversas maneiras – reconfortando o rei no que diz respeito a seus ancestrais, perdoando seu interesse pela feitiçaria e, acima de tudo, garantindo ao rei e à sua corte que os regicidas acabariam mal. Nas palavras de Huggett: "Há evidências de que, para agradar o patrono real, Shakespeare desviou-se de sua trajetória numa escala que jamais fora alcançada antes nem viria a ser alcançada depois."

O fato de a peça transcender seu contexto a torna perigosa. Não conheço nenhuma outra peça de propaganda política que tenha sido tão bem-sucedida em apagar os traços dos acontecimentos políticos que motivaram sua existência. Poucas pessoas leem *A cabana do Pai Tomás* sem pensar na Guerra Civil americana. Porém, muitos leem *Macbeth* sem pensar na Conspiração da Pólvora. Se todos os leitores soubessem que *Macbeth* foi escrita contra o pano de fundo da Conspiração da Pólvora, ficaria mais claro que Shakespeare não estava tentando afirmar que o bem era sempre recompensado e o mal sempre punido. No entanto, fora desse contexto, *Macbeth* pode ser lida como uma fábula moral.

Poderíamos pensar que, numa época esclarecida como a nossa, a mensagem de justiça natural de *Macbeth* não atingiria um público amplo. No entanto, o contrário é que parece ser verdade. De todas as peças de Shakespeare, só *Macbeth* é tida como amaldiçoada. A maldição serve de ponte através da qual a ideia de justiça natural transita do mundo da peça para o mundo real.

De acordo com o senso comum, a maldição deriva do uso que a peça faz de palavras mágicas reais. Como diz Huggett (de maneira um pouco fantástica):

> Shakespeare cresceu numa zona rural onde as pessoas viviam e praticavam a bruxaria, onde elas acreditavam em bruxas e em seus poderes, onde elas eram mergulhadas em tanques, torturadas, humilhadas e mortas com técnicas terríveis e indescritíveis... Ele teria ouvido falar de seus feitiços e palavras mágicas, uma vez que essa era a tradição viva do mundo rural no qual ele cresceu. Em seu anseio natural e louvável por autenticidade, ele foi um pouco longe demais... [A maldição do terceiro ato "Mais dores para a barrela, mais fogo para a panela"] foi tirada de um encantamento de magia negra real do qual ele certamente teria tomado conhecimento durante os anos em que viveu em Stratford.[18]

Segundo essa teoria, sempre que alguém invoca a peça, acaba invocando uma maldição real das feiticeiras. Na peça, o fantasma de Banquo só aparece quando Macbeth menciona seu nome na cena do banquete (com as palavras insinceras "Gostaria que Banquo estivesse aqui"). No mundo real, prevalece a mesma lógica – quando alguém menciona "Macbeth", Macbeth aparece.

Uma análise mais cuidadosa da maldição revela um caldeirão de preconceitos cognitivos. O maior problema com muitas histórias de maldição é que elas ignoram explicações alternativas. Meu exemplo favorito envolve Charlton Heston. Enquanto representava a peça[19] nas Bermudas num teatro a céu aberto, em 1953, Heston apareceu montado a cavalo na primeira cena com Banquo, desmontou do animal e saiu correndo do palco gemendo. Alguém mergulhara suas roupas no querosene, que tinha queimado gravemente as coxas e a virilha quando ele as esfregava no cavalo. Suponho que seja possível que esse "alguém" fosse um espírito demoníaco. Parece mais plausível que um mero mortal possa ter feito isso com Heston.

---

[18] Huggett, *Supernatural on Stage*, pp. 162-3.
[19] Ibid., p. 192.

Também não preciso da ajuda do sobrenatural para explicar por que Diana Wynyard caiu[20] de um palco de cinco metros de altura enquanto encenava a cena do sonambulismo de Lady Macbeth, numa montagem de 1948 em Stratford. Durante os ensaios com os figurinos, ela havia ensaiado a cena com os olhos abertos. Na noite de estreia, ela decidiu que os sonâmbulos *não* andam com os olhos abertos. (A propósito, muitos o fazem[21].) Ela pensou que conhecesse suficientemente bem a disposição do palco para apresentar a cena com os olhos fechados. Estava enganada.

Outra frágil evidência a respeito da maldição data de 1744. Naquele ano, David Garrick tentou aperfeiçoar a peça acrescentando uma cena de morte para Lady Macbeth. Segundo Huggett, Garrick acrescentou "alguns dos versos brancos mais ridiculamente absurdos da história do teatro":

> Está feito! A cena da minha vida em breve se encerrará!
> Ambições e sonhos ilusórios vãos partiram
> E agora eu desperto na escuridão da culpa.
> Não consigo suportá-la, deixem-me sacudi-la de mim.
> Não acontecerá, minh'alma está cheia de sangue.
> Não consigo me levantar! Não ouso pedir clemência.
> É tarde demais; o inferno me puxa para baixo. Afundo.
> Afundo. Afundo, minh'alma desapareceu para sempre. Oh!
> Oh![22]

Não se pode negar que é ruim. Mas será suficientemente ruim para sugerir uma maldição? Se eu fosse um subordinado do inferno, esperaria poder causar mais estrago do que isso.

Um problema particular com as histórias de "maldição" é que elas só levam em conta os resultados negativos. Como diz Marjorie Garber:

---

[20] Ibid., p. 180.

[21] Dennis Coon e John Mitterer, *Introduction to Psychology: Gateways to Mind and Behavior* (Belmont, Cengage Learning, 2008), p. 190.

[22] Huggett, *Supernatural on Stage*, p. 167.

Um exemplo clássico da ação da "maldição" envolve o diretor Orson Welles. Na verdade, Welles encenou duas célebres produções de *Macbeth*. A primeira, em 1936, ficou conhecida como "Macbeth Vodu". Foi apresentada no Lafayette Theater, no Harlem, e passava-se no Haiti. A produção do *Macbeth* de Welles fazia parte do Depression's Federal Theater Project [Projeto Teatral Federal da Depressão], tinha um elenco de mais de cem pessoas, todas negras, e foi um enorme sucesso. Quando, no final da peça, Hécate diz: "a maldição acabou", todos aplaudiram. Welles tinha somente vinte e um anos – e o espetáculo tornou-o famoso. Contudo, em 1948, Welles decidiu levar *Macbeth* para o cinema. Como seu objetivo fosse fazer o espetáculo o mais "autêntico" possível, ele insistiu que os personagens falassem com o verdadeiro sotaque escocês. O filme foi produzido com um orçamento reduzido e filmado em vinte e três dias; a trilha sonora dos diálogos foi pré-gravada, com sotaque escocês e tudo. O problema foi que, uma vez terminado o filme, o público não conseguia entender uma só palavra. Assim, o *Macbeth* de Welles foi relançado em 1950, redublando todas as falas dos atores com o sotaque da BBC. Uma história clássica de "maldição".[23]

Embora Garber não esteja defendendo a validade da "maldição" – que ela põe entre aspas de espanto –, ela dá a entender que essa história poderia ser interpretada de modo que apoiasse sua existência. Porém, as evidências são, no mínimo, "equívocas". No primeiro caso, *Macbeth* pôs Welles em destaque; no segundo, ela apresentou uma dificuldade grave, porém superável. No final, parece que a peça lhe trouxe sorte.

A mesma argumentação pode ser usada no que diz respeito à experiência de Laurence Olivier com *Macbeth*. Quando interpretou o

---

[23] Marjorie Garber, *Shakespeare and Modern Culture*, pp. 89-90.

papel-título[24] em 1937, Olivier escapou por pouco de morrer quando um bloco pesado caiu da bambolina bem em cima da cadeira em que ele estivera sentado. Caso se tratasse da montagem de uma peça "auspiciosa" como *O mercador*, os críticos provavelmente teriam dito que ele escapara de forma providencial.

Outro problema com as histórias de "maldição", contudo, é a confusão acerca do sentido da causação. Michael Knox Beran[25] descreve como Abraham Lincoln estava lendo *Macbeth* no vapor que descia o Potomac para Washington D.C. em abril de 1865. Seus companheiros de viagem perceberam que ele se demorou numa passagem específica:

> Duncan descansa no sepulcro;
> tranquilo dorme, agora, depois das convulsões febris da vida.
> A traição lhe fez tudo o que podia; a perfídia doméstica, o veneno,
> o aço, a invasão de fora, nada
> pode doravante atingi-lo.
> (3.2.22-26)

Dias depois, Lincoln estava morto. Os defensores da maldição acreditam que o fato de ele ter invocado *Macbeth* de alguma forma conduziu ao assassinato. Mas parece muito mais lógico supor que o medo de ser assassinado tenha direcionado a atenção do presidente para a peça. Beran observa que Lincoln[26] já relatara um pesadelo no qual ele seguia uma multidão até a Ala Leste da Casa Branca e, lá chegando, deparava com seu corpo jazendo em câmara ardente. É compreensível que um presidente com esse tipo de humor se detivesse no sono tranquilo do soberano assassinado descrito na sua peça favorita de Shakespeare.

---

[24] Huggett, *Supernatural on Stage*, p. 172.

[25] Michael Knox Beran, "Lincoln, *Macbeth*, and the Moral Imagination", *Humanitas* 11, n. 2 (1998), pp. 13-4.

[26] Ibid., p. 14.

Diversas explicações racionais foram apresentadas para justificar a "maldição". Algumas levantam a hipótese[27] de que as casas de espetáculo precárias davam preferência a *Macbeth* por ela ser uma peça muito popular. A fragilidade desses locais é que levara à encenação da peça, e não o contrário. Outros discordam categoricamente[28] de que o histórico das montagens de *Macbeth* contenha mais percalços do que o de outras peças com a mesma quantidade de ação no palco, como duelos e efeitos especiais. Outros ainda argumentam[29] que umas poucas experiências negativas fizeram que a peça ficasse marcada como maldita, e, então, o efeito propaganda fez o resto. Uma vez estabelecida a maldição, a pessoa que está pensando se mergulha ou não a malha de Heston no querosene pode resolver acrescentar mais uma página à história. Como diz Macbeth: "O mal reforça a ação mal começada" (3.2.55).

Creio que uma explicação racional suplementar para a "maldição" encontra-se em nosso profundo desejo de acreditar na justiça natural. Isso pode parecer contrário ao bom-senso, uma vez que a maldição implica forças sobrenaturais que escapam à intervenção humana. No entanto, a maldição propicia, sim, nossa intervenção. Podemos evitar a punição dizendo "a peça escocesa" em vez de "*Macbeth*", ou dizendo "Sr. e Sra. M." em vez de "os Macbeths". Na peça, as pessoas que fazem coisas ruins são inexoravelmente punidas. A maldição estende esse axioma para o mundo real.

Não quero bancar o desmancha-prazeres; a crença na maldição de *Macbeth* não causa nenhum prejuízo significativo. Mas concordar com a crença na justiça natural que sustenta tanto a peça como a maldição é algo extremamente prejudicial. A justiça natural é uma forma de justiça que só acontece na arte. Quando tornamos imprecisa a linha que separa a arte da vida, as consequências para a justiça podem ser desastrosas.

---

[27] David Segal, "Macshush! Theater Superstition Warns of Double Trouble if the Name Is Spoken", *Washington Post*, 13 jun. 2006.

[28] Ibid.

[29] Gabriel Egan, "Early Seventeenth-Century Origin of the Macbeth Superstition", *Notes and Queries* 49 (2002), p. 236.

ALGUMAS VEZES OS SERES HUMANOS diferenciam facilmente a ficção do fato. Outras vezes, não. Não é claro o que separa essas circunstâncias. Gostaria de comparar as profecias das feiticeiras com a maldição desse ponto de vista. Penso que a maioria das plateias que assiste a *Macbeth* compreende que as profecias das feiticeiras irão se cumprir, mas que a inexorabilidade dessas profecias é um prazer especial do palco que não pode ser levado para casa. Não acontece o mesmo com a maldição.

Na literatura, as profecias quase sempre se cumprem, embora geralmente de maneira inesperada. Se um oráculo diz que Édipo irá matar o pai e casar com a mãe, sabemos que a resistência de Laio é inútil. Só conheço uma profecia "literária"[30] que podemos dizer que não se cumpriu: a promessa de destruir Nínive que Deus fez a Jonas. A veemência com a qual os intérpretes do texto argumentam que a profecia *foi* cumprida (porque Nínive foi destruída e reerguida quando seu povo se arrependeu) serve apenas para ressaltar que, na literatura, precisamos que as profecias se tornem realidade.

As profecias de Shakespeare não constituem uma exceção a essa regra geral. Ao contrário, o oráculo de *O conto do inverno* oferece o mais rápido cumprimento de profecia que eu conheço. Nessa peça, o rei Leontes conclui, sem pensar, que sua mulher cometeu adultério com seu melhor amigo, Políxenes. O tribunal remete a questão para o oráculo em busca de uma resposta; este, sem deixar nenhuma sombra de dúvida, isenta Hermíone e ameaça que o único filho de Leontes morrerá se o rei não cair em si. Quando Leontes zomba, "Não há verdade alguma nesse oráculo" (*Conto do inverno*, 3.2.140), chegam notícias no verso seguinte que seu filho morrera. O concorrente mais próximo desse tipo de corroboração imediata encontra-se em *Macbeth*, em que as feiticeiras saúdam Macbeth como o "guerreiro de Cawdor" (*Macbeth*,

---

[30] Agradeço a Robert Ferguson por chamar-me a atenção para esse exemplo. Jn 3, 10 (versão Almeida, revista e atualizada, 2ª ed.). ("Viu Deus o que fizeram, como se converteram do seu mau caminho; e Deus se arrependeu do mal que tinha dito lhes faria e não o fez.")

1.3.49) imediatamente antes de ele ser acolhido como tal pelos mensageiros de Duncan.

O mais comum é que as profecias se cumpram gradualmente, e que a pessoa que está tentando escapar do inevitável perceba aos poucos a inutilidade de seus esforços. *Macbeth* também apresenta esse modelo. As feiticeiras garantem que Macbeth não será deposto a menos que duas condições aparentemente impossíveis sejam satisfeitas. Primeiro, "ninguém nascido de mulher / poderá, em nenhum tempo, fazer mal a Macbeth" (4.1.80-81); segundo, ele não será derrotado até que "o grande bosque de Birnam não subir contra ele / ao alto Dunsinane" (4.1.93-94). Macbeth sente-se bastante reconfortado com as promessas das feiticeiras. Parte desse conforto deve decorrer do fato de que as condições de sua queda são tão antinaturais que o devolvem para o lado da natureza.

Mas o público sabe que, de alguma forma, essas condições serão satisfeitas. Macbeth entende que a profecia diz "ninguém nascido de *mulher*" poderá lhe fazer mal. Enfatizar a antepenúltima palavra – "ninguém *nascido* de mulher" – significa ter uma visão mais precisa da ameaça, que "do ventre materno foi Macduff tirado antes do tempo" (5.7.15-16). Em outras palavras, Macduff não nasceu "naturalmente", mas por meio de uma cesariana. Uma vez enfatizada a palavra "nascido", podemos devolver um pouco da ênfase para a palavra "mulher". No tempo de Shakespeare, as parteiras podiam supervisionar os partos naturais; mas somente os cirurgiões – na época uma profissão reservada aos homens – podiam fazer a cesariana. Em razão de Macduff não ser "*nascido* de mulher", ele também não era (com relação à pessoa que supervisionava o nascimento) "nascido de *mulher*".

Pode-se fazer um comentário semelhante a respeito do final da profecia, que diz que Macbeth estará seguro enquanto "o bosque de Birnam" não subir até o alto Dunsinane. Macbeth interpreta "bosque" como sendo "floresta". Mas a aparição diz "madeira"*, querendo dizer que uma vara da floresta é que irá subir. A aparição que pronuncia

---

* "Wood", em inglês, significa tanto "madeira" como "floresta, bosque". (N. do T.)

essa fala é uma "criança coroada, com uma árvore na mão", e a coisa mais próxima que temos de uma criança coroada na peça é Malcolm, chamado de príncipe de Cumberland no primeiro ato. Ao reunir suas tropas do lado de fora do castelo, Malcolm diz aos soldados que marcham da floresta de Birnam para Dunsinane que carreguem galhos na frente deles para não revelar o seu número. No final, a natureza, na forma de uma floresta em marcha, move-se contra Macbeth.

O interesse literário das profecias é que elas sempre se cumprem, embora de maneira inesperada. Uma das coisas importantes que as obras literárias têm é que, nelas, as profecias podem se tornar realidade. Na literatura, as profecias representam *promessas* para o público. Na vida, não.

NUM IMPORTANTE ensaio de 1996, o advogado criminalista e professor de Direito Alan Dershowitz lembra que "a vida não é uma narrativa dramática"[31]. Ele começa observando como Anton Tchécov disse certa vez a um escritor que, "Se no primeiro capítulo você diz que existe uma arma pendurada na parede, no segundo ou no terceiro capítulo ela deve ser disparada, sem falta"[32]. Dershowitz argumenta que as narrativas literárias são guiadas pela premissa de que vivemos num universo que tem um propósito. Nesse universo, "dores no peito são seguidas por ataques cardíacos; tosses, pela tuberculose; apólices de seguro de vida, por assassinatos; o toque do telefone, por recados dramáticos"[33]. Na nossa vida real, porém, "a maioria das dores no peito deve-se à indigestão; as tosses indicam resfriados; as apólices de seguro são seguidas por anos e anos de pagamento das prestações; e as chamadas telefônicas vêm dos serviços de telemarketing"[34].

---

[31] Alan M. Dershowitz, "Life Is Not a Dramatic Narrative", em *Law's Stories: Narrative and Rhetoric in the Law*, Peter Brooks e Paul Gewirtz, orgs. (New Haven, Yale University Press, 1996), pp. 99-105.

[32] Ibid., p. 99.

[33] Ibid., p. 100.

[34] Ibid., pp. 100-1.

Ele argumenta que a lacuna[35] "entre as regras teleológicas do drama e da interpretação, de um lado, e as regras, em sua maioria aleatórias, da vida real, de outro, tem implicações extremamente importantes para o nosso sistema legal". Como advogado criminalista, Dershowitz está especialmente preocupado com o modo como os júris pressupõem – como se fosse um reflexo – que, se uma arma estava na parede, ela deve ter sido disparada. Seu argumento mais geral, porém, é que precisamos nos libertar do pressuposto de que vivemos num universo no qual tudo tem um sentido. Se não o fizermos, nos tornaremos agentes da injustiça e não da justiça.

É esse o perigo da falácia da justiça natural. Em obras de arte como *Macbeth*, a justiça é uma expressão da ordem natural do universo. Mas importar esse pressuposto para nossa vida diária significa um convite à complacência. Se tivermos certeza de que a justiça será feita, estaremos muito menos inclinados a agir.

Como advogado especializado em direitos civis, minha advertência favorita contra a falácia da "justiça natural" vem do nosso atual presidente. Ao reverenciar o aniversário da morte de Martin Luther King Jr., o presidente Obama citou um dos discursos mais célebres do dr. King:

> Quando os dias tornam-se sombrios e as nuvens da desesperança pairam sobre nós, quando as noites ficam mais escuras que a mais escura das meias-noites, lembremos que existe uma força criadora no universo agindo para demolir as gigantescas montanhas do mal, um poder que é capaz de achar uma saída onde não há saída e de transformar os tenebrosos dias do passado num radiante amanhã. Percebamos que, embora longo, o arco do universo moral inclina-se para o lado da justiça.[36]

---

[35] Ibid., p. 101.
[36] David Espo, "White House Hopefuls Pay Tribute to King", *Seattle Times*, 16 abr. 2008.

Essa citação vai na mesma linha da declaração de Malcolm em *Macbeth*: "Não há noite fria, por mais longa que seja, sem seu dia" (4.3.240). As imagens são naturais – as "montanhas do mal" são corroídas pela erosão, assim como os "tenebrosos dias do passado" são transformados num "radiante amanhã". Embora não exista nenhuma alusão à "justiça natural", as imagens indicam que ela prevalece.

O comentário do presidente Obama foi que não deveríamos interpretar o arco moral do universo como se ele fosse governado pelas leis inflexíveis da física. Como ele disse:

> Dr. King disse certa vez que, embora longo, o arco moral do universo inclina-se para o lado da justiça. Ele inclina-se para o lado da justiça, mas tem uma coisa: ele não se inclina por iniciativa própria. Ele inclina-se porque cada um de nós, do nosso próprio jeito, toma esse arco nas mãos e o inclina na direção da justiça.[37]

O presidente Obama estava advertindo a comunidade contra a falácia da justiça natural, instando-nos a perceber que o universo não iria se corrigir por iniciativa própria.

Em *Macbeth*, a personagem Hécate é considerada um acréscimo "infeliz" e possivelmente não autêntico à peça. Porém, numa peça cheia de falácias, ela parece verossímil. Ela orienta suas feiticeiras para que contem com a inércia do ser humano, nossa tendência preguiçosa de acreditar que o universo irá se inclinar para o lado da justiça sem a nossa ajuda. Precisamos que sua exultação maligna nos estimule: "Para os mortais a segurança / é o inimigo-mor, que jamais cansa" (3.5.32-33).

---

[37] Ibid.

Capítulo Sete

O Intelectual

Hamlet

Os intelectuais podem se regozijar de que o texto mais canônico de nossa criativa literatura ocidental apresenta como protagonista um membro da nossa tribo. O príncipe Hamlet é, inegavelmente, um intelectual, um estudante da Universidade de Wittenberg cuja "capa sombria" (1.2.77) envolve-o não somente de melancolia, mas de "palavras, palavras, palavras" (2.2.189). Ao mesmo tempo, justifica-se que fiquemos preocupados com o fato de muitos acreditarem que o intelectualismo de Hamlet o impede de fazer justiça.

A questão central de *Hamlet* é: por que o príncipe demora tanto para vingar o assassinato do pai? Psicanalistas, críticos literários e filósofos ofereceram suas respostas, muitas das quais refletem as explicações gerais que eles dão para a procrastinação. Seguindo o exemplo como especialista de Direito, sustento que a protelação de Hamlet decorre de um compromisso intelectual com a justiça perfeita. Confrontado com uma terrível injustiça, ele se vê obrigado a corrigi-la porque, como em *Tito Andrônico*, seu adversário controla o Estado. Não há dúvida de que Hamlet está em condições de corrigir a injustiça imediatamente. No entanto, ele espera o momento propício, porque não quer garantir apenas a justiça, e sim a justiça ideal. No que diz respeito a Cláudio, pode-se dizer que ele consegue essa justiça perfeita. Contudo, provoca tanto dano colateral durante o processo que, no final das contas, suas ações são injustificáveis.

Hamlet mostra por que as pessoas comprometidas com a justiça social frequentemente têm sentimentos ambivalentes em relação aos intelectuais. Por um lado, o distanciamento crítico que os intelectuais têm do mundo nos permite imaginar formas idealizadas de justiça. Por outro, quando nos apegamos de maneira exagerada a esses ideais, dissociamo-nos da realidade. Hamlet acrescenta uma camada à lição de *Macbeth*. Não se trata apenas do fato de que a justiça ideal não surge naturalmente; além disso, quando os seres humanos são perfeccionistas a respeito da justiça, corremos o risco de causar um enorme dano.

Hamlet BASEIA-SE NUMA tragédia de vingança escrita pelo dinamarquês Saxo Gramático no século XIII, retrabalhada pelo autor francês François de Belleforest em 1570 e reproduzida uma vez mais para os palcos ingleses por um autor desconhecido (possivelmente Shakespeare) no extraviado *Ur-Hamlet* da década de 1590. A versão de Shakespeare começa com o príncipe Hamlet da Dinamarca lamentando a perda de seu ilustre pai, também chamado Hamlet. Supõe-se que o rei Hamlet tenha morrido após ter sido picado por uma serpente enquanto dormia no jardim. Para piorar as coisas, Cláudio, tio do príncipe Hamlet, casou-se com a rainha Gertrudes menos de dois meses depois da morte de Hamlet pai. Ao fazê-lo, Cláudio ficou com a coroa que deveria ter sido passada a Hamlet. No início da peça, um fantasma parecido com o pai de Hamlet aparece a ele e a seu amigo Horácio. Declarando que Cláudio o assassinou, o fantasma encarrega o príncipe Hamlet de vingar sua morte.

Embora inicialmente concorde em fazê-lo, Hamlet começa a duvidar se o fantasma é realmente seu pai ou se é um espírito maligno enviado para tentá-lo. Ele decide encenar uma peça que reproduza o assassinato (a célebre peça-dentro-da-peça intitulada *A ratoeira*) para avaliar a reação de Cláudio. Quando este reage consternado, Hamlet se convence de que ele é culpado. Entretanto, a primeira oportunidade de vingança surge quando Cláudio está rezando sozinho em sua capela. Hamlet não o mata porque acredita que, se Cláudio for morto enquanto reza pedindo perdão, sua alma subirá diretamente ao céu. Mais tarde, durante uma conversa com a mãe, Hamlet toma conhecimento de que alguém os escuta escondido atrás de um arrás, ou tapeçaria. Acreditando tratar-se do rei, o príncipe puxa da espada e mata o conselheiro Polônio.

Percebendo a ameaça que Hamlet representa para ele, Cláudio o envia à Inglaterra sob a custódia de Rosencrantz e Guildenstern, dois dos amigos de infância do príncipe, com uma carta secreta ordenando sua morte. Hamlet reescreve a carta, exigindo que os dois antigos amigos sejam executados. Ele então regressa à Dinamarca, onde Ofélia – filha de Polônio e ex-amante de Hamlet – enlouqueceu de tristeza e cometeu suicídio. Laerte, irmão de Ofélia, começa uma revolta contra Cláudio, mas este consegue direcionar a fúria de Laerte contra Hamlet. O jovem desafia Hamlet para uma luta de esgrima. Embora supostamente se trate apenas de uma disputa esportiva, Cláudio e Laerte organizaram o duelo com propósito homicida: Cláudio envenenou a bebida de Hamlet e Laerte passou veneno na ponta de seu florete.

Durante a luta de esgrima, Gertrudes morre após beber da taça que era para ser de seu filho. Laerte e Hamlet ferem-se de morte com o espadim envenenado, que troca de mãos durante a disputa. À beira da morte, Hamlet finalmente mata Cláudio. Chegam notícias da Inglaterra dando conta de que Rosencrantz e Guildenstern foram executados de acordo com o plano de Hamlet. Horácio quer juntar-se ao moribundo Hamlet cometendo suicídio, mas Hamlet lhe pede que, em vez disso, ele viva e conte sua história. Fortimbrás, o príncipe da

Noruega, toma posse do reino, restabelecendo a ordem à custa da independência da Dinamarca.

A questão central da peça é: por que Hamlet retarda sua vingança? Como diz o crítico literário A. C. Bradley, "Mas por que Hamlet não obedeceu ao fantasma imediatamente, salvando assim sete das oito vidas?"[1] (As sete vidas, em ordem cronológica de falecimento, pertencem a Polônio, Ofélia, Rosencrantz, Guildenstern, Gertrudes, Laerte e Hamlet.) O psicanalista Ernest Jones chamou o mistério da protelação de Hamlet de "esfinge da Literatura moderna"[2].

Muitos tentaram resolver o enigma. Freud acredita que a protelação de Hamlet decorre de um complexo de Édipo: "Hamlet é capaz de fazer qualquer coisa – exceto vingar-se do homem que liquidou seu pai e assumiu o lugar do pai junto à sua mãe, o homem que lhe exibe, realizados, os desejos reprimidos de sua própria infância."[3] Goethe considera Hamlet sensível demais: "Uma natureza adorável, pura e extremamente virtuosa, sem a coragem que molda o herói, afunda sob o peso de uma responsabilidade que ele não consegue suportar e não pode descartar."[4] Para Nietzsche, trata-se de um niilista: "Nesse sentido, pode-se dizer que o homem dionisíaco se parece com Hamlet: ambos viram, por uma vez, a verdadeira natureza das coisas – eles *entenderam*, mas relutam em agir; pois sua ação não é capaz de modificar a natureza eterna das coisas."[5]

Como observa Marjorie Garber[6], os críticos identificam-se profundamente com Hamlet. (Suponho que isso se deva ao fato de os críticos

---

[1] A. C. Bradley, *Shakespearean Tragedy* (1904; Nova York, Barnes and Noble, 2005), p. 69.

[2] Ernest Jones, *Hamlet and Oedipus* (1949; Nova York, Norton, 1976), p. 22.

[3] Sigmund Freud, *The Interpretation of Dreams* (1900, republicado na *Standard Edition of the Complete Psychological Works of Sigmund Freud*), James Strachey, org. e trad. (Londres, Hogarth, 1955), 4, p. 265.

[4] Johann Wolfgang von Goethe, *Wilhelm Meister's Apprenticeship*, Thomas Carlyle, trad. (Londres, Oliver & Boyd, 1824), 2, p. 75.

[5] Friedrich Nietzsche, *The Birth of Tragedy* (1871; Stilwell, Digireads, 2007), p. 41.

[6] Marjorie Garber, *Shakespeare and Modern Culture*, p. 201.

serem, eles próprios, intelectuais.) Pela razão de nos vermos nele, vemos seus motivos de protelação como os nossos próprios motivos: Freud vê Édipo, Goethe vê seu próprio infeliz Werther e Nietzsche vê seu homem dionisíaco. Ao propor uma explicação influenciada por minha própria experiência profissional, não vejo motivo para divergir desses ilustres antecessores. Portanto, afirmo que a protelação de Hamlet pode ser mais bem explicada por meio de sua busca pela justiça perfeita. Não penso que Hamlet se demore por ter conflitos sexuais, por ser fraco ou por ser niilista; penso que ele adia sua vingança porque deseja que ela seja perfeita. Essa explicação justifica as protelações sem justificar os fins a que servem.

MEU ARGUMENTO INICIAL é que não existe uma protelação, mas duas. Elas ocorrem durante aquilo que um advogado processualista chamaria de fases do "estabelecimento da culpa" e da "definição da sentença" da ação da peça. Em primeiro lugar, Hamlet protela porque não tem certeza de que Cláudio é culpado. Esse é um período de aproximadamente dois meses, que vai da aparição do fantasma à encenação da peça-dentro-da-peça. Somente após *A ratoeira* é que Hamlet se convence da culpa de Cláudio. A segunda protelação é mais curta e mais significativa. É aquela em que Hamlet desiste da oportunidade de matar Cláudio enquanto ele está rezando na capela. Ambas podem ser explicadas pelo desejo de Hamlet de uma justiça perfeita.

Tudo começa com o fantasma. Stephen Greenblatt observa que "o fantasma de *Hamlet* não se parece com nenhum outro – não apenas em Shakespeare, mas em qualquer texto literário ou histórico... Ele não tem muitas falas – aparece em três cenas e só fala em duas –, mas é incrivelmente perturbador e esperto"[7]. Esses atributos ficam extremamente evidentes durante o primeiro discurso que o fantasma faz a Hamlet:

---

[7] Stephen Greenblatt, *Hamlet in Purgatory* (Princeton, Princeton University Press, 2001), p. 4.

> Sou a alma de teu pai,
> por algum tempo condenada a vagar durante a noite,
> e de dia a jejuar na chama ardente,
> até que as culpas todas praticadas em meus dias mortais
> sejam nas chamas, alfim, purificadas. Se eu pudesse
> revelar-te os segredos do meu cárcere,
> as menores palavras dessa história
> te rasgariam a alma; tornar-te-iam gelado o sangue juvenil;
> das órbitas fariam que saltassem, como estrelas, teus olhos;
> o penteado desfar-te-iam,
> pondo eriçados, hirtos os cabelos,
> como cerdas de iroso porco-espinho.
> Mas essa descrição da eternidade
> para ouvidos não é de carne e sangue.
> (1.5.9-22)

O fantasma está no purgatório, o lugar em que suas "culpas todas" são "purificadas" para que ele possa entrar no céu. O espírito diz que suas tormentas são horríveis, e acreditamos nele em parte porque ele as descreve como indescritíveis.

O fantasma não é apenas o objeto da punição, mas também seu agente. A ordem do fantasma geralmente é resumida como se segue: "Se algum dia amaste teu carinhoso pai... Vinga o seu assassinato estranho e torpe" (1.5.23, 25). No entanto, sua ordem é um bocado mais específica. O fantasma faz uma descrição meticulosa tanto do crime quanto da punição sugerida:

> Ao achar-me adormecido no meu jardim,
> na sesta cotidiana,
> teu tio se esgueirou por minhas horas de sossego,
> munido de um frasquinho de meimendro
> e no ouvido despejou-me
> o líquido leproso cujo efeito

> de tal modo se opõe ao sangue humano,
> que corre pelas portas e caminhos do corpo,
> tão veloz como o mercúrio,
> fazendo coagular com vigor súbito
> o sangue puro e fino, como leite
> quando o ácido o conturba. Assim, comigo:
> no mesmo instante impingens me nasceram,
> qual se eu fosse outro Lázaro, nojentas,
> pelo corpo macio.
> Adormecido, desta arte, me privou o irmão, a um tempo,
> da vida, da coroa e da rainha,
> morto na florescência dos pecados,
> sem óleos, confissão nem sacramentos,
> sem ter prestado contas, para o juízo enviado
> com o fardo dos meus erros.
> É horrível, sim, horrível, muito horrível!
> Se sentimento natural tiveres, não suportes tal coisa.
> Não consintas que o leito real da Dinamarca fique
> como catre de incesto e de luxúria.
> Contudo, se nesse ato te empenhares,
> não te manches. Que tua alma não conceba
> nada contra tua mãe; ao céu a entrega,
> e aos espinhos que o peito lhe compungem. Deles seja o castigo.
> E agora, adeus!
> Mostra-me o pirilampo da madrugada;
> já seu fogo inativo empalidece.
> Adeus, Hamlet! Lembra-te de mim.
> (1.5.59-91)

De acordo com esse relato, Cláudio verteu veneno nos ouvidos de Hamlet pai, coagulando seu sangue. Vertida em nossos ouvidos, a história contada pelo fantasma também coagula o sangue. O horror começa com a descrição dos efeitos físicos do veneno: como "tão veloz como o mercúrio" o "líquido leproso" moveu-se através "[d]as portas e caminhos do corpo". A fusão do corpo do rei e do corpo político, frequente em Shakespeare, surge aqui na comparação entre válvulas e veias com "portas e caminhos". O rei foi envenenado – sabemos agora por que existe "algo de podre no reino da Dinamarca" (1.4.90). No entanto, comparadas às consequências religiosas, as consequências fisiológicas do assassinato não significam nada. O fantasma vitupera o modo como ele foi "morto na florescência dos pecados, / sem óleos, confissão nem sacramentos". Privado dos derradeiros rituais, ele é mandado para o juízo final "com o fardo dos meus erros". As descrições da corrupção física e religiosa se fundem. O corpo transforma-se numa coisa repulsiva, como se os pecados do rei estivessem vindo à tona – "no mesmo instante impingens me nasceram, / qual se eu fosse outro Lázaro, nojentas, / pelo corpo macio".

Seguem-se três recomendações. Em primeiro lugar, "Não consintas que o leito real da Dinamarca fique / como catre de incesto e de luxúria." O príncipe Hamlet precisa matar Cláudio. Em segundo, "Contudo, se nesse ato [se] empenhar", Hamlet não deve "conceb[er] / nada contra [s]ua mãe." Finalmente, ele deve lembrar-se do pai: "Adeus, Hamlet! Lembra-te de mim." Hamlet concorda imediatamente com as ordens do fantasma – ele pede para ser esvaziado e transformado num puro instrumento de vingança.

Após refletir mais friamente, no entanto, o choque de Hamlet cede lugar ao ceticismo, resultando na primeira protelação. Esse ceticismo se justifica, especialmente no contexto histórico. Os fantasmas eram considerados instrumentos que o diabo utilizava para atrair as pessoas virtuosas para a perdição. Sir Thomas Browne escreveu em *Religio Medici* [*A religião de um médico*] (1643) que essas "aparições e fantasmas de pessoas mortas não são almas errantes de homens, mas procissões agitadas de demônios, incitando-nos e aconselhando-nos a praticar atos indecorosos, de vilania e ao derramamento de sangue"[8].

---

[8] Sir Thomas Browne, *Religio Medici* em *Religio Medici and Other Writings* (1643; Nova York, E. P. Dutton, 1951), p. 43.

Mais precisamente, como estudantes de Wittenberg – conhecida na época de Shakespeare como o bastião protestante de Martinho Lutero –, tanto Horácio como Hamlet provavelmente duvidariam de um fantasma que voltasse do purgatório católico. Horácio adverte Hamlet que o fantasma pode pretender "privá-[lo] da razão" (1.4.74). Mesmo quando aceita previamente as ordens do fantasma, Hamlet pondera onde situá-lo: "Legiões do céu... Invocarei o inferno?" (1.5.92-93). Após refletir, ele começa a considerar seriamente a última possibilidade: "Talvez que o espírito que eu vi / não passe do demônio, / que pode assumir formas atraentes" (2.2.533-35).

As dúvidas de Hamlet acerca do fantasma podem ser alimentadas pela aparente respeitabilidade de Cláudio. Nesse momento, nós, como Hamlet, não temos certeza de que Cláudio assassinou Hamlet pai. Político consumado, Cláudio aliou-se firmemente com a lei no maior número possível de acusações. Antes mesmo de conhecermos Cláudio, Horácio comenta que Hamlet pai e Fortimbrás pai lutaram por causa de um pedaço de terra. Quando Hamlet pai venceu o duelo, a terra que pertencia a Fortimbrás pai passou a Hamlet pai por meio de "um contrato selado / e sancionado pelas normas da nobreza" (1.1.85-86). No entanto, o filho de Fortimbrás procura agora reaver essa terra, tendo "[alistado]... uns tipos corajosos e sem terras" (1.1.97) para ajudá-lo. Parte da culpa cabe ao novo rei norueguês, que não supervisionou corretamente o príncipe Fortimbrás. Tanto na Noruega como na Dinamarca, a coroa passou do rei original para seu irmão, em vez de passar para o filho do rei. Portanto, o desconhecido rei da Noruega é o espelho de Cláudio na peça.

Cláudio é mais brilhante que sua contraparte, e é razoável dizer que se trata de um monarca astuto e competente. Ele percebe que Fortimbrás está procurando reaver "as terras / que seu pai perdeu na luta, conforme as condições estipuladas / com nosso bravo irmão. Sobre ele, basta" (1.2.23-25). Ele rejeita a legitimidade da reivindicação de Fortimbrás com a rudeza que uma reivindicação ilegítima merece. Como também intui que o acamado rei da Noruega não está a par do plano de Fortimbrás, ele envia mensageiros para o rei inválido, dizendo a eles que seu escopo é tratar somente "do que estiver previsto nas vossas instruções" (1.2.38). A sensação que surge aos poucos dessa cena é que Cláudio é um rei de verdade. Confrontado com as tentativas de Fortimbrás de desafiar a lei, não reage de maneira exagerada. Ele envia mensageiros para alertar o rei da Noruega que seu sobrinho está agindo fora da lei, e comunica aos mensageiros que eles próprios não devem fazer o mesmo.

É claro que Hamlet tem muitas críticas a fazer a Cláudio, incluindo seu casamento "apressado" e "incestuoso" com Gertrudes. No entanto, a rapidez do casamento também pode ser explicável em termos legais. Como observou o especialista em Direito J. Anthony Burton[9], Gertrudes tem motivos legais para sua "pressa pecaminosa". Segundo a lei eclesiástica vigente[10], a viúva recebia um dote, uma participação de um terço na propriedade imobiliária do falecido marido. Ela conservava sua parte até morrer, quando então a legava para o herdeiro masculino. Para dar-lhe tempo de se estabelecer em sua terça parte, ela recebia uma "quarentena", um período de quarenta dias durante o qual podia permanecer na propriedade do marido. Se fosse aplicada a lei inglesa do início da Era Moderna, Hamlet deveria ter herdado dois terços da terra de seu pai quando ele morreu. Contudo, se Gertrudes se casasse durante o período de quarenta dias, ela poderia ter reivindicado, de maneira mais razoável, a posse de todas as terras em conjunto com o novo marido.

A questão é saber se Gertrudes se casou durante o período decisivo de quarenta dias. De acordo com Hamlet, sim. Hamlet se queixa de que Gertrudes se casou quando seu pai estava "Morto há dois meses!" (1.2.138). No entanto, ele imediatamente se corrige: "Não, nem tanto... Dois?" (1.2.138). Mais tarde ele insiste três vezes no fato de que

---

[9] J. Anthony Burton, "An Unrecognized Theme in *Hamlet*: Lost Inheritance and Claudius's Marriage to Gertrude", *The Shakespeare Newsletter* 50 (2000-2001).

[10] Henry Ansgar Kelly, *The Matrimonial Trials of Henry VIII* (Palo Alto, Stanford University Press, 1976), p. 276.

se passou menos de um mês entre a morte de seu pai e o novo casamento de Gertrudes, observando que ele ocorreu "um mês depois" (1.2.145), "só um mês" (1.2.147), e, novamente, "um mês depois" (1.2.153). Se Gertrudes se casou um mês depois, ela o fez dentro do período de quarentena.

É claro que Cláudio pode ter usado a lei com o propósito nefando de deserdar Hamlet. Mas Cláudio parece amar Gertrudes de verdade, dizendo a Laerte que "de alma e corpo me sinto a ela tão preso" (4.7.15). Especialistas maldosos gostam de destacar que Cláudio e Gertrudes representam um dos poucos casamentos felizes em Shakespeare. Considerando que Cláudio e Gertrudes estão apaixonados, é provável que se casassem. E, tendo decidido se casar, também é compreensível que eles se casassem rapidamente, para tirar qualquer dúvida quanto ao direito de Cláudio ao trono e às terras da Dinamarca. A eliminação dessa dúvida não interessava somente a Cláudio, mas também à Dinamarca. Como é enfatizado inúmeras vezes na peça, o soberano não pode agir como um indivíduo privado. Como observa Rosencrantz: "O gemido do rei / sempre é geral, sempre é alarido" (3.3.22-23).

Um rei decente que estivesse na posição de Cláudio reconheceria as consequências que seu casamento teria sobre Hamlet. Cláudio age assim inúmeras vezes. A primeira vez que ele se dirige a Hamlet é dizendo "primo Hamlet, primo e filho..." (1.2.64). Logo em seguida, ele faz mais uma declaração pública clara quanto à condição de Hamlet como legítimo herdeiro: "Sim, que o mundo tome nota: o mais chegado és tu ao nosso trono" (1.2.108-09). Quando Hamlet diz a Rosencrantz: "Falta-me ser promovido" (3.2.331), Rosencrantz pergunta incrédulo: "Como é isso possível, se contais com a palavra do próprio rei de que o sucedereis no trono da Dinamarca?" (3.2.331-34).

É mais difícil para Cláudio escapar da outra acusação de Hamlet – que quem se casa com a viúva de seu irmão comete incesto. Na época de Shakespeare, essa acusação era comum. O rei Henrique VIII havia se casado com a viúva de seu irmão mais velho, Catarina de Aragão. Segundo a lei eclesiástica vigente, tais casamentos eram claramente proibidos como incestuosos. Como está em Levítico 18, 16: "A nudez da mulher de teu irmão não descobrirás; é a nudez de teu irmão."[11] E, mais adiante: "Se um homem tomar a mulher de seu irmão, imundícia é: descobriu a nudez de seu irmão; ficarão sem filhos."[12] Entretanto, o Deuteronômio menciona uma exceção a essa regra: "Se irmãos morarem juntos, e um deles morrer sem filhos, então, a mulher do que morreu não se casará com outro estranho, fora da família; seu cunhado a tomará, e a receberá por mulher."[13] Como Artur e Catarina não tinham filhos, Henrique conseguiu facilmente que o papa Júlio II o autorizasse a aplicar a exceção do Deuteronômio à regra do Levítico. Henrique podia argumentar que não só lhe era permitido casar-se com a viúva de seu irmão, mas, segundo aquilo que a lei mosaica denominava de "casamento levirato", ele era obrigado a fazê-lo.

Na verdade, o caso de Cláudio é facilmente distinguível do de Henrique VIII. O irmão de Cláudio deixou um filho, Hamlet; Cláudio não pode se beneficiar da exceção prevista no Deuteronômio. De fato, o especialista em Direito Jason Rosenblatt[14] argumentou que a tentativa de Cláudio de impingir seu casamento como legítimo contribui para a depressão de Hamlet, porque nega sua existência.

Isso não significa, contudo, que Cláudio tenha ultrapassado os limites da legalidade. Hamlet insiste quatro vezes durante a peça que o relacionamento entre Cláudio e Gertrudes é "incestuoso". No entanto, mesmo nas interdições bíblicas, o incesto entre indivíduos ligados diretamente pelo sangue era diferenciado do incesto entre indivíduos ligados unicamente por meio do casamento. Pode ser que Cláudio simplesmente tenha estado disposto a violar essa interdição

---

[11] Lv 18, 16 (trad. João Ferreira de Almeida, 2ª ed. rev. e atual., Sociedade Bíblica do Brasil, 1993).

[12] Lv 20, 21 (trad. João Ferreira de Almeida, 2ª ed. rev. e atual., Sociedade Bíblica do Brasil, 1993).

[13] Dt 25, 5-6 (trad. João Ferreira de Almeida, 2ª ed. rev. e atual., Sociedade Bíblica do Brasil, 1993).

[14] Jason Rosenblatt, "Aspects of the Incest Problem in *Hamlet*", *Shakespeare Quarterly* 29 (1978), pp. 349-64.

e sofrer as consequências. Essas consequências eram tanto a falta de filhos literal (se tomarmos o Deuteronômio ao pé da letra) como a falta de filhos metafórica (porque a punição normal por incesto incluía o abastardamento e a deserção dos filhos fruto dessa relação). Cláudio certamente parece conformado com a falta de filhos, porque Gertrudes provavelmente já passou da idade de engravidar. Além disso, ele acolhe Hamlet como filho e herdeiro. Portanto, as acusações de "incesto", embora tecnicamente verdadeiras, podem ser derrubadas na peça.

Dadas a aparente fidelidade de Cláudio à lei e a origem duvidosa do fantasma, Hamlet dispõe de uma prova bastante incompleta da culpa de Cláudio. Hamlet se conhece suficientemente bem para saber disso. Ele está preocupado que o diabo esteja se aproveitando dele por meio do fantasma: "Sim, talvez mesmo tencione perder-me, aproveitando-se de minha melancolia e pouca resistência, como sói proceder com tais espíritos" (2.2.535-38). Esse ceticismo é, de fato, típico de Hamlet, e dos intelectuais. Existe uma máxima entre a crítica shakespeariana que diz que, se Otelo e Hamlet tivessem trocado de peça, nenhuma teria sido uma tragédia. Hamlet, o homem da reflexão, teria percebido as intenções de Iago. Otelo, o homem da ação, teria matado Cláudio no primeiro ato. O crítico literário Maynard Mack afirma: "às vezes dizemos que Otelo no lugar de Hamlet não teria [tido] problema"[15]. Esse *insight*, no entanto, dificilmente representa uma acusação a Hamlet. Em sua própria peça, o temperamento de Otelo leva-o a confiar num demônio humano e a matar uma inocente.

Em vez de confiar no fantasma, Hamlet procura uma forma alternativa de determinar a culpa de Cláudio. Isso leva tempo, mas apenas porque a forma não se materializou. Quando os atores itinerantes chegam ao palácio, Hamlet rapidamente percebe que eles oferecem a solução:

---

[15] Maynard Mack, *Everybody's Shakespeare* (Lincoln, University of Nebraska Press, 1993), p. 107.

> Tenho ouvido dizer
> que os criminosos, quando assistem a representações,
> de tal maneira se comovem com a cena,
> que confessam na mesma hora
> em voz alta seus delitos,
> pois, embora sem língua, o crime fala
> por modo milagroso. Esses atores irão
> representar para meu tio
> a morte de meu pai. Hei de observar-lhe os olhos
> e sondar-lhe a alma até o fundo. Se empalidecer,
> conheço o meu caminho.
> (2.2.523-33)

A incerteza de Hamlet a respeito do fantasma reflete-se em sua afirmação de que o crime fala "embora sem língua". (O que é o fantasma senão a língua do assassinato?) Ao arquitetar o teste alternativo para determinar a culpa de Cláudio, Hamlet sana as deficiências do testemunho do fantasma. Em vez de negociar no sobrenatural, a peça vai apelar para a psicologia humana normal. Em vez de confiar numa conversa particular, a peça será encenada. Hamlet busca uma confissão pública *de facto* da parte de Cláudio: "E a peça é a coisa, eu sei, / com que a consciência hei de apanhar o rei" (2.2.539-40).

Do ponto de vista de Hamlet, *A ratoeira* é um estrondoso sucesso. Ele escrutina Cláudio para verificar se ele vai "empalidecer" (ou se assustar). A reação do rei vai muito além de simplesmente se encolher de medo. Após umas poucas falas, "o rei se levanta" (3.2.258) e, agitado, deixa a peça: "Tragam-me luzes! Vamo-nos embora!" (3.2.261). Hamlet exulta. Horácio não está tão seguro do sucesso d'*A ratoeira*, talvez porque, como observa o juiz Richard Posner[16], Hamlet anunciou publicamente que o assassino da peça é o sobrinho do rei. Cláudio, por-

---

[16] Richard A. Posner, *Law and Literature*, 3ª ed. (Cambridge, Mass., Harvard University Press, 2009), p. 112.

tanto, poderia ter sido inocente, mas ainda assim estava apavorado que seu sobrinho "louco" fosse matá-lo. Apesar de toda a suposta indecisão, desse momento em diante Hamlet nunca mais irá hesitar a respeito da culpa de Cláudio. Ele passou da fase da culpa para a fase da sentença do julgamento que ele próprio criou e só espera o momento certo de executar Cláudio.

Esse momento parece apresentar-se de imediato. Após *A ratoeira*, Cláudio vai rezar na capela, onde Hamlet o encontra sozinho e desarmado. Antes da entrada de Hamlet, Cláudio confessa sua culpa: "Está podre o meu crime; o céu já o sente. / A maldição primeira pôs-lhe o estigma: fratricida" (3.3.36-38). Esse é um momento decisivo, porque é a primeira vez que nós – o público e os leitores da peça – recebemos a "prova irrefutável" da confissão espontânea que Cláudio faz do assassinato. Afinal de contas, Hamlet chegou à conclusão correta.

A alusão é[17] à maldição de Deus sobre Caim por assassinar seu irmão, Abel. (A referência ao Gênesis corresponde à imagem edênica de Hamlet pai dormindo feliz no jardim até ser picado pela "serpente".) A sequência de ideias leva Cláudio a comparar a justiça humana com a divina. Primeiramente, ele reconhece que "nos processos corruptos deste mundo / pode a justiça ser desviada pela mão dourada do crime, / e muitas vezes o prêmio / compra a lei" (3.3.57-60). Ele fala por experiência própria; Cláudio assassinou o pai de Hamlet para ficar com a coroa. O "próprio prêmio" tornou-o imune à necessidade legal de prestar contas. Mais adiante na peça, ao ser ameaçado por Laerte, Cláudio descaradamente afirmará a imunidade do soberano, observando que, "de tal maneira o caráter divino ao rei protege, / que a traição mal espreita o que almejara" (4.5.123-24). Independentemente do modo como foi conquistada, a coroa mantém suas prerrogativas.

Cláudio reconhece, não obstante, que, após a morte, "[mas] não lá em cima, onde não valem manhas; / o processo não padece artifí-

---

[17] Gn 4, 11.

cios, / e até mesmo nos dentes e na fronte do delito / teremos de depor" (3.3.61-64). A ideia de que pode haver um direito contra a autoincriminação[18] já fora introduzida na época de Shakespeare, embora ainda não tivesse sido plenamente aceita pelos tribunais. Mas Cláudio sabe que, quando seu deus o chamar a prestar contas, não poderá reivindicar nenhum direito contra prova "obtida por meio da força".

Embora aparentemente descreva apenas a justiça onisciente do céu, Cláudio também está descrevendo o que acabou de acontecer com ele. Por meio d'*A ratoeira*, Hamlet "obrigou-o" a "entregar a prova" do crime. E isso, de maneira mais ampla, é o tipo de justiça que Hamlet procura conceder a Cláudio – a justiça celestial em vez da justiça terrena. Hamlet deixa isso claro quando, por acaso, se encontra com Cláudio rezando na capela. Ele saca a espada, mas, então, recusa-se a levar a cabo sua vingança:

> É propícia a ocasião; acha-se orando.
> Vou fazê-lo.
> *[Saca a espada.]*
> Desta arte, alcança o céu...
> E assim me vingaria? Em outros termos:
> mata um biltre a meu pai e
> eu, seu filho único, despacho esse mesmíssimo velhaco
> para o céu.
> É soldo e recompensa, não vingança.
> Assassinou meu pai, quando este estava pesado de alimentos,
> com seus crimes floridos como maio.
> O céu somente saberá qual o estado de suas contas;
> mas, de acordo com nossas presunções,
> não será bom. Direi que estou vingado,
> se o matar quando tem a alma expungida

---

[18] John H. Langbein, Renée Lettow Lerner, Bruce P. Smith, *History of the Common Law: The Development of Anglo-American Legal Institutions* (Nova York, Aspen Publishers, 2009), pp. 698-700.

e apta para fazer a grande viagem?
Não.
[Guarda a espada.]
Aguarda, espada, um golpe mais terrível,
no sono da embriaguez, ou em plena cólera,
nos prazeres do tálamo incestuoso,
no jogo, ao blasfemar, ou em qualquer ato
que o arraste à perdição.
Nessa hora, ataca-o; que para o céu vire ele os calcanhares,
quando a alma estiver negra como o inferno,
que é o seu destino.
(3.3.73-95)

Hamlet guarda a espada porque, se alguém é morto enquanto ora pedindo perdão, irá diretamente para o céu. Uma vez mais, nesse caso Otelo é o oposto de Hamlet. Antes de matar Desdêmona, ele não somente permite como a exorta a fazer sua derradeira oração: "não desejo trucidar-vos o espírito manchado. / Não, pelo céu! Não vos matarei a alma" (*Otelo*, 5.2.31-32). Em comparação, Hamlet não somente deseja executar Cláudio como também despachar sua alma para o inferno.

Os críticos têm considerado bárbara a atitude de Hamlet. Samuel Johnson achava que o discurso era "horrível demais para ser lido ou proferido"[19]; outros que são da mesma opinião geralmente acham o desempenho aceitável. No entanto, não deveríamos esperar nada menos do senso de justiça perfeita de Hamlet. Ao longo da peça, Hamlet faz uma clara distinção entre sua vida e sua alma, demonstrando um admirável desprezo pela primeira. Quando o advertem para não seguir o fantasma, Hamlet diz: "De que posso temer-me? / Minha vida? Não vale um alfinete. / Quanto à minha alma, em nada há de ofendê-la, / por ser algo imortal como ele próprio" (1.4.64-67). O célebre discurso

---

[19] Ann Thompson e Neil Taylor, comentários sobre *Hamlet*, de William Shakespeare, Ann Thompson e Neil Taylor, orgs. (Londres, Arden Shakespeare, 2006), p. 331.

de Hamlet "Ser ou não ser" é também uma reflexão sobre como seria racional o suicídio se a alma não sobrevivesse ao corpo. Assim, parece natural que Hamlet considerasse que tirar a vida de Cláudio não representava uma vingança suficiente. A justiça perfeita não exige apenas uma vida por uma vida, mas uma alma por uma alma. A exigência ganhou mais força porque, como resultado d'*A ratoeira*, Hamlet parece confiar plenamente no fantasma. Ele declarou que se encontra muito atormentado porque Cláudio surpreendeu-o "sem óleos, confissão nem sacramentos". Hamlet recorda assim essa queixa: "Assassinou meu pai, quando este estava pesado de alimentos". Cláudio precisa ser surpreendido da mesma maneira.

Também não podemos considerar a recusa de Hamlet de matar Cláudio na capela como uma simples desculpa para a inércia. Quando pensa que pode despachar Cláudio da maneira adequada, Hamlet age prontamente. Após a cena da capela, ele vai até o quarto de Gertrudes. Polônio está escondido atrás do arrás para escutar secretamente a conversa deles. Lembrando-se da ordem do pai para não ferir Gertrudes, Hamlet decide que "espadas, só na língua, sem que delas me valha" (3.2.386) contra ela. Porém, à medida que a conversa entre eles se torna acalorada, Gertrudes pensa que Hamlet pretende assassiná-la. Quando ela grita por socorro, Polônio agita-se por detrás do arrás e Hamlet golpeia-o mortalmente.

O assassinato de Polônio por Hamlet é caracterizado geralmente como um gesto impensado. Vejam Bradley: "Quando ele age, sua ação não deriva da deliberação e da análise, mas é repentina e impulsiva, despertada por uma energia que não lhe dá tempo de pensar."[20] Essa crítica do modo de agir de Hamlet também é a crítica de seu modo de pensar. Ela dá a entender que, por ser tão intelectualizado, Hamlet só é capaz de agir quando não tem a possibilidade de pensar, fazendo dele mais um homem que reage do que um homem que age. No entanto, embora naquele momento não esteja deliberando, Hamlet está agindo

---

[20] Bradley, *Shakespearean Tragedy*, p. 83.

a partir de uma deliberação *prévia*. Na cena da capela, ele diz que irá matar Cláudio quando estiver envolvido num "ato / que o arraste à perdição". Escutar secretamente a conversa dos outros pode ser caracterizado como um ato desse tipo. Dado que estamos no quarto da rainha, Hamlet pressupõe, sensatamente, que é Cláudio que está atrás do arrás. (Como ele diz, arrependido, ao constatar que se trata de Polônio: "Julguei que era o teu chefe" [3.4.30].) Portanto, Hamlet cumpre a promessa feita na capela – mas, infelizmente, contra o alvo errado.

Embora a punição seja nitidamente adequada ao crime, Hamlet não se limita a agir, mas também sente um prazer incontestável em fazê-lo. Depois de matar Polônio, ele diz a Gertrudes que sabe que Cláudio tem algum propósito sinistro ao mandá-lo para a Inglaterra com Rosencrantz e Guildenstern. Ele antegoza a oportunidade de voltar a traição de Cláudio contra ele:

> Há de ser engraçado ver a bomba
> fazer saltar o autor. Por mais difícil
> que seja, hei de cavar mais fundo ainda,
> para jogá-los do alto. Como é belo
> ver a astúcia vencer a própria astúcia!
> (3.4.204-08)

A metáfora refere-se a minas terrestres – "ver a bomba / fazer saltar o autor" é o engenheiro feito em pedaços por sua própria bomba. Hamlet diverte-se com seu plano em defesa da justiça perfeita, que ele, então, executa calmamente. Rosencrantz e Guildenstern recebem a incumbência de dizer ao rei inglês para matar Hamlet. Hamlet troca seu nome pelos deles, e eles são devidamente executados.

No último ato da peça Hamlet consegue sua vingança perfeita, embora pagando um preço alto. Quando a peça termina, corpos caem como folhas. Gertrudes bebe da taça envenenada que deveria ser de Hamlet e Laerte e Hamlet ferem-se mutuamente com o florete envenenado. Quando se dá conta de que ambos estão mortalmente feridos,

Laerte confessa que acabou provando do próprio veneno: "fui vítima de minha felonia" (5.2.292). Ele diz a Hamlet que "[ele] não [tem] nem meia hora de vida" (5.2.300) e que "o rei... É ele o culpado" (5.2.305).

Hamlet destrói Cláudio de maneira semelhante. Ele "machuca" o rei com seu florete, garantindo, com isso, que o rei irá morrer da mesma forma que ele. Os lordes gritam "Traição! Traição!" (5.2.307), mas eles pouco podem fazer, uma vez que o próprio Hamlet deixará este mundo em breve. Cláudio é ignominioso até o fim: "Amigos, defendei-me! Estou apenas ferido" (5.2.308). Ao obrigar o rei a beber do cálice envenenado, Hamlet assegura que estas sejam suas últimas palavras: "Incestuoso assassino. Dinamarquês maldito, bebe, bebe tua parte, também. Contém tua união? / Segue, segue minha mãe *[O rei morre.]*" (5.2.309-11).

Ao forçar o rei a beber, Hamlet aperfeiçoa sua vingança de várias maneiras. Para começar, Hamlet garante que o rei irá morrer. O rei havia planejado a "união", ou pérola, envenenada, uma saída no caso de o florete envenenado de Laerte não funcionar. Após o rei afirmar que está apenas ferido, Hamlet também a utiliza como garantia. Ao fazê-lo "seguir" Gertrudes de acordo com sua "união" com ela, Hamlet também faz uma justiça simbólica à sua mãe, obrigando o rei a morrer da forma pela qual ela morreu. Além do mais, ao fazer Cláudio beber, ele evita que o rei fale. Hamlet surpreende Cláudio do mesmo modo que Cláudio surpreendeu seu pai, impedindo-o de fazer suas orações. Aqui Hamlet funde-se com o pai, já que ambos agora são fantasmas que pairam no limiar entre a vida e a morte. Nesse momento, Hamlet controla tanto o ser como o não ser.

Vista de qualquer uma dessas perspectivas, a punição que Hamlet aplica a Cláudio constitui uma justiça perfeita. Portanto, Hazlitt não tem razão de dizer que, já que Hamlet "não consegue obter uma vingança perfeita, de acordo com a ideia mais refinada que seu desejo é capaz de imaginar, ele a recusa completamente"[21]. Como diz Laerte

---

[21] William Hazlitt, *Hazlitt's Criticism of Shakespeare: a Selection*, R. S. White, org. (Lewiston, Edward Mellen, 1996), p. 122.

logo antes de Cláudio morrer, "É justo! É justo! O veneno, ele mesmo o preparara" (5.2.312.13). No início de sua peça, Macbeth cisma: "Essa justiça serena e equilibrada / a nossos lábios apresenta / o conteúdo envenenado da taça que nós mesmos preparáramos" (*Macbeth*, 1.7.10-12). Nesse momento, essa metáfora torna-se literal.

É ARRISCADO discordar de Freud, Goethe e Nietzsche ao mesmo tempo. Porém, todas as explicações que eles dão para as protelações de Hamlet parecem menos plausíveis do que aquela apresentada aqui. Contrariamente a Freud, não vejo muita evidência de que Hamlet tenha um complexo de Édipo particularmente acentuado. Cláudio é considerado "incestuoso" porque se casou com a viúva de seu irmão. Portanto, embora a peça faça inúmeras alusões ao incesto, ela se refere sempre ao incesto fraternal em vez do incesto entre pais e filhos associado ao complexo de Édipo.

Parece-me ainda menos evidente que Hamlet seja fraco ou niilista. Um homem fraco não teria sido capaz de agir contra Polônio, Laerte ou Cláudio. A caminho da Inglaterra, Hamlet aborda um navio pirata de maneira que parece uma rematada fanfarronice. De modo semelhante, um homem niilista teria recebido com alegria sua iminente execução na Inglaterra. Num momento sombrio da peça, Hamlet diz que gostaria de morrer sem violar "a condenação do Eterno ao suicídio" (1.2.132). Ao recusar a oportunidade de ser morto sem cometer suicídio, ele demonstra que esse sentimento é temporário.

As protelações de Hamlet fazem mais sentido se forem vistas como parte da busca laboriosa de uma justiça perfeita. Primeiramente, Hamlet protela para confirmar a culpa de Cláudio. Em seguida, ele protela para garantir que foi completamente vingado. Na verdade, Hamlet demonstra um compromisso inabalável com sua forma ideal de justiça que reflete a força, e não a fraqueza, de sua determinação.

Apesar disso, não chego a aplaudir Hamlet. Como inúmeros intelectuais obcecados com uma ideia, ele não dá a mínima para suas consequências sobre os outros. As sete mortes que poderiam ter sido evitadas dão apenas uma pálida ideia da magnitude do mal que Hamlet causa. Sua crueldade com Ofélia é o principal exemplo – pelo menos nesse caso ele demonstra remorso junto ao seu túmulo. Em compensação, ele revela uma indiferença permanente com relação a Rosencrantz e Guildenstern, dizendo a Horácio que "remorso algum me vem por feito isso" (5.2.57). Do mesmo modo, após matar Polônio, ele deixa o conselheiro esvair-se em sangue no chão do quarto enquanto tem uma longa conversa com Gertrudes. Quando mais tarde lhe perguntam onde ele escondeu o cadáver, ele brinca sobre o modo como Polônio se encontra na ceia: "Não onde ele come, mas onde é comido" por "certa assembleia de vermes políticos" (4.3.19-20). Essa indiferença estende-se ao destino da Dinamarca. Os atos de Hamlet levam ao colapso do Estado, deixando-o nas mãos dos invasores noruegueses. O que vemos em Hamlet não é simplesmente um compromisso com o perfeccionismo moral, mas o custo ilimitado desse compromisso.

EM UM ENSAIO de 1931 intitulado "Direito e Literatura"[22], Benjamin Cardozo – que estava prestes a se tornar juiz da Suprema Corte – examina tanto a importância do idealismo como a importância de contê-lo. Cardozo observa que as dissidências tendem a ser mais idealistas que as opiniões majoritárias:

> A voz da maioria pode ser a da força triunfante, satisfeita com os aplausos do momento e pouco se importando com o amanhã. O dissidente fala voltado para o futuro, e sua voz assenta-se num código que será transmitido através dos anos. Leiam alguns dos grandes dissidentes, por exemplo, o juiz Curtis em *Dred Scott v. Sandford*, e

---

[22] Benjamin N. Cardozo, "Law and Literature", em *Law and Literature and Other Essays and Addresses* (Nova York, Harcourt, Brace, 1931).

sintam, após quase [um] século de distanciamento, a paixão e o fervor de uma crença que se contentava em esperar sua hora. O profeta e o mártir não veem a multidão vaiando. Seus olhos estão fixos na eternidade.[23]

Cardozo observa que as dissidências podem se dar ao luxo de ser mais idealistas porque elas não têm nenhuma força imediata no mundo. O dissidente, que já perdeu, pode externar um ideal de justiça para "a eternidade".

De modo inverso, um dos preços[24] do poder é que ele precisa ser mais cuidadoso: "O porta-voz do tribunal é cauteloso, tímido, receoso da linguagem viva e da frase saliente. Ele sonha com uma ninhada de filhos inconvenientes." O efeito coercitivo de suas palavras disciplina sua retórica: "O resultado é a cãibra e a paralisia. A pessoa teme dizer alguma coisa quando o risco de mal-entendido põe um dedo de advertência sobre os lábios."

Nesse caso, Cardozo intui corretamente uma relação inversa entre força e fantasia. A força coercitiva[25] de uma opinião majoritária causa restrições sobre o modo como seus autores podem exercitar a imaginação. Em compensação, como o dissidente não tem tais restrições, ele pode se envolver em processos imaginativos mais agressivos. Cardozo louva o valor dos dois gêneros. A opinião da dissidência é valiosa porque permite que um agente legal articule ideais de justiça num nível transparente de pureza para que futuras opiniões majoritárias os adotem, ou não. A opinião majoritária é valiosa porque ajusta esses ideais ao mundo em que vivemos.

O exemplo de Cardozo esclarece essa dinâmica. No caso de 1857 de *Dred Scott v. Sandford*[26], o juiz Benjamin Curtis discordou veemen-

---

[23] Ibid., p. 36.
[24] Ibid., p. 34.
[25] Ibid.
[26] To U.S. 393 (1857).

temente de uma opinião majoritária argumentando que, de acordo com a Constituição federal, os descendentes de escravos não eram cidadãos. Essa dissidência tornou-se mais tarde um ponto de partida para a aprovação da Décima Quarta Emenda[27] (1868), a origem do princípio de igualdade em nossa Constituição. No entanto, embora a Décima Quarta Emenda tenha anulado a maioria da *Dred Scott*, sua linguagem é muito mais sóbria do que a retórica arrojada da dissidência de Curtis.

Cardozo não se refere aos intelectuais nesse ensaio. Não obstante, ele capta algo importante sobre nós. A maioria dos intelectuais – acadêmicos, jornalistas, escritores, esse tipo de gente – geralmente se encontra na posição do dissidente. Não somos responsáveis pelas decisões, o que nos dá a liberdade para nos dedicarmos a voos de fantasia. No campo da justiça social, somos capazes de imaginar utopias.

O perigo surge quando nos falta autoconsciência para compreender que nossos ideais não passam disso – ideais. Para que eles se tornem úteis, é necessário que se proceda a uma tradução suplementar. Quando nós ou nossos acólitos procuramos impô-los em sua forma abstrata à sociedade, geralmente os resultados são desastrosos. Pensem na tradição das utopias literárias, que vem da *Utopia* de Sir Thomas Morus[28], passa por *Viagem a Icária* de Étienne Cabet[29] e vai até *Walden II* de B. F. Skinner[30]. Leitores socialistas franceses[31] de Cabet fundaram uma Icária de verdade nos Estados Unidos; discípulos de Skinner[32] criaram sociedades comunitárias moldadas em seu livro no México, na Virgínia e no Missouri. Como o crítico literário Northrop Frye

---

[27] Const. dos Estados Unidos, emenda XIV.

[28] Sir Thomas Morus, *Utopia*, Clarence H. Miller, trad. (New Haven, Yale University Press, 2001).

[29] Étienne Cabet, *Travels in Icaria*, Leslie Roberts, trad. (1840; Siracusa, Syracuse University Press, 2003).

[30] B. F. Skinner, *Walden Two* (Indianápolis, Hacket, 1948).

[31] Cabet, *Travels in Icaria*, xxviii-xlvii.

[32] Deborah E. Altus e Edward K. Morris, "B. F. Skinner's Utopian Vision: Behind and Beyond Walden Two", *Contemporary Justice Review* 267 (2004), p. 272.

causticamente observa, "Embora tenha havido uma ou duas tentativas de tomar as estruturas utópicas ao pé da letra tentando estabelecê-las como verdadeiras comunidades, a história dessas comunidades compõe uma versão melancólica."[33]

Esse é o erro de Hamlet. Ele agarra-se à sua concepção intelectual de justiça perfeita com extraordinária tenacidade, procurando impô-la ao mundo. Tamanha é a força de sua vontade que ele é capaz de agir assim com respeito a Cláudio, mas somente a um custo imenso para o mundo que o rodeia. Uma pessoa mais pragmática teria assassinado Cláudio secretamente na capela ou, alternativamente, como Laerte, teria liderado uma insurreição para assumir o controle do Estado. Hamlet, porém, deseja ter toda a liberdade de imaginação de uma dissidência sem nada da prudência de uma opinião majoritária. No fim, embora suas protelações sejam justificáveis, o fim a que elas servem não é. A justiça deficiente de Hamlet permanece como uma história admonitória para intelectuais na peça-fora-da-peça.

---

[33] Northrop Frye, "Varieties of Literary Utopias", em *Utopias and Utopian Thought*, Frank E. Manuel, org. (Boston, Beacon, 1965), pp. 25-6.

Capítulo Oito

O Louco

Rei Lear

Pode parecer que chegamos a uma situação difícil quando nos voltamos para o louco em busca de *insights* sobre justiça. Contudo, ao mostrar-nos como a loucura possibilita uma compreensão mais profunda não somente da justiça, mas de seus limites, o Lear de Shakespeare vai mais longe que Hamlet. *Lear* é sobre um rei que, após renunciar ao poder, sofre tão intensamente que fica louco. Ironicamente, embora essa loucura seja prejudicial à lei, ela pode ser necessária para a justiça. Somente ao abrir mão de se relacionar com a realidade é que Lear é capaz de perceber uma forma de justiça completamente purificada. Uma vez que ele a encontra, nunca mais volta à lei dos mortais. No entanto, como aponta o professor de Direito[1] Paul Kahn, mesmo esse movimento da lei dos mortais para a justiça imortal não

---

[1] Paul W. Kahn, *Law and Love: the Trials of King Lear* (New Haven, Yale University Press, 2000), p. x.

é suficiente. No final da peça, ele troca a justiça pelo amor. Dizem que no início da peça nós sabemos mais do que Lear, mas que no final da peça ele sabe mais do que nós; em algum lugar da charneca ele nos deixa para trás. Eu procuro saber o que ele sabe no momento de sua morte.

A AÇÃO TRÁGICA da peça deriva da "prova de amor" com as filhas na primeira cena. Críticos acusam Lear de diversos erros: por renunciar e dividir o reino antes de morrer, fazendo-o de acordo com o "teste de amor", e por não perceber qual das filhas o ama mais. Eu interpreto a cena de um modo mais simpático a Lear. Ele está tentando se livrar de uma difícil situação legal enquanto preserva o Estado de Direito. Interpretações tradicionais, que tendem a enxergar essa cena unicamente de uma perspectiva psicológica, são incapazes de compreender plenamente seu dilema.

O caso contra Lear tem início porque ele acredita que pode renunciar ao reino em vida e "nos arrastarmos para a morte, de qualquer fardo isentos" (1.1.40). Lear percebe que é – ou em breve será – incapaz de governar o país; já passou dos oitenta anos e deseja deixar o país a "mais jovens forças" (1.1.39). Uma questão fundamental é quando e como deve ocorrer a transferência de poder. Não posso dizer que a resposta de Lear seja incorreta.

Talvez ainda possamos culpá-lo pela divisão do reino. Em *Basilicon Doron*[2], o rei James I instava seu filho a que mantivesse unidos os três reinos da Bretanha (Inglaterra, Irlanda e Escócia), caso tivesse a felicidade de herdá-los todos:

> E se for da vontade de Deus prover-te de todos esses três reinos, faça de teu filho mais velho Isaque, deixando-lhe o conjunto de teus reinos; e provê os outros de proprie-

---

[2] Rei James VI e I, *Basilicon Doron*, em *Political Writings*, Johann P. Sommerville, org. (1599; Cambridge, Cambridge University Press, 1994), p. 42.

dades pessoais. Caso contrário, ao dividir teus reinos, tu
deixarás a semente da divisão e da discórdia entre a tua
posteridade; como sucedeu a esta ilha, pela divisão e
cessão dela para os três filhos de Brutus: Locrino, Abra-
macto e Cambris.

A alusão ao mítico rei Brutus, que repartiu a ilha entre os três filhos, remete à lendária Bretanha unificada, semelhante à de Lear. O Lear histórico reinou por volta do século IX a.C., muito antes de a conquista normanda introduzir a primogenitura (lei segundo a qual o filho mais velho herdava todo o conjunto de bens) na Inglaterra. No entanto, a lógica da primogenitura – que a divisão do reino levaria à guerra civil (pelo menos no curto prazo) – é trans-histórica. Interpretada de maneira contrária a essa lógica, a afirmação de Lear de que deseja "declarar publicamente / o dote de nossas filhas, para que a discórdia futura / fique obviada desde agora" (1.1.42-44) parece ingênua. Já no segundo ato, ouvimos rumores de "que é muito provável uma guerra entre / os duques de Cornualha e de Albânia" (2.1.11-12). Por volta do terceiro ato, Gloucester descreve com franqueza a "divisão entre os duques" (3.3.8-9).

Lear pode, não obstante, estar optando pelo mal menor. Mesmo na ausência de um preceito formal, a ordem de nascimento traz privilégios na peça. Na prova de amor, as filhas falam segundo essa ordem: Lear diz "Fale primeiro Goneril / a nossa filha mais velha" (1.1.53-54), enquanto deixa Cordélia para o final porque ela, "conquanto a última, não a menor" (1.1.83). Kent também acredita, inicialmente, que o rei favoreceu o consorte de Goneril em detrimento do de Regane. Se Lear não dividisse o reino entre suas filhas, Goneril ficaria com tudo. Certamente essa não é a solução correta.

De maneira sensata, Lear parece estar tentando dar o máximo de terra possível a Cordélia enquanto aplaca suas irmãs mais velhas. Sua intenção original (como ele lamenta após seu esquema dar errado) era "achar grato repouso / em seus carinhos" (1.1.123-24). Para sorte de

Lear, diferentemente do dinheiro, a terra é um bem único e, portanto, nunca pode ser dividida de maneira imparcial. Ele diz que vai dividir o país em terços; porém, embora dois desses terços sejam praticamente iguais, o último é mais "opulento" (1.1.86). Mesmo essa descrição é um eufemismo. Albany é o antigo nome das terras que se tornaram a Escócia, enquanto a Cornualha representa o sudoeste da Inglaterra e Gales. O resto da Bretanha que Lear deseja reservar para Cordélia é a parte do leão da Inglaterra.

Críticos ainda o acusam de impor a chamada prova de amor, por meio da qual ele, ostensivamente, adapta sua generosidade à demonstração de amor das filhas:

> Já que neste momento nos despimos do governo,
> não só, dos territórios e cuidados do Estado –
> ora dizei-me qual de vós mais amor nos tem deveras,
> porque alargar possamos nossa dádiva
> onde contende a natureza e o mérito.
> (1.1.49-53)

Lear é acusado de cometer o engano clássico de confundir amor com diplomacia. Embora ele se recuse a dividir o reino segundo a ordem de nascimento ("natureza"), ele deve permitir que essa omissão seja questionada com base em algum outro critério, como o "mérito". Naquela época, a devoção filial era uma das poucas formas que as filhas tinham de demonstrar seu mérito.

Mais importante, talvez, é que Lear só pretendia que o "teste de amor" desempenhasse um papel mínimo em seu esquema original. O que salta aos olhos de um advogado é que as terras já haviam sido divididas e atribuídas antes que qualquer filha dissesse uma só palavra. Nas primeiras falas da peça, ficamos sabendo que Gloucester viu os documentos de transferência que Lear preparou para os duques de Albânia e de Cornualha. Kent e Gloucester desconhecem os "desígnios mais recônditos" (1.1.35) de Lear – anunciados sem rodeios antes da prova de amor – de abdicar e entregar o restante das terras a Cordélia. Mas até as fronteiras desse território foram demarcadas. Como o rei declara antes de começar a cerimônia: "Ficai sabendo, assim, que dividimos / nosso reino em três partes" (1.1.36-37).

Então, não é tanto um teste de amor que essa cena contém, mas, antes, o mais importante desfecho de operação imobiliária da história da Inglaterra. Todo o trabalho preparatório foi feito – os territórios foram mapeados e alocados; aquele é simplesmente o evento em que o título publicamente muda de mão. Cada uma das filhas só precisa comparecer e fazer um discurso formal para demonstrar sua gratidão e – no caso de Cordélia – oferecer uma justificativa para o fato de ela, apesar de ser "a última e a menor", merecer o terço mais "opulento". Só quando dá tudo errado com a cerimônia é que ela se afasta de seu roteiro cuidadosamente coreografado.

A crítica mais forte a Lear refere-se à sua incapacidade de diferenciar entre as afirmações especiosas feitas por Goneril e Regane e a afirmação sincera feita por Cordélia. Mesmo essa crítica precisa ser relativizada; espera-se que *todos* esses discursos sejam formais. O gênero requer elogios exagerados – como os brindes que os filhos fazem na festa de comemoração pela aposentadoria do pai. Desrespeitar as convenções da cerimônia significa desrespeitar o pai; só um filho com um histórico familiar ou um temperamento estranho agiria assim.

Cordélia tem esse histórico familiar e esse temperamento. Uma forma habitual de defender Lear é demonizar Cordélia[3] – montagens recentes a transformaram numa esnobe ou num zero à esquerda. Isso também é um erro. Diferentemente de Lear, Cordélia compreende perfeitamente as irmãs: "Eu vos conheço, / mas como irmã não quero dar o nome / verdadeiro de vossas faltas todas" (1.1.271-73). Compreensivelmente, ela deseja se diferenciar o mais possível das irmãs. Estas se

---

[3] Em sua crítica da recente montagem da Broadway estrelada por Kevin Kline, Ben Brantley descreveu Cordélia como uma "ã, princesa afetada e mimada... [ela é] tão presunçosa que não se pode culpar Lear por deserdá-la". Ben Brantley, Theater Review, "Howl? Nay, Express His Lighter Purpose", *New York Times*, 8 mar. 2007.

dedicam apenas às aparências do amor; por isso, Cordélia evita essas aparências.

Vale a pena repetir as falas padronizadas de Goneril e Regane para mostrar quão radicalmente elas isolam Cordélia com sua retórica.

> GONERIL
> Senhor, amo-vos mais do que as palavras poderão exprimir,
> mais ternamente do que a visão, o espaço e a liberdade,
> muito mais do que tudo o que é prezado, raro ou valioso,
> tanto quanto a vida com saúde, beleza, honras e graça,
> como jamais amou filha nenhuma ou pai se viu amado;
> é amor que torna pobre o alento e o discurso balbuciante.
> Amo-vos para além de todo extremo.
> (1.1.55-61)

Essa fala está excepcionalmente sintonizada com a ocasião. Cordélia imediatamente reconhece que, agora, será mais difícil demonstrar seu próprio amor – "Cordélia que fará? Ama e se cala" (1.1.62).

> REGANE
> De igual metal que minha irmã sou feita,
> e pelo preço dela me avalio. No imo peito
> descubro que ela soube dar expressão ao meu amor sincero.
> Mas ficou muito aquém, pois inimiga
> me declaro de quantas alegrias
> se contentam na mui preciosa esfera dos sentidos tão só.
> Achei minha única felicidade
> na afeição de Vossa mui querida Grandeza.
> (1.1.69-76)

Regane encontrou aqui algo de novo para dizer. Ela acusa Goneril de "fic[ar] muito aquém", e de ser insincera mesmo quando vai até onde vai. A expressão de Regane "imo peito" contrasta implicitamente com "seu [da irmã] falso coração". Cordélia sente que seu apuro aumenta: "Então, coitada de Cordélia! / Contudo, nem por isso, pois estou certa de que meu afeto / mais rico é do que a língua" (1.1.77-79).

Quando chega a vez de Cordélia falar, sua resposta mais espontânea é dizer "Nada" (1.1.89). Se suas irmãs irão "falar em contrário ao próprio intento" (1.1.227), ela, que tem intento, não falará. Ao fazer tal escolha, ela revela a contradição que elas enunciam. A afirmação de Goneril de que seu amor é indescritível é uma descrição desse amor. Um amor verdadeiramente inefável não deveria ser acompanhado de palavras.

Será que Cordélia teria "participado da disputa" se soubesse o que estava em jogo? Acho que não. Os comentários que ela faz depois dos discursos das irmãs revelam claramente sua incapacidade de fazê-los. Muitos personagens de Shakespeare afirmam que são inarticulados para, em seguida, explodir de lirismo, como vimos com Otelo. Cordélia talvez seja o único personagem de Shakespeare que afirma que é inarticulada, e é. Ela prefere a ação às palavras, "pois o que fazer quero / já realizo, mesmo antes de falar" (1.1.227-28). Como recorda A. C. Bradley[4], Cordélia deixa-nos uma impressão indelével, embora fale pouco mais de duzentas frases na peça.

Não desejo minimizar a incapacidade de Lear de interpretar mal o amor de Cordélia, uma falta de percepção pela qual, de fato, o considero culpado. Porém, interpretações psicológicas dessa peça impediram interpretações políticas igualmente esclarecedoras. Quando encaramos a prova de amor não como um acontecimento legal *metafórico* (uma prova de amor), mas como um acontecimento legal *verdadeiro* (uma transferência de soberania), a conduta de Lear é mais compreensível.

Considero o esquema original de Lear defensável, até mesmo sensível. Ele percebe que é incapaz de governar e deseja transferir o máximo de poder possível para a filha favorita. Como ela também é a filha mais nova, ele precisa descobrir uma forma de lhe dar a parte do leão

---

[4] A. C. Bradley, *Shakespearean Tragedy*, p. 250.

sem parecer injusto com as irmãs mais velhas. Assim, ele inventa o "teste de amor", porque sabe que é ela que o ama mais.

Com a resposta que Cordélia dá na cerimônia pública, Lear não pode lhe deixar de herança sua parte com base no "mérito". Ele luta para inventar um esquema alternativo. Divide a terra destinada a Cordélia entre os maridos de Goneril e de Regane, jurando que vai dividir seu tempo entre as propriedades das filhas mais velhas. Ele desenvolve seu plano lívido de raiva, a raiva de um pai cujo coração foi partido. Mas também é a raiva de um soberano. A resposta de Cordélia traz consequências profundas não apenas para ele, mas para toda a Bretanha, que agora passa a Goneril e Regane por direito de sucessão.

Ao aceitar o resultado da prova de amor, Lear demonstra que ele próprio está sujeito à lei. Seu constrangimento pode ser percebido na conversa com Kent, que implora que ele se retrate:

KENT
Real Lear,
a quem como meu rei acatei sempre,
amei como a meu pai, acompanhei como a senhor
e a quem nas minhas preces tinha como padroeiro...

LEAR
O arco está armado; saia da frente da seta!

KENT
Não; dispara-a, embora a farpa
o coração me atinja. Descortês será Kent
se é louco Lear. Que estás fazendo, velho?
Acaso pensas que o dever tenha medo de falar,
quando o poder se abaixa até a lisonja? A honra obriga à
    franqueza,
quando tomba na loucura, assim tanto, a majestade. Anula o
    teu decreto,

e recorrendo aos teus mais ponderosos argumentos, reprime
logo essa medonha pressa. Minha vida em penhor do que te
    afirmo,
afeição inferior não te dedica tua terceira filha,
Nem tampouco sentirão menos as pessoas cuja voz grave
não ressoa no vazio.
(1.1.140-54)

É claro que Kent está certo: Cordélia "não ama [Lear] menos" simplesmente porque sua "voz grave não ressoa no vazio". No quinto ato, Lear vai apegar-se à característica "grave" da voz de Cordélia – sua calma – quando diz "a voz tinha sempre branda, / agradável e baixa, predicado na mulher de valor inestimável" (5.3.270-71).

Uma vez mais entendo, entretanto, por que Lear resiste. Kent quer que Lear mude de ideia. "Vê melhor, Lear" (1.1.159), adverte Kent, introduzindo a metáfora do olhar que permeia a peça. Mas não se trata de saber se Lear decidiu correta ou incorretamente; a questão é que Lear *decidiu*. Kent está tratando essa disputa como se Lear não estivesse sujeito ao procedimento legal. Ele quer que Lear "conserve seu Estado", embora ele já o tenha doado publicamente. Ele não desafia somente a autoridade de Lear, mas a autoridade do Estado de Direito. A veemência da resposta de Lear revela a afronta que isso representa para ele:

    Ouve-me, biltre! Por teu dever de vassalagem, ouve-me!
    Já que tentaste provocar a quebra de nosso voto –
    o que jamais fizemos – e com teimoso orgulho
    te meteste entre nossa sentença e nosso trono –
    o que não pode suportar a nossa natureza nem menos nosso
        posto –
    de pé nosso poder, toma tua paga:
    cinco dias te damos, porque possas
    contra os males do mundo premunir-te;

ao sexto voltarás o dorso odioso
a todo o nosso reino; e se no décimo
esse corpo banido for achado dentro de nossas terras,
esse instante será tua morte. Já daqui! Por Júpiter,
não haverá revogação agora.
(1.1.168-80)

Se Kent insiste com Lear para que "veja" melhor, Lear insiste com Kent para que "ouça" melhor – "Ouve-me, biltre! Por teu dever de vassalagem, ouve-me!" Lear está furioso porque Kent não ouviu o rei falar como um rei. Kent tentou fazer que o rei "quebra[sse] nosso voto – o que jamais fizemos". A palavra-chave é "fizemos", significando "ousamos". Lear não diz simplesmente que nunca quebrou sua palavra, mas também que nunca *ousou* fazer isso. Lear sente-se submetido a uma autoridade superior, a autoridade da lei. Ele comprometeu-se a distribuir as terras de acordo com uma demonstração pública de mérito por parte das filhas. Agora que Cordélia declinou de demonstrar seu "mérito", ele deve sujeitar-se a seu compromisso original.

Quebrar o elo entre a lei e suas consequências – "nossas sentenças e nosso poder" – significa atacar o próprio conceito de autoridade legal. Se alguém diz "Haja luz" e nenhuma luz se materializa, essa pessoa não é Deus. Da mesma forma, se alguém faz uma declaração legal – "que Cordélia seja banida" – e nenhum banimento acontece, tal pessoa não é um soberano. Lear é a suprema autoridade legal do Estado. Sua advertência para que Kent não se meta entre "nossa sentença e nosso trono" ecoa sua advertência anterior para que Kent "não se metesse entre o dragão e sua grande cólera" (1.1.123). Desde os tempos pré-cristãos, o dragão tem simbolizado o Estado britânico. Lear ordena que Kent não confunda o "velho" que ele vê com o Estado maior e mítico que Lear encarna. A punição de Kent por tentar desafiar uma sentença legal, que inclui o banimento de Cordélia, é que ele próprio está legalmente banido. Aqueles que resistem à lei são empurrados para fora de sua jurisdição, transformados literalmente em "foras da lei". E para impedir que Kent repita o erro de desafiar *aquela* decisão, Lear conclui: "não haverá revogação agora".

Vemos nessa cena um governante enraivecido e caprichoso incapaz, de muitas maneiras, de despertar nossa admiração. Mas também vemos um rei que respeita o Estado de Direito. Mesmo quando abomina o resultado, Lear submete-se ao procedimento legal com o qual ele próprio se comprometera. Lear acredita que a lei deve refrear o poder. Infelizmente para ele, suas filhas mais velhas não compartilham dessa opinião.

LEAR COMEÇA a perceber quem Goneril e Regane são de verdade quando briga com elas por causa dos cem cavaleiros que ele conserva para acompanhá-lo. Shakespeare aumenta o número de cavaleiros do séquito normal do rei, que deve ter chegado a cerca de doze, para o equivalente a um exército particular. Por essa razão, a ansiedade de Goneril e de Regane sobre como hospedá-los pode parecer plausível. Uma vez mais, no entanto, visto sob a ótica legal, esses cavaleiros representam mais do que números; os cem cavaleiros representam um direito legal.

Quando Lear transfere seus poderes a Albânia e Cornualha, ele conserva duas coisas: o título de rei e o direito a um séquito:

> Juntamente comigo vos invisto no meu poder,
> minhas prerrogativas e em todas as extensas dignidades
> que à majestade se unem. Nós, seguindo nisso o curso mensal
> e reservando cem cavaleiros,
> cujo encargo fica por vossa conta, nossa casa havemos
> de na vossa fazer por modo alterno. De rei, o nome
> apenas reteremos, com suas dignidades; mas o mando,
> a execução das leis, as rendas, tudo,
> caros filhos, é vosso.
>
> (1.1.131-37)

Lear deixa claros tanto a transferência de poderes quanto aquilo que reserva para si. (A versão da peça de Ian McKellen mostra uma escriba anotando furiosamente ambos enquanto Lear os entoa.) Os cavaleiros são seu vestígio legal de poder.

Após deixar a prova de amor enraivecido, Lear vai até o palácio de Goneril. Ela reclama que os seguidores de Lear "turbulentos estão" (1.3.7). Ela orienta seu empregado de confiança Osvaldo a não cuidar deles, dizendo que ela "desejaria que [ele] me venha falar a respeito" (1.3.14) – isto é, que ela gostaria de provocar uma discussão com Lear. Logo ela consegue o que deseja. Quando Lear lhe pergunta por que ela parece triste, ela responde que os cem cavaleiros dele são gente "de tal modo desordeira, atrevida e depravada" (1.4.233) que transformaram sua casa em "taberna e bordel / do que palácio cheio de tradições" (1.4.236-37). Lear retruca: "Detestável harpia, estás mentindo! / Minha gente toda é escolhida e de costumes limpos; / conhecedores são de seus deveres" (1.4.236-37). O texto – aqui e em outras passagens – é maravilhosamente ambíguo. Não sabemos se os cavaleiros são gente "atrevida e depravada" ou "escolhida e de costumes limpos". Os diretores têm de tomar partido. Na montagem de Peter Brook, os cavaleiros saem trôpegos do salão de festas de Goneril. Outras montagens tornaram os cavaleiros praticamente invisíveis ou, no máximo, travessos.

Uma vez mais, porém, não se trata de saber se os cavaleiros são desordeiros. A questão é que Lear tem um direito legal absoluto a eles. A incapacidade de Goneril e de Regane de respeitar esse direito mostra quão pouco elas respeitam a lei. Goneril demite cinquenta dos seguidores de Lear "de uma vez" (1.4.286). Lear apela a Regane. No entanto, para seu pesar, ele a encontra igualmente hostil. Lear então a lembra de seus direitos legais:

> **LEAR**
> Fui eu que vos dei tudo...
>
> **REGANE**
> E em tempo certo o destes

LEAR
Instituí-vos minhas depositárias e tutoras,
reservando-me apenas uma escolta
desse número. Como, deveria procurar-vos,
então, com vinte e cinco? Regane, assim falastes?

REGANE
E repito-o: nem mais um, meu senhor.
(2.4.439-44)

Percebam que Regane não refuta – porque não pode – a pretensão legal de Lear; ela simplesmente reitera sua posição. Com uma eficiência brutal, as filhas passam a atuar de comum acordo para diminuir o número de cavaleiros no séquito de Lear. Elas reduzem os homens de Lear de cem para cinquenta, depois para vinte e cinco, depois para dez, cinco, até que não resta nenhum. Ao agir assim, Goneril e Regane invertem cruelmente a primeira cena: agora é Lear que é obrigado a quantificar o não quantificável.

Como na primeira cena, os processos psicológicos e políticos ocorrem simultaneamente. A perda dos cavaleiros não simboliza apenas a perda de respeito por Lear, mas também a perda de respeito pelo Estado de Direito. Lear age contra seus próprios interesses para transmitir a Goneril e Regane um poder calcado no respeito à lei. No entanto, uma vez obtido esse poder, elas se recusam a retribuir-lhe – ou à lei – com a mesma cortesia.

Na batalha em torno dos cavaleiros, Lear percebe, gradativamente, que não pode recorrer nem ao poder nem à lei. Vemos seus apelos passando da lei para a justiça e das autoridades mortais para as imortais. A primeira vez em que Goneril tenta privá-lo dos cavaleiros, Lear lança sua célebre maldição:

Natureza, agora me ouve! Deusa querida, atende-me!
Suspende teus desígnios, se acaso pretendias

deixar fecunda agora esta criatura;
ao ventre lança-lhe a esterilidade,
ressequidos lhe deixa os órgãos todos da procriação,
não permitindo nunca que lhe nasça do corpo desprezível
uma criança que a possa honrar um dia. Se tiver de procriar,
que tenha um filho feito só de malícia, porque viva
para um desnaturado e pervertido tormento lhe ser sempre.
Que lhe faça muitas rugas nascer na fronte jovem
e, com ardentes lágrimas, profundos sulcos lhe abra nas faces;
que compense com chacotas e riso os sofrimentos
e cuidados maternos, para que ela possa ver
como dói mais fundamente que o dente da serpente
a filha ingrata.
(1.4.267-81)

A "justiça perfeita" que Lear exige aqui – que Goneril tenha uma filha igualmente ingrata – não poderia ser medida por um tribunal humano. O apelo de Lear à natureza como sua deusa talvez reflita a percepção crescente de que sua posição legal está cada vez mais frágil.

Nessa peça, existe outro personagem que invoca a natureza como sua deusa: Edmundo. Em suas primeiras frases, o desprezível filho bastardo de Gloucester diz: "Sê minha deusa agora, natureza! / A tuas leis empenho meus serviços" (1.2.1-2). Edmundo faz da natureza sua lei porque a lei terrena – a "peste do costume" (1.2.3) – trabalha contra ele. De acordo com a lei consuetudinária, o bastardo era considerado um *filius nullius*, "um filho de ninguém". Por ser ilegítimo, Edmundo nos é apresentado como a quintessência da figura antilegal da peça. Ao repetir o personagem que no primeiro ato da peça ocupa a posição mais oposta à sua, o apelo de Lear à natureza sinaliza sua iminente marginalização. Pois, se Lear representa o centro do universo legal, Edmundo representa sua margem mais afastada.

Quando amaldiçoa Goneril, Lear ainda não perdeu a fé na autoridade terrena. Sua maldição antecede o apelo a Regane, assim como a reivindicação legal que ele faz às duas irmãs. Só quando as irmãs se unem para rejeitar sua reivindicação legal é que ele dá as costas à civilização humana – incluindo a lei – e entra na tempestade que se abate sobre a charneca. Seu discurso de despedida é um dos mais brilhantes da obra de Shakespeare, pela combinação entre discurso e direção de palco:

> Não, bruxas desumanas!
> Tal vingança hei de tomar de vós,
> que o mundo inteiro... Farei tais coisas –
> quais, ainda o ignoro – que hão de ser
> o terror de toda a terra. Pensais talvez que vou derramar
>   lágrimas?
> Não, não hei de chorar.
> *[Vento forte e tempestade.]*
> Tenho causas sobejas para tanto; mas antes de fazê-lo
> há de partir-se-me o coração em vinte mil pedaços.
> Bobo, vou ficar louco!
> *[Lear, Gloucester, Kent e o Bobo saem.]*
> (2.4.467-75)

Ao ameaçá-las de vingança, Lear revela uma infantilidade de cortar o coração. Sua impotência e grandiosidade refletem-se, simultaneamente, na ameaça – embora seja incapaz de dizer qual será a punição, ela será terrível! – e também na coincidência entre a declaração "Não, não hei de chorar" e o começo do *"Vento forte e tempestade"*. Como Lear não irá chorar, a natureza chorará em seu lugar, relembrando os transtornos solidários da natureza que se seguiram ao assassinato de Duncan, em *Macbeth*. Aqui, porém, a natureza é uma força muito mais ambígua que em *Macbeth*, porque ela ameaça o próprio Lear. Seus inimigos fogem da tempestade para dentro da casa, para a civilização, enquanto Lear, despojado de seus cem cavaleiros, adentra a charneca. Como ele reconhece, sua loucura começa aqui.

* * *

A GRANDE IRONIA da peça é que é na loucura que Lear encontra sua concepção de justiça mais plenamente concretizada. Na primeira cena, Kent chama Lear de "louco", mas não é justo chamá-lo assim nessa cena, ao menos se definirmos loucura como um desligamento total da realidade. Passamos a ver a verdadeira loucura quando Lear começa a praguejar na charneca acerca de uma visão de justiça que jamais poderia ser alcançada numa sociedade humana. É a visão do Dia do Juízo, do Armagedom, do Apocalipse, na qual os deuses podem distinguir com perfeição e punir com perfeição todos os malfeitores.

> Grandes deuses,
> que tanto estrondo sobre nós retendes,
> agora procurai vossos inimigos! Treme, malvado,
> em quem se ocultam crimes
> pela justiça ainda não punidos! Mão sanguinária, oculta-te!
> Perjuro, tu também; como tu, falso virtuoso,
> que praticas o incesto. Em estilhaços arrebenta, bargante,
> que atentaste contra a vida de alguém sob aparência
> tranquila e sedutora! Atrocidades no fundo ocultas,
> estourai as capas que vos escondem e implorai
> as graças desses admoestadores pavorosos! Quanto a mim,
> sou mais vítima de culpa, do que mesmo culpado.
> (3.2.49-59)

Lear é um homem "mais vítima de culpa, do que mesmo culpado" porque Goneril e Regane ocultaram sua maldade dele. Ele imagina um mundo em que toda a dissimulação esteja exposta. Esse é um mundo radicalmente diferente do mundo da justiça limitada que vimos em outras peças. Pensem em Ângelo de *Medida por medida* defendendo "as leis / que os ladrões fazem para a outros condenar" (*Medida*, 2.1.22-23) com base no fato de que a justiça só pode apanhar "o que é visto pela justiça" (*Medida*, 2.1.21). No mundo ideal de Lear, tudo é visto pela justiça, e tudo é apanhado. No entanto, adotar essa visão de justiça significa renunciar ao mundo. Mesmo Lear, o homem que "sempre se conheceu mal" (1.1.294-95), reconhece isso – quase imediatamente após descrever essa visão de justiça, ele observa: "Sinto o espírito girar em torno" (3.2.67).

A transformação que acontece na charneca dentro de Lear é definitiva. Embora retorne fisicamente da charneca para a casa de Gloucester, ele nunca retorna psicologicamente para a sociedade convencional. Uma vez mais, podemos perceber isso em sua relação com a lei. Quando entra na casa de Gloucester, alguns pequenos prazeres lhe são restituídos. Kent insiste para que ele aceite aquele conforto em vez de ficar "tão pasmo" (3.6.33) – isto é, absorto com sua própria loucura. Entretanto, como Lear associa a civilização com o retorno da lei, ele monta uma das cenas legais mais extraordinárias da literatura – o "julgamento louco" de Goneril e Regane.

KENT
Como passais, senhor? Ficai mais calmo.
Não quereis repousar no travesseiro?

LEAR
Primeiro quero ver o julgamento. Trazei as testemunhas.
[A Edgar.]
Juiz togado, senta-te logo.
[Ao bobo.]
E tu, seu companheiro de jugo na Justiça,
ao lado dele.
[A Kent.]
Vós sois da comissão;
sentai-vos aí!

EDGAR
Procedamos com justiça.
(3.6.33-40)

LEAR
Citai esta em primeiro lugar; é Goneril. Presto juramento diante desta honrada assembleia em como ela deu um pontapé no pobre rei seu pai.

BOBO
Vince mais para a frente, moça! Vosso nome é Goneril?

LEAR
Não poderá negá-lo.

BOBO
Peço desculpas, mas tomei-vos por um tamborete.

LEAR
Aqui está a outra, cujo olhar de esguelha proclama
o que no coração se abriga. Prendei-a logo!
Armas! Espada, fogo! A corrupção campeia!
Juiz corrupto, por que deixaste que ela fosse embora?
(3.6.46-55)

Esse "julgamento" parece, inicialmente, ser o caso em que os loucos tomam conta do asilo, um ancestral direto do "julgamento louco" da Rainha Vermelha de *Alice no País das Maravilhas*.

Existe, no entanto, método na loucura de Lear. Em *Commentaries on the Law in Shakespeare* [*Comentários sobre o direito em Shakespeare*], de 1913, Edward J. White nota que, nesse processo aparentemente insano, as normas legais estão sendo meticulosamente observadas. Primeiro ele menciona que "no Direito consuetudinário, nenhuma pessoa acusada de crime podia ser julgada sem primeiro ser chamada a juízo e perguntada se era ou não culpada da acusação"[5]. (Reparem que o banquinho que representa Goneril pode dizer "nada" de um modo que lembra Cordélia na prova de amor.) White prossegue dizendo que Lear, acertadamente, dirige-se a Edgar como "juiz" e ao Bobo como "encarregado da balança da justiça", pois, "no Direito consuetudinário, o ocupante da cadeira de onde era proferida a sentença era chamado de 'juiz', e dizia-se que ele tomava assento no tribunal; o chanceler, ou juiz que distribuía justiça, no lado do tribunal reservado à distribuição de justiça, podia ser comparado a um 'encarregado da balança' na equipe de juristas, e sua função era distribuir justiça"[6]. White observa ainda que "quando dois ou mais juízes se reuniam para julgar eram chamados de comissão, o que significa que era correto dizer que Kent era "da comissão"[7]. Por fim, ele observa que "após a acusação, era sempre essencial estabelecer a culpa do acusado por meio de prova idônea, uma vez que nunca se presumia a culpa, mas todas as pessoas eram consideradas inocentes de crime até que fosse provado que elas eram culpadas"[8]. Assim, é apropriado que, "após a acusação, o rei louco exija a prova, deponha e apresente prova, sob juramento, da ofensa de que, segundo ele, sua filha é culpada"[9].

 O julgamento louco é a expressão pura da perda de confiança na lei por parte de Lear. Com essa fantasia, ele pode criar o processo legal perfeito. Mesmo na fantasia, porém, a lei não é capaz de produzir justiça. Para desalento de Lear, Regane escapa, revelando que o "juiz" é "falso". Essa suposta fuga tumultua tanto o processo que Goneril nunca é condenada. A justiça dos deuses, invocada na charneca, é perfeita; a lei dos mortais, invocada na casa de Gloucester, não é. Lear

---

[5] Edward J. White, *Commentaries on the Law in Shakespeare* (1913; Honolulu, University Press of the Pacific, 2002), p. 461.
[6] Ibid.
[7] Ibid.
[8] Ibid.
[9] Ibid.

pode retornar da charneca para a casa, mas não da justiça para a lei. Ele desiste do julgamento porque a lei é, no final das contas, insatisfatória. Vemos isso novamente quando o rei "reconhece" Edgar como "um dos meus cem" (3.6.76), isto é, um fragmento do seu direito legal a cem cavaleiros. Uma vez mais, porém, esse fragmento é inadequado – "Apenas não me agrada o corte de vossas vestes... será conveniente mudá-las" (3.6.76-79).

O repúdio de Lear à lei talvez seja categórico demais. Afinal de contas, "cerca de trinta e cinco ou trinta e seis de seus homens" (3.7.15) salvaram-lhe a vida ao levá-lo da casa de Gloucester para Dover. A lei também favorece os objetivos dos personagens bons da peça quando eles procuram restaurar a justiça no Estado. À frente das tropas francesas, Cordélia ouve dizer que Lear está nos campos de Dover e envia "uma centúria" – cem soldados – para encontrá-lo. O crítico literário R. A. Foakes[10] se pergunta se o fato de ela ter enviado tantos soldados é um sintoma de sua ansiedade. No entanto, para mim os cem soldados significam a restauração consciente ou inconsciente, por parte de Cordélia, dos cem cavaleiros dos quais Lear foi privado, uma restauração simbólica do Estado de Direito. A lei também constrange os personagens maus. Ao formular seu plano para se vingar de Gloucester, Cornualha repara que a lei o impede de tirar a vida de Gloucester – "embora não possamos pronunciar-nos, / sem as formas da justiça" (3.7.24-25) ("justiça" significa, nesse caso, um julgamento legal em vez da justiça divina dos reis).

Apesar disso tudo, compartilho do ceticismo de Lear. Imediatamente após reconhecer os constrangimentos da lei, Cornualha declara que ele ainda vai fazer do seu jeito – "poderá nossa força / cortesia fazer à nossa cólera, o que os homens / talvez censurem, mas obstar não podem" (3.7.25-27). Cornualha arranca os dois olhos de Gloucester, numa cena que, por muitos anos, foi considerada irrepresentável.

---

[10] R. A. Foakes, notas a *King Lear* de William Shakespeare, R. A. Foakes, org. (Londres, Arden Shakespeare, 1997), p. 322.

Por coincidência, a crença de Cornualha de que pode torturar impunemente está errada. Um empregado sem nome se levanta e mata Cornualha pelo tratamento que ele deu a Gloucester. Mas esse é um ato de justiça, não de direito. No início da Idade Moderna, um empregado que erguesse a mão contra seu senhor era quase um paradigma de atividade ilegal. Quando toma conhecimento disso, Albânio elogia a justiça divina pelo ato: "Isso demonstra que morais aí em cima, / oh justiceiros! Para punirdes com tamanha pressa / os crimes cá debaixo" (4.2.79-81). Albânia não aplaude — porque não pode — a punição como um ato legal.

O exemplo capital em que a lei se curva ao poder em vez de cerceá-lo pode ser percebido nas ações de Goneril no último ato da peça. Após Edgar ter ferido Edmundo de morte num julgamento por meio de duelo, ela grita que o duelo era proibido por lei: "Segundo a lei das armas, não devias aceitar luta / com um desconhecido. Vencido não caíste; foste vítima do embuste e da traição" (5.3.150-52). Sua insistência com o aspecto legal é demais para o marido, Albânia, que a confronta com seu próprio plano adúltero e traiçoeiro para estimular Edmundo a assassiná-lo. A resposta de Goneril — "a lei é minha, não tua. / Quem me chamará a juízo?" (5.3.156-57) — ecoa as reivindicações de imunidade soberana feitas por Lady Macbeth e Cláudio. Numas parcas três linhas, vemos Goneril declarar que a lei representa uma coação para os outros, mas não para ela, porque ela é uma soberana e Edgar não é. No entanto, sua afirmação de que as leis *pertencem* a ela deixam Albânia e nós todos estarrecidos, como algo "monstruoso" (5.3.157). É o que basta para fazer que se perca completamente a confiança na lei.

Embora Lear recupere suficiente senso de realidade que lhe permite reconhecer Cordélia, ele nunca mais volta ao "mundo real". Após a derrota das forças francesas, Cordélia deseja enfrentar as irmãs. Lear não quer saber disso — ele quer ir para a prisão com ela. A sensação que se tem é a de uma alegria deslocada:

> Não, não, não, não! Levai-nos para o cárcere.
> Nós dois, sozinhos, cantaremos como pássaros na gaiola.
> No momento de a bênção me pedires, eu me ajoelho
> e te imploro perdão. Dessa maneira viveremos,
> dizendo nossas preces, cantando e velhos contos narrando, rindo
> das borboletas variegadas e ouvindo os pobres diabos
> discorrerem sobre os boatos da corte, aos quais, decerto, nos
> > juntaremos para dar palpite
> sobre quem perde ou ganha, quem se encontra no alto da
> > escada ou embaixo,
> discorrendo sobre os altos mistérios do universo
> como se espiões de Deus, acaso, fôssemos. Gastaremos, assim,
> no duro cárcere, os partidos e as lutas dos graúdos
> que com a lua sobem sempre e descem.
> (5.3.8-19)

Para Lear, a única coisa que interessa no mundo agora é Cordélia. E, ainda que indireta, essa passagem é uma das descrições mais tocantes do que significa viver num universo composto por duas pessoas – amante e amada. É uma loucura e uma alegria.

SE A PEÇA terminasse com a passagem anteriormente reproduzida, talvez pudéssemos dizer, com mais serenidade, que a justiça tinha sido feita, mesmo que sua chegada tivesse custado a ligação de Lear com a realidade. Mas a peça prossegue até a morte de Cordélia – a única injustiça capaz de se intrometer na realidade de Lear para destruí-lo. Essa morte é ainda mais chocante por ser gratuita – ao menos no sentido restrito de que se afasta da fonte. Em Holinshed, Cordélia salva Lear[11] e faz que ele seja restaurado no trono. Lear reina durante dois

---

[11] Ver, em geral, David Bevington, "Shakespeare's Sources", em William Shakespeare, *King Lear* (Nova York, Bantam, 1988).

anos até sua morte, sendo então sucedido por Cordélia. Em seguida, os filhos de Regane e Goneril lideram uma revolta bem-sucedida contra ela, após o que Cordélia se enforca na prisão. No entanto, no material que serviu de fonte, existe ao menos um período de tempo no qual Lear e Cordélia vivem juntos. A morte de Cordélia foi considerada uma tal afronta à justiça que Nahum Tate reescreveu o final para permitir que Cordélia vivesse e se casasse com Edgar. A versão de Tate dominou os palcos da Restauração até grande parte do século XIX.

O próprio Lear sente a morte de Cordélia como a principal injustiça: "Não voltarás, / oh nunca, nunca, nunca, nunca, nunca!" em seguida, porém, ele acredita que ela está revivendo: "Oh! vedes isto? Olhai para ela! Vede os lábios dela! / Olhai aqui! Olhai aqui! *[Morre.]* (5.3.308-09). Bradley defende que[12] devemos acreditar que Lear morre feliz, e que esse é o valor redentor da morte de Cordélia. Acho que isso é piegas. Tendo mais a concordar com a opinião do doutor Johnson de que a morte de Cordélia é, aparentemente, um ato de crueldade sem sentido da parte de Shakespeare. Mas não creio que a resposta seja reescrever a peça; creio que a resposta seja perguntar por que Shakespeare nos impõe esse final.

PENSO QUE CORDÉLIA deve morrer na peça para nos ajudar a compreender a inescapável injustiça da morte. Falta muito pouco para que sejamos forçados a enfrentar o fato de que mesmo o mais puro, o mais virtuoso dos personagens deve morrer, para que sejamos forçados a enfrentar a ideia de que todos nós devemos morrer. É difícil não sentir a inevitabilidade da morte como a inevitabilidade da injustiça. Procuramos evitar essa verdade levando vidas virtuosas que serão recompensadas em alguma forma de Dia do Juízo na qual acreditamos – isto é, que a morte será sucedida pela justiça final, não pela injustiça final. Nessa peça, no entanto, a pessoa virtuosa morre num universo pagão

---

[12] Bradley, *Shakespearean Tragedy*, pp. 252-4.

que oferece pouca esperança de redenção. A imagem de Lear com Cordélia nos braços é geralmente descrita como uma *pietà* ao contrário, mas a única coisa que ela nos recorda é que Cristo está a oito séculos de distância. Não é de estranhar que Tate tenha sacado sua caneta azul.

Para mim, *Lear* transmite, de forma inexorável, a dura realidade. Ela é a mais sublime das peças de Shakespeare porque nos ajuda a contemplar o mais próximo possível a possibilidade da morte. Freud fez a célebre afirmação de que era impossível imaginar nossa própria morte, pois, sempre que procurássemos fazê-lo, lá estaríamos nós, vivos, no ato mesmo de imaginar. Embora concorde com o argumento de Freud, é quando leio *Lear* que acho mais fácil imaginar minha morte. Percebo que, naquele momento, não quero pensar na justiça.

Lear renuncia à lei em prol da justiça. Contudo, o truque final da peça é que ele renuncia à justiça em prol do amor. Quando escapamos da jurisdição da vida, não escapamos apenas do império da lei, mas também do império da justiça. A justiça é a virtude suprema dos vivos. Mas só as pessoas infelizes pensam na justiça em seu leito de morte; as felizes pensam no amor.

Capítulo Nove

O Mago

A tempestade

A *TEMPESTADE* RETRATA UM GOVERNANTE QUE, POR SER MAGO, exerce uma influência maior sobre a sociedade do que qualquer outro governante de verdade jamais exerceu. Esse mago, Próspero, impõe sistematicamente sua própria concepção de justiça sobre a ilha controlada por ele. A peça põe à prova o célebre comentário feito por lorde Acton em 1887: "O poder tende a corromper, e o poder absoluto corrompe absolutamente."[1] Próspero representa uma importante exceção à regra de Acton.

A tempestade é interpretada corretamente como uma alegoria colonialista. É quase certo que a peça[2] tenha se inspirado no alvoroço causado pelos relatos contemporâneos da atividade colonial, em espe-

---

[1] Lorde John Emerich Edward Dalberg Acton, Carta ao bispo Mandell (1887).
[2] Alden Vaughan e Virginia Vaughan, introdução a *The Tempest*, de William Shakespeare (Londres, Arden Shakespeare, 1999), p. 41.

cial o relato feito por William Strachey em 1609 de um furacão que lançou o navio *Sea Venture* sobre a costa rochosa das Bermudas. Muitos críticos consideram que Próspero representa o colonizador da ilha, o que geralmente significa enquadrá-lo de um ponto de vista negativo. Não há a menor dúvida de que ele é responsável por graves injustiças. No entanto, em seu último gesto ele abre mão espontaneamente do poder, naquilo que representa – conforme irei sustentar – um gesto profundamente ético. *A tempestade* mostra que a justiça muitas vezes consiste na renúncia ao poder, não em seu exercício.

Nosso sistema de governo baseia-se na ideia de que os indivíduos sempre procuram aumentar seu poder. A expressão mais perfeita dessa teoria talvez seja o sistema madisoniano de "freios e contrapesos", segundo o qual o egoísmo individual controla o egoísmo dos outros. Embora seja geralmente criteriosa, essa abordagem não deveria ocultar os casos excepcionais. Às vezes, os seres humanos revelam um verdadeiro autodomínio, renunciando ao poder em prol de um bem maior. George Washington, o primeiro presidente a governar sob a égide da Constituição de Madison, frequentemente se continha de uma forma que Madison, corretamente, não esperava encontrar nos líderes do nosso país. *A tempestade* ensina-nos a recordar e a comemorar a possibilidade de que, às vezes, o poder não corrompe, e a perguntar quem são os nossos Prósperos hoje.

A PEÇA TEM INÍCIO com a tempestade do título, que provoca o naufrágio de um bando de nobres italianos, lançando-os à ilha em que Próspero e sua filha Miranda moram. No entanto, os acontecimentos que fizeram que Próspero e Miranda fossem dar às praias da ilha ocorreram doze anos antes do naufrágio. Embora muitas vezes Próspero tenha começado a contar para Miranda como eles chegaram à ilha, ele nunca terminou. Quando a tempestade se acalma, ele finalmente termina o relato.

Próspero conta que ele era o duque de Milão, e que fora destituído do cargo por seu irmão, Antônio. Ele atribui inúmeras vezes a perda do ducado ao seu compromisso com a vida acadêmica. Após se gabar de que era considerado "[sem] rival / no que respeita às artes liberais" (1.2.73-74), ele admite com tristeza: "A estas dedicando todo o meu tempo, / o peso do governo transferi a meu mano, / assim tornando-me cada vez mais estranho à minha terra, porque às ciências secretas dedicado" (1.2.74-77). Mais tarde, ele observa que era culpado por "[ter descurado] dos assuntos temporais, e vivendo / inteiramente retirado, a cuidar, tão só, dos meios de aperfeiçoar o espírito" (1.2.89-90). Ele não tinha nenhuma ambição política – sua "biblioteca / já [lhe] era ducado muito grande" (1.2.109-10).

Diferentemente do irmão, Antônio *tinha* interesse no poder político. Considerando Próspero "incapaz" (1.2.110) da "realeza temporária" (1.2.111), Antônio decidiu tomar posse do Estado. Ele tinha tanta "sede de domínio" (1.2.112), ou sede de poder, que se juntou ao rei Alonso de Nápoles para derrubar Próspero, mesmo que o acordo tenha feito que Milão perdesse sua independência para Nápoles. Como resultado dessa aliança, Próspero e Miranda foram jogados ao mar numa "carcaça apodrecida de navio" (1.2.146), tão impróprio para navegar que "os próprios ratos o haviam, / por instinto, abandonado" (1.2.147-48). Por fim, eles acabaram desembarcando na ilha.

Para sorte de Próspero, o gentil nobre Gonzalo havia colocado alguns livros da biblioteca de Próspero na jangada: "sabendo quanto apego eu tinha aos livros, trouxe-me / de minha biblioteca volumes que / eu prezava mais do que meu ducado" (1.2.166-68). Esses livros permitiram que Próspero continuasse seus estudos. Ele pôs esses estudos em prática. Continuando os "estudos secretos" que iniciara em Milão, Próspero tornou-se um mago.

O público do início da Era Moderna identificava imediatamente o tipo de personagem, pois os magos costumavam ser representados com certos símbolos que incluíam o manto, a varinha e o livro. A página de rosto de uma edição de 1620 do *Doutor Fausto* de Christopher

Marlowe[3] (publicado pela primeira vez em 1607) retrata Fausto usando o manto e traçando um círculo cabalístico com a varinha, que está na mão direita, enquanto consulta um livro aberto sustentado pela mão esquerda. Próspero tem os três acessórios. Quando renuncia ao poder, ele tira a "roupa mágica" (1.2.24), quebra a "varinha" (5.1.54) e afoga o "livro" (5.1.57).

Próspero utiliza sua magia para sobreviver na ilha. A ilha tem dois nativos – Calibã, filho da feiticeira morta Sicorax; e Ariel, um espírito que Sicorax aprisionou dentro de um pinheiro. Próspero libertou Ariel em troca de um período indeterminado de serviços. Ele também afirma ter tratado Calibã como "gente" (1.2.347) até que ele tentou violentar Miranda. Agora ele utiliza Ariel e Calibã como servos ou escravos, ameaçando-os com punições mágicas se eles rejeitarem suas ordens.

Passados doze anos, o destino pôs os inimigos de Próspero ao seu alcance. Alonso, rei de Nápoles, casou a filha com o príncipe de Túnis. A rota da comitiva real em seu retorno de Túnis a traz até a ilha de Próspero. Próspero vê uma oportunidade única de redenção: "A ciência do futuro me revela / que o meu zênite se acha dominado / por um astro auspicioso, cuja influência / me cumpre aproveitar, caso não queira que se acabe de vez a minha sorte" (1.2.181-84). Ele tem dois objetivos: fazer que Ferdinando, filho de Alonso, se case com Miranda para garantir o futuro dela; e punir os nobres que o destituíram. Ele faz aparecer a tempestade como por encanto, e envia Ariel para criar a ilusão de que ela está destruindo o navio. Ariel encarrega-se de que a comitiva real seja dividida em três grupos – ele isola o príncipe Ferdinando, deixa Alonso e parte de seu séquito num grupo à parte e abriga em segurança a tripulação adormecida numa angra, juntamente com o navio intacto.

Próspero faz que Ferdinando e Miranda se apaixonem rapidamente. Embora sua magia não possa obrigá-los a agir assim, ela certamente facilita o processo. A música de Ariel conduz Ferdinando até

---

[3] Ibid., p. 65.

Miranda e Próspero. Miranda fica imediatamente cativada: "este / é o terceiro homem que jamais vi, sendo o primeiro / que me fez suspirar" (1.2.445-47). Ferdinando responde com idêntico entusiasmo: "Se fordes virgem / e não tiverdes comprometido o coração, de Nápoles / rainha vos farei" (1.2.448-50). O problema de Próspero é que o caso deles está indo um pouco rápido *demais*, o que, teme, levará os amantes a se subestimarem. "Para que a vitória fácil demais / não desmereça o preço" (1.2.452-53), Próspero finge ser o elemento bloqueador representado pelos pais em muitas das peças – Brabâncio, em *Otelo*, Egeu, em *Sonho de uma noite de verão* ou o Velho Ateniense, em *Timão de Atenas*. Ele acusa Ferdinando de ser um impostor que procura controlar a ilha e ameaça forçá-lo a lhe prestar serviço. Ferdinando saca da espada para se defender: "Vou opor-me a esse tratamento / até que meu inimigo me domine" (1.2.466-67). Mas então, de acordo com rubrica para o diretor, *"por encantamento, ele fica sem poder mover-se"*. Próspero aparentemente faz que os fatos correspondam às palavras quando diz: "Eu poderia com meu bastão / fazer cair-te essa arma" (1.2.473-74). A disputa entre os poderes mágicos de Próspero e a força física de Ferdinando não poderia ser mais extremada. A varinha vence a espada.

É possível que a magia de Próspero encontre-se tanto no manto como nos livros. Ao implorar por Ferdinando, Miranda pendura-se em Próspero, arrancando uma resposta enérgica, talvez mesmo furiosa, do pai: "Solta-me a roupa, digo!" (1.2.474). Quando Miranda insiste, ele livra-se dela: "Nem mais uma palavra! / Do contrário, repreender-te-ei, se não chegar a odiar-te" (1.2.476-77). Embora possa estar sendo motivado unicamente pelo desejo de despertar a compaixão de Miranda por Ferdinando, Próspero também pode recear que o contato físico com o manto quebre seu encanto.

A oposição de Próspero a Ferdinando surte efeito. Ele o obriga a "carregar e empilhar / alguns milheiros de[stas] achas de lenha" (3.1.9-10). Essa punição estimula ainda mais a compaixão de Miranda, fazendo que ela transfira sua devoção do pai para Ferdinando. Quando ele pergunta seu nome, ela diz: "Miranda. Oh pai! Revelei-o, de encontro ao que ordenastes!" (3.1.36-37). Próspero, que os escutava secretamente, aprova a transferência de lealdade. Não tarda para que Miranda lhe proponha casamento e Ferdinando aceite.

O segundo projeto de Próspero – trazer perante a justiça aqueles que usurparam seus direitos – é mais complicado. Em Milão, Próspero era politicamente ingênuo – como diz a Miranda, Antônio era a pessoa "que, depois de ti, / eu amava mais do que tudo neste mundo" (1.2.68-69). Como muitos irmãos mais velhos, ele ainda se culpa pelos erros de Antônio, dizendo que sua negligência "[fez] despertar instintos perversos" (1.2.93) no irmão. Como se ainda fosse incapaz de acreditar que Antônio é verdadeiramente mau, Próspero dá-lhe uma nova oportunidade na ilha. Ele sequestra Antônio com o rei Alonso, Sebastião, irmão de Alonso, Gonzalo e alguns outros nobres. Em seguida, Ariel põe todos para dormir, com exceção de Antônio e Sebastião.

Antônio fracassa redondamente no teste de caráter. Ele enxerga imediatamente uma oportunidade de progredir profissionalmente, instando Sebastião a cometer regicídio enquanto os cortesãos dormem. Sebastião lembra-se de como Antônio derrubou Próspero: "Lembro-me agora que já destronastes vosso irmão Próspero" (2.1.172). Antônio demonstra tão pouco remorso quanto Aarão e Iago: "É verdade. Vede como estas vestes me vão bem no corpo; / muito melhor do que antes. Os vassalos de meu irmão, / meus companheiros eram; hoje são meus criados" (2.1.173-75). Sebastião pergunta-lhe se a consciência o incomoda. Antônio comunica-lhe alegremente que "vinte consciências" (2.1.279) não seriam capazes de interpor-se entre ele e sua ambição. Antônio é – e sempre foi – um perfeito patife. Quando Sebastião concorda em matar Alonso, e Antônio prepara-se para matar Gonzalo, parece que a história vai se repetir. Dessa vez, no entanto, Próspero controla a ameaça. Observando que seu "mestre, graças à sua parte, soube do perigo" (2.1.298), Ariel desperta Gonzalo com uma canção. A música, um dos poucos temas que recebe tratamento invariavelmente positivo em Shakespeare, interrompe com seus ritmos suaves os efeitos das suas palavras traiçoeiras.

A disputa entre a varinha de Próspero e a espada de Ferdinando é um teste de figurino para um confronto mais sério no terceiro ato. Lá, Ariel, disfarçado de harpia, denuncia os "três pecadores" (3.3.53) – Alonso, Sebastião e Antônio – por terem conspirado para depor Próspero doze anos antes. Quando os três nobres sacam das espadas, Ariel ri da demonstração de força, desdenhando deles:

> Loucos todos! Eu e meus companheiros
> somos servos do fado. Os elementos
> de que vossas espadas são compostas, poderiam tão bem
> ferir os ventos sibilantes, ou matar com pancadas irrisórias
> as águas que não cessam de reunir-se, como estragar
> de leve uma penugem, sequer, de minhas asas. Igualmente
>   invulneráveis
> são meus companheiros. Mas embora pudésseis fazer algo:
> ora as vossas espadas se tornaram muito pesadas para vossas
>   forças;
> não as levantaríeis.
> (3.3.60-68)

As espadas dos homens, como a de Ferdinando, perdem magicamente o poder. Além do mais, ao zombar da exibição de força, Ariel refere-se à tempestade que já os subjugara. Eles tanto podem tentar ferir o vento ou as águas como tentar ferir Ariel.

Após demonstrar sua autoridade, Ariel condena Alonso, Antônio e Sebastião por seus crimes:

> Mas lembrai-vos –
> que esta é a minha incumbência neste instante – que vós três
> o bom Próspero expulsastes de Milão,
> entregando-o, e sua filha, ao mar
> que ora vos pune. Foi por esse feito facinoroso
> que as potências – que tardar podem, mas jamais esquecem –

> contra vosso sossego concitaram tantos mares furiosos, tantas
> praias,
> sim, todas as criaturas. De teu filho, Alonso,
> te privaram. Pela minha voz te anunciam
> destruição morosa, pior do que qualquer modalidade de morte
> repentina, que vos há de passo a passo seguir
> por onde fordes. Para vos preservardes dessa cólera –
> que sobre vós há de cair sem falta nesta ilha desolada – só de
> auxílio vos será
> contrição muito sincera e, de ora em diante,
> uma existência pura.
> (3.3.68-82)

Ariel apresenta, aparentemente, a noção de justiça natural encontrada em *Macbeth* – "que as potências – que tardar podem, mas jamais esquecem – / contra vosso sossego concitaram tantos mares furiosos, tantas praias". Ele declara que a própria natureza está punindo os três canalhas por seus crimes desnaturados. Porém, não foi a natureza que armou a tempestade, foi a magia de Próspero.

As reações dos três homens revelam o caráter de cada um. Alonso arrepende-se imediatamente e jura que vai afundar na lama junto com o filho que ele julga ter perdido. Sebastião, em compensação, contesta a sentença: "Dá-me de cada vez um só demônio, / que as legiões vencerei" (3.3.103-04) – isto é, desde que os demônios venham um de cada vez, lutaremos contra todos. Antônio o acompanha prontamente: "Estou contigo" (3.3.104). Os homens saem correndo, mas o velho Gonzalo pede desesperadamente àqueles com "juntas mais flexíveis" (3.3.108) que os façam parar – ele acredita que eles enlouqueceram em razão dos pecados de outrora.

Ariel os conduz à cela de Próspero, onde os três homens são magicamente paralisados. Conforme Ariel relata a Próspero:

> Nenhum deles se livrará sem vosso consentimento. O rei,
> o mano dele e o vosso se acham completamente fora do juízo;

os demais os lastimam,
transpassados de dor e desespero, salientando-se
aquele que chamastes de "O bom velho senhor Gonzalo".
As lágrimas lhe correm pelos fios da barba como gotas do inverno
nos caniços. De tal modo vossos encantamentos os trabalham,
que, se os vísseis agora, era certeza
ficardes comovido.
(5.1.11-19)

Próspero pergunta: "É assim que pensas, espírito?' (5.1.19). Ariel responde: "Eu, senhor, se fosse humano, decerto ficaria" (5.1.20).

A fala de Ariel é minha favorita, por beirar tão ternamente a autocontradição – embora incapaz de sentir empatia, ele consegue se identificar suficientemente com os seres humanos para saber que, se fosse humano, sentiria empatia por esses homens. Próspero fica comovido:

> Sendo ar, apenas, como és, revelas tanto sentimento
> por suas aflições; e eu, que me incluo
> entre os de sua espécie, e as dores sinto, como os prazeres,
> tão profundamente tal como qualquer deles, não podia
>   mostrar-me agora menos abalado.
> Muito embora seus crimes me tivessem tocado tão de perto,
> em meu auxílio chamo a nobre razão, para sofrearmos de
> todo minha cólera. É mais nobre o perdão
> que a vingança. Estando todos arrependidos,
> não se estende o impulso do meu intento
> nem sequer a um simples franzir do sobrecenho. Vai, liberta-os,
>   meu Ariel.
> Vou romper o encantamento, a razão restituir-lhes
> e fazê-los voltar a ser o que eram.
> (5.21.32)

No momento em que tem controle total sobre seus inimigos, Próspero escolhe a trilha do perdão. O perdão de Próspero a Alonso é compreensível – o rei arrependeu-se e em breve será o sogro de Miranda. Contudo, Antônio e Sebastião jamais demonstram arrependimento na peça. Diferentemente de Tito, Próspero interrompe o ciclo de vingança por meio de um gesto de benevolência.

A magia também frustra outro inesperado complô político, no qual os personagens secundários arremedam a ação dos personagens principais. O mordomo Estéfano e o bobo da corte Trínculo concordam com o complô de Calibã para matar Próspero e dominar a ilha. Estéfano escapou do naufrágio "em cima de uma barrica de xerez" (2.2.119), ou tonel de vinho. Calibã identifica imediatamente Estéfano por sua imagem báquica: "Aquele é um deus valente, que me pode dar licor celestial" (2.2.115).

Percebendo a fonte de seu poder, Estéfano diz a Trínculo e Calibã que "beijem o livro" (2.2.127, 139) quando prestarem juramento, como alguém beijaria a Bíblia ao jurar lealdade a um soberano. Cada "beijo" significa um gole da garrafa. Assim como Próspero, Estéfano tem um "livro" dos "espíritos" que ele usa para controlar os outros. Embora Estéfano acredite que vá "herdar" (2.2.172) a ilha, Calibã lhe informa que Próspero já a controla. Ele sugere que Estéfano assassine Próspero enquanto ele dorme, mas adverte-o para pegar o livro antes:

> Ora, como eu te disse, ele tem o hábito
> de dormir toda tarde. Aí, te fora possível asfixiá-lo,
> após o teres privado de seus livros; ou, munido de um pau,
> lhe partirás em dois o crânio; se não, o estriparás com qualquer
>   vara,
> ou a garganta com faca lhe seccionas. Mas, primeiro,
> é preciso que te lembres de lhe tomar os livros, pois, sem eles,
> é um palerma como eu, já não dispondo
> de espírito nenhum sobre que mande. Todos, como eu, lhe
> têm ódio entranhado. Basta queimar-lhe os livros.
> (3.2.87-95)

Nessa passagem encantatória, Calibã menciona três vezes os "livros" de Próspero como a fonte de sua magia. A ligação entre livros e magia também vem à tona em *Henrique VI, 2ª Parte*, em que um tecelão diz que o "escrivão de Chartham" (*Henrique VI, 2ª Parte*, 4.2.78) "traz no bolso um livro com letras encarnadas" (4.2.83). O líder rebelde analfabeto Jack Cade usa o livro como prova de que "ele é um feiticeiro" (4.2.84). (O livro provavelmente é um almanaque com os dias escritos em letras vermelhas.) Essa confusão apresenta analogias com a vida real. Stephen Greenblatt faz referência a um francês, o padre Chaumonot, que em 1640 afirmava que os hurões* "estavam convencidos de que éramos feiticeiros" cujos feitiços mortais "estavam encerrados em nossos tinteiros, em nossos livros etc."[4]. Segundo Chaumonot, isso significava que "não ousávamos abrir um livro ou escrever qualquer coisa sem antes nos escondermos".

Uma vez mais, o contraponto mágico a essa intriga política é a música. Ariel conduz os três conspiradores com seu tamboril através dos "tojos duros, os espinheiros e as mordentes sarças" (4.1.180), deixando-os, por fim, num "paul coberto de imundícies" (4.1.182) atrás da cela de Próspero. O prejuízo que os velhacos mais lamentam é a perda de sua garrafa ao longo do caminho. Longe de ter sido privado de seus livros, Próspero foi quem despojou Estéfano de seu "livro" de xerez.

Por volta do quinto ato da peça, a magia assegurou quase todos os objetivos de Próspero: ele uniu Ferdinando e Miranda, impediu a tentativa de regicídio por parte de Antônio e Sebastião, fez que Alonso se arrependesse de sua antiga traição e derrotou a conspiração de Calibã, Estéfano e Trínculo contra sua vida. Na verdade, a magia de Próspero tem limite. Assim como não pode obrigar Miranda e Ferdinando a se

---

* Povo indígena da América do Norte que foi aliado dos franceses na guerra entre as colônias britânicas e francesas da América do Norte que eclodiu em 1756. Essa guerra representou um desdobramento, no território americano, da Guerra dos Sete Anos (1754-1763) entre França e Inglaterra. (N. do T.)

[4] Stephen Greenblatt, *Learning to Curse* (Chicago, University of Chicago Press, 1991), p. 33.

apaixonar, ele não pode obrigar Antônio e Sebastião a sentir remorso. Não obstante, ainda consegue conter Antônio e Sebastião com o conhecimento adquirido por meio de sua magia. No final da peça, ele os adverte calmamente dizendo estar a par da traição deles contra Alonso, ameaçando desmascará-los se eles tentarem traí-lo novamente.

A reconciliação entre Próspero e Alonso alcança seu clímax quando Próspero levanta uma cortina que revela Ferdinando e Miranda "expostos jogando xadrez". Ao ver os nobres napolitanos, Miranda exclama: "Oh! Que milagre! / Que soberbas criaturas aqui vieram! / Como os homens são belos! Admirável mundo novo / que tem tais habitantes!" (5.1.181-84). Próspero completa a fala secamente: "Para ti isso é novo" (5.1.184).

O tabuleiro dos amantes jogadores de xadrez encanta e inquieta. Encanta porque, em vez de usar o tempo só para fazer amor, os jovens estão decentemente jogando. Nesse caso, porém, a tristeza também se faz presente. O jogo de xadrez inicia-se com dois reinos idênticos, e termina com um conquistando o outro. Embora acuse Ferdinando de trapacear, Miranda diz que por ele ela renunciaria a vinte reinos. No primeiro ato, Próspero lamentou-se junto a Miranda sobre o modo como Antônio se envolveu na "mais vil sujeição" (1.2.116) para submeter a Milão de Próspero à Nápoles de Alonso. Milão e Nápoles eram ducados independentes até que Antônio sujeitou "sua coroa à coroa [de Alonso]" (1.2.114). Podemos lamentar, de novo, em nome de Próspero, que eles tenham retomado aquele jogo político, nesse caso metafórico, e que em breve, por meio do casamento de Miranda, tornar-se-á literal. Embora compreensível, a ingenuidade de Miranda é também preocupante. Algumas das "bondosas criaturas" que ela admira tentaram matá-la.

A persistente vulnerabilidade de Miranda faz-nos perguntar por que Próspero abre mão de sua magia antes de voltar a Milão. A magia foi a forma encontrada por Próspero para proteger e favorecer os interesses de Miranda ao longo da peça. As ameaças a esses interesses, por exemplo, Antônio e Sebastião, são resistentes. A explicação mais óbvia para isso é que, em primeiro lugar, foi a concentração em seus estudos que fez Próspero ser deposto. Porém, essa lógica não convence. A magia de Próspero progrediu de maneira significativa desde sua última passagem por Milão. Na ilha, ele é capaz de prever o perigo, como o faz quando Antônio e Sebastião conspiram para matar o rei. Para compreender por que ele sacrifica sua arte, devemos observar mais de perto suas outras consequências.

O PERIGO DA ilha anônima e não localizável é que sua tela política aparentemente em branco induz os recém-chegados a projetar nela suas visões narcisistas. Que personagens ignóbeis como Antônio e Sebastião ou ignorantes como Estéfano e Trínculo tenham fantasias imperiais, é previsível. Mas até mesmo o amável velho conselheiro Gonzalo tem uma:

> Na república faria tudo pelos seus contrários,
> pois não admitiria espécie alguma
> de comércio; de magistrado, nada, nem mesmo o nome;
> o estudo ficaria ignorado de todo; suprimira, de vez,
> ricos e pobres e os serviços; contratos, sucessões,
> questões de terra, demarcações, cuidados da lavoura, plantação
>   de vinhedos, nada, nada.
> Nenhum uso, também, de óleo e de vinho, trigo e metal.
> Ocupação, nenhuma. Todos os homens ociosos, todos.
> E as mulheres, também; mas inocentes e puras.
> Faltaria, de igual modo, soberania...
> (2.1.148-57)

A visão utópica de Gonzalo[5] vem diretamente do ensaio de Montaigne "Dos canibais" (a que Shakespeare tem acesso por meio da tradução

---

[5] Michel de Montaigne, "Of the Cannibals", em *The Essays of Montaigne*, John Florio, trad. (1603).

de John Florio, de 1603), que descreve como os tão difamados "canibais" do Brasil são mais civilizados que seus iguais europeus. Superficialmente atraente, tal visão evoca uma comunidade em que não existe nem lei nem necessidade de lei.

Como em muitas utopias, no entanto, esse país acaba sendo governado unicamente pela pessoa que o imaginou. Quando Gonzalo afirma que sua comunidade não conheceria a "soberania", Sebastião retruca: "Mas o rei era ele" (2.1.157). Antônio concorda que "da comunidade o fim esquece o início" (2.1.158-59). Eles têm razão: Gonzalo é o autoindicado rei do país sem rei.

Assim como Gonzalo, Próspero quer impor uma ordem utópica em sua comunidade. Diferentemente de Gonzalo, Próspero dispõe dos recursos para fazê-lo. No início, parece difícil considerar Próspero um imperialista, porque ele chega à ilha como náufrago, não como conquistador, como um Crusoé, não como um Cortez. No entanto, assim que chega à ilha, ele está tão atormentado com sua própria destituição que parece insensível à destituição dos outros. Seu comportamento exibe as marcas mais sombrias do empreendimento colonial. Acredito que Próspero renuncia à sua magia porque percebe seus efeitos degradantes.

Ao longo da peça, Ariel é o principal agente mágico de Próspero. Preso dentro de um pinheiro durante doze anos pela mãe de Calibã, Sicorax, Ariel é libertado por Próspero de seu confinamento em troca de um período como aprendiz. No primeiro ato, Ariel faz referência a uma modificação desse acordo: "Prometeste abater-me um ano inteiro" (1.2.249-50). Próspero não desmente o acordo para reduzir o prazo de Ariel, segundo o qual Ariel já deveria estar livre. Em vez disso, irritado, ele lembra Ariel dos sofrimentos dos quais o livrou. Pior, ele o ameaça com mais: "Caso venhas de novo a murmurar, fendo um carvalho / e como cunha te comprimo dentro de seu nodoso corpo, até que / venhas ululado durante doze invernos" (1.2.194-96). A resposta de Próspero a uma reivindicação de justiça é uma declaração de poder.

O tratamento áspero que Próspero dispensa a Calibã é ainda pior. Calibã também faz uma reivindicação legal – uma reivindicação de propriedade –, insistindo que "esta ilha é minha; herdei-a de Sicorax, minha mãe" (1.2.332). Em vez disso, Próspero a trata como se fosse *terra nullius*, ou terra legalmente desocupada. Os comentaristas discutem se a suposta ilegitimidade de Calibã tê-lo-ia tornado incapaz de ser bem-sucedido. O debate é discutível. Como Calibã era o único habitante humano da ilha quando Próspero chegou, ele teria direito de posse apesar da ascendência. Assim como Antônio desalojou Próspero, Próspero desalojou Calibã. Como se lamenta Calibã: "Eu, todos os vassalos de que dispondes, / era nesse tempo meu próprio soberano. Mas agora me enchiqueirastes / nesta dura rocha e me proíbes de andar / pela ilha toda" (1.2.342-45).

Próspero retruca que ele tratou Calibã "como gente" (1.2.347) até que este procurou "desonrar / a minha filha" (1.2.347-49). Mas sua resposta não corresponde à reivindicação de Calibã. Nada indica que Próspero reconhecera a posse de Calibã sobre a ilha antes da tentativa de estupro. Além do mais, embora o crime de Calibã mereça uma punição rigorosa, essa punição não se estenderia necessariamente à destituição de Calibã do direito de propriedade da ilha, muito menos à sua escravização. A escravização é posta em prática por meio de sofrimento físico, que não é apenas uma ameaça (como no caso de Ariel), mas acontece de fato. O clima leve da peça pode impedir-nos de ver as "cãibras", "pontadas" e "picadas" (1.2.326, 327, 330) que Próspero inflige a Calibã como tortura. No momento em que Próspero solta os cachorros em cima de Calibã, devemos chamar esse gesto pelo nome.

Embora Shakespeare não idealize Calibã, ele mantém sua humanidade constantemente visível. Num certo momento, Próspero repreende severamente Calibã chamando-o de ingrato: "Então, como selvagem. Não sabias / nem mesmo o que querias; emitias apenas gorgorejos, tal como / os brutos; de palavras várias dotei-te as intenções, porque pudesses torná-las conhecidas" (1.2.356-59). Nesse caso, Próspero nada mais faz do que constatar que ele não entende a linguagem de *Calibã*. Calibã replica, "A falar me ensinastes, em verdade. Minha vantagem nisso, / é ter ficado sabendo como amaldiçoar" (1.2.364-65). No entanto, Calibã é capaz de fazer muito mais do que apenas amaldiçoar. Ao consolar Estéfano e Trínculo, ele pronuncia um dos discursos mais líricos em Shakespeare:

> Não tenhas medo; esta ilha é sempre cheia de sons,
> Ruídos e agradáveis árias, que só deleitam, sem causar-nos dano.
> Muitas vezes estrondam-me aos ouvidos mil instrumentos
> de possante bulha; outras vezes são vozes,
> Que me fazem dormir de novo, embora despertado
> Tenha de um longo sono. Então, em sonhos presumo ver
> as nuvens que se afastam, mostrando seus tesouros,
> como prestes a sobre mim choverem, de tal modo que,
> ao acordar, choro porque desejo prosseguir a sonhar.
> (3.2.135-143)

"Calibã" é um anagrama imperfeito de "canibal"*, o que nos remete, mais uma vez, ao ensaio de Montaigne. Nesse discurso, o "selvagem" Calibã revela mais refinamento que Estéfano ou Trínculo, e mais eloquência que Próspero.

A única defesa concebível de Próspero pelo tratamento que ele dá a Ariel e Calibã é a necessidade. Próspero e Miranda precisam que Ariel deixe a ilha. Como ele recorda a Miranda, ambos precisam de Calibã: "Não podemos dispensá-lo. Acende-nos o fogo, / traz-nos lenha e nos presta serviços variados / de muita utilidade" (1.2.312-14). Não desculpo o uso que Próspero faz do poder para alcançar esses objetivos. Porém, no instante em que suas necessidades foram satisfeitas, falta-lhe até mesmo uma desculpa simbólica para continuar a controlá-los.

Próspero precisa renunciar à sua magia não somente por causa dos personagens da peça, mas por causa de seu público: *A tempestade* foi representada para o rei James I em 1611. Um assim chamado especialista no ocultismo, o rei James I advertiu, no livro *Daemonologie* [*Demo-*

---

* Respectivamente, em inglês, "Caliban" e "cannibal", daí o anagrama imperfeito. (N. do T.)

nologia] (1597), que homens eruditos muito frequentemente "aumentam a enganosa e duvidosa escala de curiosidade; eles são finalmente induzidos até mesmo a buscar, quando as artes ou as ciências legítimas falham em satisfazer suas mentes inquietas, aquela ciência negra e ilegítima da *Magia*"[6]. Estudiosos que seguiam a "ciência negra e ilegítima" tomavam-se por deuses, mas "seu saber, por mais que considerem que o seja, não é aumentado, exceto no conhecimento do mal, e terão por castigo os horrores do inferno, como Adão ao comer do fruto proibido".

Os contemporâneos de Shakespeare não precisavam voltar até Adão para se lembrar de como a busca do conhecimento poderia terminar na perdição. Outras histórias dessa trajetória ilegítima – algumas reais, outras fictícias – encontravam-se bem à mão. Frequentemente se diz que John Dee, *protégé* da rainha Elisabeth, representou o ponto de partida para Próspero. (Dee supostamente controlava um espírito chamado Uriel, um cognato próximo de Ariel.) Homem de imensa erudição, tornou-se obcecado pelo ocultismo nas últimas décadas da vida, vindo a morrer em 1608 desacreditado e pobre. O mais célebre personagem ficcional da época a trilhar esse caminho foi o doutor Fausto de Christopher Marlowe, que começa a peça como um doutor erudito, vende sua alma ao diabo em troca de poderes mágicos e acaba sendo mandado para o inferno. Próspero é Fausto em italiano (ambos os nomes significam "afortunado"), e o desafio de Próspero na peça é redimir seu nome de seu predecessor literário.

NO FINAL de *Dr. Fausto*, Fausto propõe queimar seus livros se os demônios pouparem-lhe a alma. Tarde demais: ele já tirou proveito de todas as vantagens que seu poder mágico proporciona. Próspero, por outro lado, renuncia a seu livro antes de explorar plenamente seu poder; diferentemente de Fausto, ele ainda pode se redimir. Talvez seja

---

[6] Rei James VI e I, *Daemonologie*, G. B. Harrison, org. (1597; San Diego, The Book Tree, 2002), p. 10.

por isso que ele inverte a imagem, propondo afogar seu livro em vez de queimá-lo:

> Vós, elfos das colinas e dos córregos, das lagoas tranquilas e dos bosques;
> e vós que rasto não deixais na areia,
> quando caçais Netuno nas vazantes, ou dele vos furtais,
> quando retorna; vós, anõezinhos brincalhões, que
> círculos, à luz do luar, traçais de ervas amargas,
> que as ovelhas recusam; e vós outros que criais por brinquedo
> os cogumelos noturnos e vos alegrais
> com o toque solene da manhã; com cujo auxílio –
> muito embora sejais mestres fraquinhos – fiz apagar-se
> o sol ao meio-dia, chamei os ventos revoltados,
> guerra suscitei atroadora entre o mar verde e
> a abóbada azulada, o ribombante trovão
> provi de fogo, o tronco altivo do carvalho de Jove
> abri ao meio, de seu próprio corisco me valendo; abalado
> deixei os promontórios de fortes alicerces, os pinheiros e cedros
> arranquei pelas raízes... Ao meu comando, os túmulos
> faziam despertar os que nele repousavam, e, abrindo-se,
>> deixavam-nos sair,
> tão forte era a minha arte. Mas abjuro, neste momento,
> da magia negra; uma vez conjurado
> mais um pouco de música celeste – o que ora faço –
> para que nos sentidos lhes atue – tal
> é o poder do encantamento aéreo – quebrarei a varinha;
> a muitas braças do solo a enterrarei,
> e em lugar fundo, jamais tocado por nenhuma sonda,
> afogarei meu livro.
> (5.1.33-57)

Esse discurso ecoa[7] um discurso feito por Medeia (o paradigma de magia negra da Antiguidade) na *Metamorfose* de Ovídio. Algumas montagens fazem que Próspero dê uma pausa após "Ao meu comando, os túmulos faziam despertar os que nele repousavam, e, abrindo-se, deixavam-nos sair", antes de dizer sussurrando "tão forte era a minha arte", como se percebessem uma vez mais a magnitude da quebra, por parte dele, das leis de Deus e da natureza. Porém, diferentemente de Medeia, Próspero não está simplesmente proclamando seu poder, mas renunciando a ele.

Ao renunciar ao seu poder mágico, Próspero segue o exemplo dos personagens mais virtuosos e agradáveis da peça. Sabemos que Ferdinando é um sujeito decente quando ele diz que se conformará em ser servo de Próspero se puder ver Miranda de sua prisão uma vez por dia: "Que me importa que em todo o vasto mundo a liberdade possa encontrar guarida? Assaz espaço terei nesta prisão" (1.2.492-94). Ferdinando dá mais valor ao amor do que ao poder. Mais adiante na peça, ele reitera essa preferência com respeito a seu pai, observando que "Por posição, Miranda, eu sou um príncipe ou, porventura, rei – antes não o fosse!" (3.1.59-61). Ferdinando preferia ser um príncipe e ter um pai a ser um rei e não tê-lo.

De modo semelhante, uma das características mais atraentes de Ariel é seu desejo de se contrair em vez de se expandir. Durante o período em que serve Próspero, ele é obrigado a ser maior do que a vida. Ele "acende o susto" (1.2.198) na coberta do navio para imitar o fogo de santelmo; ele pronuncia um veredito contra os italianos depravados na figura aterrorizante de uma harpia; ele dirige o espetáculo das deusas, representado para celebrar as núpcias iminentes de Ferdinando e Miranda. Entretanto, às portas de sua alforria, ele se imagina menor:

Como as abelhas volito
em busca do mel bendito.

---

[7] Ovídio, *Metamorphoses* (Mandelbaum), livro 7, linhas 265-77.

> Numa corola dormito,
> quando o bufo solta o grito.
> Meu cavalinho bonito –
> um morcego – sempre incito
> a ter o verão bem fito.
>
> (5.1.88-94)

Volitar como as abelhas em busca do mel, dormitar numa corola, incitar o cavalinho – morcego – para que não perca de vista o verão –, tal é a concepção de liberdade de Ariel. Nessa peça, de liberdades mutiladas e restrições poderosas, a canção de Ariel é a mais memorável expressão de liberdade por meio da constrição, como se o espírito estivesse deslizando através dos buracos de uma rede em lugar de romper suas malhas. A visão é tão sedutora que provoca um grito emocionado em Próspero: "Oh, reconheço o meu gentil Ariel. Vou sentir sua falta... / Pouco importa. Ficarás livre" (5.1.95-96).

Próspero também liberta Calibã. Quando o apresenta aos nobres italianos, ele diz "este bloco de escuridão / eu o reconheço como minha propriedade" (5.1.275-76). A palavra "reconheço" traz o sentido de um pai "reconhecendo" um filho ilegítimo, como Gloucester "corou ao reconhecer" Edmundo (*Lear*, 1.1.9), mas também o sentido de um colonizador reconhecendo uma injustiça. Se Calibã tornou-se um bloco de escuridão, Próspero participou dessa transformação.

Compreensivelmente, a renúncia do mago é carregada de tristeza. Ele espera que, ao retornar a Milão, "cada terceiro pensamento será dicado [sic] à minha sepultura" (5.1.312), agora que seus poderes tornaram-se "bem precários" (Epílogo, 3). Essa elegia sugere por que é tão difícil renunciar ao poder: ele representa uma defesa contra o medo da decadência e da morte. O reconhecimento desse fato torna a renúncia de Próspero ainda mais admirável.

A QUESTÃO LEVANTADA pel'*A tempestade* é a seguinte: será que os líderes do mundo real renunciarão voluntariamente ao poder algum dia? Nossos Pais Fundadores achavam prudente pressupor o contrário. Como James Madison escreveu em *The Federalist Papers* [*O federalista*], "se fôssemos anjos, não haveria necessidade de governo"[8]. Os homens poderiam ser diferenciados dos anjos em parte porque eles procuravam constantemente ampliar seu poder. Para manter essas ambições imperiais em xeque, não bastava confiar no autocontrole. Em vez disso, Madison argumentava que o governo precisava ser estruturado de modo que fizesse que o egoísmo anulasse o egoísmo: "É preciso fazer que a ambição neutralize a ambição." Tendo isso em mente, Madison propôs que o sistema de freios e contrapesos fosse incorporado à nossa Constituição federal.

Embora endosse o brilhantismo dessa solução, espero que ela não nos faça cair no cinismo. Às vezes, os homens podem ser anjos. O primeiro presidente a ser eleito sob a égide da nova Constituição parece ter tido um comportamento totalmente ético com relação ao poder, questionando repetidamente seu direito de exercê-lo e, repetidamente, renunciando a ele. Após vencer a Guerra Revolucionária, Washington renunciou ao posto de general e enviou sua espada ao Congresso. Como observa o biógrafo Garry Wills, nesse momento "a antiga lenda de Cincinato – o romano chamado de seu arado para salvar Roma, e que voltou ao arado quando o perigo havia passado – ressuscitou como um fato da vida política moderna"[9]. O pintor John Trumbull observou igualmente numa carta que a renúncia "provoca perplexidade e admiração nesta parte do mundo. Esta é uma conduta tão recente, tão inconcebível para o povo, que, longe de abrir mão dos poderes que possui, está disposto a provocar uma convulsão no Império para conquistar mais poderes"[10].

Claro, o general Washington foi chamado de volta à vida pública para se tornar o presidente Washington. Porém, após ocupar o

---

[8] Alexander Hamilton, James Madison e John Jay, *The Federalist*, Robert A. Ferguson, org. (1787-88; Nova York, Barnes and Noble Classics, 2006), p. 288.

[9] Garry Wills, *Cincinnatus: George Washington and the Enlightenment* (Nova York, Doubleday, 1984), p. 13.

[10] Ibid.

cargo por dois mandatos de quatro anos, ele renunciou novamente e voltou a Mount Vernon. Nas palavras do historiador constitucionalista Akhil Reed Amar, "Washington deixou um exemplo notável para seus sucessores quando, em 1796, recusou concorrer à reeleição no final de seu segundo mandato, embora a vitória fosse favas contadas"[11]. Washington estava preocupado que, se permanecesse por um período longo demais no governo, a frágil nova república ficaria parecida demais com uma monarquia. Os presidentes posteriores seguiram suas sugestões. O presidente Jefferson invocou "o precedente correto estabelecido por um ilustre antecessor"[12] para se recusar a concorrer por um terceiro mandato. Madison e Monroe seguiram o exemplo. Dessa forma, observa Amar, "nasceu uma tradição"[13]. Somente quando Franklin Delano Roosevelt quebrou a tradição dos oito anos é que o Congresso teve de propor a Vigésima Segunda Emenda, ratificada em 1951, que impede o presidente de ser eleito mais de duas vezes para o cargo. Foi um momento madisoniano clássico – como o egoísmo de Roosevelt havia vencido seu autocontrole, o egoísmo dos outros tinha de se contrapor a ele.

Quem é nosso Cincinato, nosso Próspero, nosso Washington hoje? Desafortunadamente, nenhuma figura comparável me vem à mente. Dada a condição de alegoria colonialista que *A tempestade* ostenta, perguntei a meus colegas dos estudos pós-coloniais se eles são capazes de citar um exemplo em que o colonizador tenha cedido voluntariamente o controle de uma colônia sem estar pressionado por uma guerra de independência ou pelas exigências de um tratado. A resposta foi um sonoro "não". Voltando às questões domésticas: como hoje as limitações constitucionais restringem a ambição presidencial, não é preciso autocontrole. No entanto, quando tais limitações não existem, tenho enorme dificuldade de encontrar renúncias verdadeira-

---

[11] Akhil Reed Amar, *America's Constitution: A Biography* (Nova York, Random House, 2006), p. 146.
[12] Ibid.
[13] Ibid.

mente altruístas. Vivemos numa época em que "estou renunciando para poder passar mais tempo com a família" é um eufemismo para "estou me antecipando ao escândalo que me obrigará a deixar o governo".

Talvez eu esteja sendo severo demais com a humanidade. É preciso coragem para descer do pináculo da própria profissão; Próspero nos mostra o medo da impotência e da morte que acompanha aqueles que o fazem. É claro que essa dinâmica não se restringe à política, mas se estende a todas as profissões. E, com isso, nos voltamos finalmente para o próprio Shakespeare.

APESAR DAS INÚMERAS reações em contrário, permanece a crença de que Próspero representa uma encarnação de seu criador. O ponto crucial da identificação é que Próspero dá uma série de declarações célebres de despedida naquela que é considerada por grande número de pessoas a última peça que o dramaturgo escreveu sozinho. Os críticos chamam a atenção para o fato de que Shakespeare certamente escreveu peças em coautoria (e, possivelmente, sozinho) após *A tempestade*. Mas é possível despedir-se antes de partir. Na verdade, caso se queira compor uma sinfonia de despedida, a prudência manda não morrer antes de concluí-la.

Ao longo da peça, a palavra que representa magia é "arte". O Primeiro Fólio* pôs a palavra em maiúscula para enfatizar seu significado específico de "arte mágica". Endosso a decisão tomada pela maioria dos editores que se seguiram de restabelecer a minúscula "a", porque a ambiguidade que ela cria é produtiva e, pode-se dizer, proposital. Nesse período histórico, a palavra "arte" estava adquirindo o sentido moderno mais amplo de "humanidades" e de "estética".

N'*A tempestade*, a arte mágica e a arte estética são distintas e relacionadas. Por um lado, a magia de Próspero é muito mais poderosa

---

* Conjunto de comédias, dramas históricos e tragédias de Shakespeare publicados em 1623. (N. do T.)

que qualquer empreendimento estético. O poder de Próspero permite que ele provoque a tempestade e (segundo ele) ressuscite os mortos. Por outro lado, grande parte da magia de Próspero encontra-se na capacidade de criar ilusões – como ele diz a Miranda, a tempestade não era uma tempestade "de verdade", e sim um *facsimile* convincente. Ele desenvolve esse argumento com Ferdinando:

> Nossos festejos terminaram. Como vos preveni,
> eram espíritos todos esses atores;
> dissiparam-se no ar, sim, no ar impalpável.
> E tal como o grosseiro substrato desta vista,
> as torres que se elevam para as nuvens, os palácios altivos,
> as igrejas majestosas, o próprio globo imenso,
> com tudo o que contém, hão de sumir-se,
> como se deu com essa visão tênue,
> sem deixarem vestígio. Somos feitos
> da matéria dos sonhos; nossa vida pequenina
> é cercada pelo sono.
> (4.1.148-58)

Essa característica da magia de Próspero é uma das muitas áreas em que a magia se transforma em estética, o mago no dramaturgo e Próspero em Shakespeare.

A tempestade pode ser interpretada como a despedida de Shakespeare em aspectos que vão além dos célebres discursos de Próspero no quinto ato. Uma quantidade extraordinária de outras peças de Shakespeare clama ao seu redor. Do mesmo modo que Próspero precisa evitar que seu final feliz se veja ameaçado, assim também Shakespeare precisa impedir que suas primeiras tragédias se intrometam em sua atmosfera romântica. O regicídio em Macbeth deve ser evitado; a traição fraterna em *Hamlet* precisa ser contida; e as mortes de pai e filha em *Lear* devem ser reescritas.

Após realizar essa façanha, no entanto, Shakespeare está pronto para destruir seu próprio suporte. O que faz dele um autor fora do comum é o fato de ter realmente parado de escrever antes de morrer, retirando-se de Londres para Stratford. Por causa da preponderância de filhas nas histórias de amor, Stephen Greenblatt especula[14] que Shakespeare parou de escrever para ficar com a filha Suzanna. Yeats disse que "o intelecto do homem é obrigado a escolher entre / a perfeição da vida e a perfeição do trabalho"[15], e talvez Shakespeare, como Próspero, soubesse que a vida de escritor o afastaria de outras formas de vida.

Embora se trate de uma especulação, não há dúvida de que Shakespeare mostrou-se surpreendentemente despreocupado quanto à preservação de sua obra. Assim como Próspero, ele estava disposto a afogar seu livro. Como diz Harold Bloom: "É como se um Freud inédito lançasse o que teria sido a *Edição Standard* no oceano do espaço e do tempo."[16] Embora Freud se imaginasse um conquistador, Shakespeare parecia relutante em se considerar até mesmo um imperialista literário. Ao mesmo tempo, o contraste entre o livro afogado e o livro queimado do *Dr. Fausto* não nos deve iludir. *A tempestade* nos ensina que tudo o que é lançado ao mar volta transformado em "algo valioso e singular".

Foi somente em 1623, sete anos após a morte de Shakespeare, que os atores John Heminges e Henry Condell apresentaram o Primeiro Fólio da obra de Shakespeare. A primeira peça do Primeiro Fólio é *A tempestade*. É importante que o projeto de recuperar a obra de Shakespeare – seu livro – tenha começado com essa peça sobre o processo de criação. O Fólio, cuja publicação consolidou e ratificou o império literário de Shakespeare, cumpriu a promessa de que o livro afogado seria recuperado.

Em seus sonetos, que *foram* publicados enquanto ele estava vivo, Shakespeare revela uma extraordinária confiança ao reivindicar seu

---

[14] Stephen Greenblatt, *Will in the World: How Shakespeare Became Shakespeare* (Nova York, w.w. Norton, 2004), pp. 389-90.
[15] William Butler Yeats, "The Choice", em *The Yeats Reader*, Richard J. Finnerman, org. (Nova York, Scribner, 1997), p. 102.
[16] Harold Bloom, *Shakespeare: the Invention of the Human* (Nova York, Riverhead, 1998), p. 671.

direito à imortalidade junto às futuras gerações de leitores. "Nem o mármore nem os áureos mausoléus / de reis", diz ele no Soneto 55, "hão de durar mais que meu verso ardente." De maneira ainda mais célebre, ele termina o Soneto 18 com a parelha de versos "Enquanto os homens respirarem, ou os olhos enxergarem, / há de viver meu verso, e isto te dará vida." No momento em que lemos essas linhas, percebemos que fomos convocados a manter viva a obra de Shakespeare. Os homens e mulheres que respiram somos nós, e são nossos os olhos que veem. Shakespeare nos obriga a dar continuidade à sua obra e a seu nome.

O epílogo de *A tempestade* é consideravelmente mais vago, conferindo ao público ou ao leitor um grau de intervenção maior no que diz respeito à manutenção ou à perda de confiança em seu autor:

> Meu encanto terminado,
> reduzi-me ao próprio estado,
> que é bem precário, em verdade.
> Agora, vossa vontade
> aqui poderá deixar-me
> ou a Nápoles enviar-me.
> Mas é certo que alcancei
> meu ducado e já perdoei
> quem mo roubara. Por isso,
> não queira vosso feitiço
> que eu nesta ilha permaneça
> tão estéril e revessa,
> mas dos encantos malsãos,
> livrai-me com vossas mãos.
> Vosso hálito deve inflar
> minhas velas pelo mar;
> caso contrário, meu plano
> de agradar será vesano,
> pois de todo ora careço

da arte negra de alto preço,
que os espíritos fazia
surgir de noite ou de dia.
Restou-me o temor escuro;
por isso, o auxílio procuro
de vossa prece que assalta
te mesmo a graça mais alta,
apagando facilmente
as faltas de toda gente.
Como quereis ser perdoados
de todos vossos pecados,
permiti que sem violência
me solte vossa indulgência.
(Epílogo, 1-20)

A poesia, nesse caso, é mais vulgar, menos imbuída da característica presente nos sonetos, nos quais cada verso faz que o seguinte pareça inevitável. A simplicidade dessa poesia pode ser compreendida como uma dádiva do livre-arbítrio; tanto no estilo como no conteúdo, os versos expressam um pedido, não uma ordem. Próspero/Shakespeare, que por tanto tempo nos controlou, permite que façamos um julgamento final.

Estamos cientes de como decidimos. O alcance de *A tempestade*, como o alcance da obra de Shakespeare, não é apenas global, é planetário. Quando, em meados do século XIX, teve início a atribuição de nomes aos corpos celestes, os astrônomos decidiram deixar de lado o tradicional hábito de nomear as luas a partir dos personagens da mitologia greco-romana. Como Urano fosse desconhecido dos antigos, pareceu mais adequado atribuir nomes modernos a suas luas. Vinte e cinco das vinte e sete luas de Urano têm seus nomes retirados dos personagens de Shakespeare. Dez desses nomes vêm d'*A tempestade*, como convém a uma peça que trata dos admiráveis mundos novos que flutuam em nosso horizonte.

A relutância de Shakespeare em decidir talvez seja a chave da autoridade legítima. Se o livro estava destinado a sobreviver, outros irão retirá-lo do mar, outros vão lê-lo e apreciá-lo, outros irão defender o reino do consentimento em lugar do reino da força, da arte em lugar da lei. As peças estão disponíveis para que façamos uso delas ou as descartemos, por meio de um processo que só pode ser descrito como democrático. Não somos forçados, e sim persuadidos, um a um.

O último significado esquecido de "tempestade" vem da arte da alquimia – é a fervura no alambique que transforma as impurezas em ouro. Sabemos que isso não pode acontecer; no entanto, o simples fato de pensar nessa transformação nos transforma. Que Shakespeare tenha escrito essa peça transformadora e revigorante, tal é o seu triunfo; que ele a tenha lançado às águas, sua esperança. Que a tenhamos mantido à superfície, tal é nossa contribuição ao processo por meio do qual transformamos e preservamos a arte, e permitimos que ela nos transforme e nos preserve.

Epílogo

Senhor Bassânio, assim como me vedes neste momento,
eu sou. Para mim própria
não seria ambiciosa em meus desejos
de querer ser muito melhor em tudo. Mas triplicar
quisera vinte vezes, para vós, o que sou,
ser mais famosa mil vezes.
(*O mercador de Veneza*, 3.2.149-54)

PÓRCIA DIZ ESSES VERSOS EM *O MERCADOR DE VENEZA* LOGO depois de se unir a seu amante, Bassânio. Embora eu tenha encarado sua participação naquela peça com ceticismo, penso que tais versos captam algo de extraordinário sobre ela e sobre nós. É nosso desejo, especialmente quando ingressamos numa comunhão de amor, nos tornarmos pessoas melhores do que somos.

Gostaria de concentrar-me no desejo de Pórcia de ser "mais justa mil vezes", por causa do duplo significado da palavra "fair"*. Lembro que, quando eu era jovem, me perguntaram qual o sentido da vida, e que eu respondi sem pensar: "beleza e justiça". Isso foi antes de ter

---

* "Fair" = justo e belo. (N. do T.)

definido minha carreira; muitas das minhas escolhas na vida ainda estavam por ser feitas. Embora, se pudesse, voltaria e completaria a lista – acho interessante, por exemplo, que "amor" não fizesse parte dela –, mantenho os dois termos originais.

A relação entre beleza e justiça tem sido discutida há milênios. Alguns acreditam numa relação inata entre elas. Aristóteles, por exemplo[1], caracterizou a justiça como um cubo perfeito. E, como nos lembra a crítica literária contemporânea Elaine Scarry[2], o sentido de justiça da palavra "fair" deriva do sentido de beleza da palavra "fair". Outros, em comparação, acreditam que beleza e justiça são bens que concorrem entre si. Platão baniu o poeta da cidade[3] porque ele nos distrai da justiça. O cético contemporâneo Terry Eagleton[4] chama a atenção para o fato de que muitos guardas dos campos de concentração nazistas traziam uma cópia de Goethe no bolso de trás. Nesse ponto, quem acreditava que a literatura levava inexoravelmente ao aperfeiçoamento moral "precisava dar algumas explicações".

Quanto a mim, tenho outro ponto de vista, diferente dos anteriores. Embora não acredite que exista alguma relação inata entre beleza e justiça, penso que podemos inventar essa relação. Sir Philip Sidney, contemporâneo de Shakespeare, entendeu isso direito ao afirmar que o dever do poeta era criar "uma imagem expressiva – com esse objetivo, ensinar e deleitar"[5]. O poeta, dizia ele, não deveria apresentar "definições obscuras". Em vez disso, ele deveria apresentar "palavras dispostas numa agradável simetria... com uma história que fizesse as crianças abandonar os brinquedos, e os velhos, o aconchego da la-

---

[1] Aristóteles, *Ética nicomaqueia*.

[2] Elaine Scarry, *On Beauty and Being Just* (Princeton, Princeton University Press, 1999), pp. 91-2.

[3] Platão, *The Republic of Plato*, Allan Bloom, org. e trad. (Nova York, Basic, 1991), p. 397a-b.

[4] Terry Eagleton, *Literary Theory: an Introduction* (Mineápolis, University of Minnesota Press, 2008), p. 30.

[5] Sir Philip Sidney, *An Apology for Poetry*, Geoffrey Shepherd, org. (Manchester, Manchester University Press, 1973), p. 101.

reira"[6]. Mas Sidney não acreditava na arte pela arte. Em algum momento o poeta, "não mais fingindo", tinha de revelar sua verdadeira intenção – "resgatar a mente da maldade e conduzi-la à virtude"[7].

Ainda me admiro da capacidade que Shakespeare tem de fazer as crianças abandonarem os brinquedos e os velhos deixarem o aconchego da lareira. Espanta-me que obras de tamanha complexidade possam, não obstante, ser simples. Nenhum outro texto, com exceção da Bíblia, pode reivindicar tal coisa. O amor ilimitado que sentimos por Shakespeare é um sinal auspicioso da força com que o impulso na direção da beleza existe entre nós.

Que melhor uso podemos fazer do encantamento de Shakespeare senão deixar que ele nos arraste na direção da justiça? Embora grande parte daquilo que hoje passa por arte seja insípida, o mesmo se poderia dizer daquilo que passa por justiça. Este livro aspira a transcender a confusão de nossa política cotidiana e encontrar um registro mais profundo. Pois eu acredito que ansiamos por isso também.

Façamos uma pausa, então, para sermos gratos, não apenas a Shakespeare, mas à nossa própria natureza. Poderia ter sido diferente. Poderíamos não ter tido nenhuma aspiração mais elevada em nenhum dos dois sentidos. Em vez disso, creio que cada um de nós tem o desejo de ser mil vezes mais belo e mil vezes mais justo. Esse é o chamado da justiça e da beleza. Somos humanos porque o ouvimos.

---

[6] Ibid., p. 113.
[7] Ibid.

Agradecimentos

Começando pelo começo, gostaria de agradecer a David Weber, professor de Inglês na Academia Phillips Exeter. Quando meus colegas de classe e eu éramos adolescentes, David anexava comentários datilografados a textos escritos a mão. Essa ajuda, que inspirava confiança, estendeu-se à meia-idade: David enviou comentários detalhados para cada capítulo do livro. Espero que ele tenha percebido algum progresso ao longo das décadas em que tem me ensinado.

Tendo me especializado em Inglês na Universidade de Harvard, tive a experiência maravilhosa de assistir, durante um ano, ao curso de introdução a Shakespeare ministrado por Marjorie Garber. Também tive o privilégio de ser aluno de Seamus Heaney e Helen Vendler; não consigo imaginar guias melhores para percorrer as encostas do Monte Parnasso. Relembro com reverência esses quatro anos de completa imersão na literatura.

Quando me matriculei na Faculdade de Direito de Yale, pensei que estava deixando as ciências humanas para trás. Saí de lá quinze anos depois como professor catedrático, com a convicção de que o Direito era *uma* das ciências humanas. Agradeço àqueles que, por vezes, foram meus professores, e agora são meus colegas, por revelar essa verdade: Bruce Ackerman, Akhil Reed Amar, Ian Ayres, Jack Balkin, Peter

Brooks, Bo Burt, Guido Calabresi, William Eskridge, Owen Fiss, Paul Gewirtz, Paul Kahn, Harold Hongju Koh, Anthony Kronman, Robert Post, Carol Rose, Jed Rubenfeld, Peter Schuck e Reva Siegel. Agradeço também àqueles que me ensinaram como colegas: Anne Alstott, Richard Brooks, Amy Chua, Heather Gerken, Oona Hathaway, Christine Jolls, Daniel Markovits, Judith Resnik, Vicki Schultz, Scott Shapiro e John Witt.

A Faculdade de Direito da Universidade de Nova York acolheu-me de uma maneira que superou as mais otimistas expectativas. O reitor Richard Revesz apoiou todos os meus esforços sem restrição. Entre meus outros colegas dessa universidade, Carol Gilligan merece um crédito especial por ter permitido que eu ministrasse, juntamente com ela, um seminário de recepção aos calouros que ela intitulou de Amor e Direito nas Peças de Shakespeare, em que este livro tomou forma pela primeira vez. Também tirei proveito de comentários verbais e escritos feitos por Amy Adler, Rachel Barkow, Oren Bar-Gill, Barton Beebe, Cynthia Estlund, David Golove, Ryan Goodman, Stephen Holmes, Deborah Malamud, Troy McKenzie, Robert Rabin, David Richards, Catherine Sharkey e Jeremy Waldron. Agradeço imensamente ao Fundo de Pesquisa Filomen D'Agostino e Max E. Greenberg pelo apoio material.

No outono de 2009 testei uma série de ideias deste livro numa classe composta por alunos extraordinários. No final de nossa última aula, prometi que agradeceria a cada um deles no final do livro. E assim o faço, com imenso respeito: Liran Avisar, Matthew Carhart, Avinoam Erdfarb, Adair Iacono, Joshua Kass, Kibum Kim, Summer Lacey, Matthew Lafargue, Christian Lang, Angela Libby, Silas Lum, Andrew Lutes, James Moody, Elizabeth Morris, Ranadeb Mukherjee, Dale Park, Michael Ray, Anne Redcross, Mark Rizik, Yoshinori Sasao, Tania Schrag, Matthias Swonger, Friedrich von Schoenfeld, Katrina Voorhees e Jeffrey Wren. Seis alunos também contribuíram com um apoio à pesquisa de primeira: Graham Ballou, Noam Biale, Emma Dunlop, Ari Lazarus, Angela Libby e Edward Lintz.

Este projeto recebeu um apoio administrativo sem precedentes. Minha assistente Rachel Jones, ela própria uma grande admiradora de Shakespeare, ajudou-me a seguir em frente de inúmeras maneiras. A bibliotecária Annmarie Zell demonstrou uma eficiência tão incansável que fiquei com pena das pobres fontes que tentaram lhe escapar. Tive de trabalhar bastante para não ficar para trás das duas.

Considerando as comunidades acadêmicas mais abrangentes nas quais eu trabalho, agradeço a participantes e colegas dos seguintes foros e instituições: Encontro Anual da Associação Americana das Faculdades de Direito, Universidade de Chicago, Faculdade de Direito Cleveland-Marshall, Universidade de Hong Kong, Encontros Anuais de 2008 e 2009 da Associação Shakespeare da América, Universidade de Princeton e Universidade de Waseda. Por meio desses e de outros canais, recebi comentários valiosos de Anthony Appiah, Oliver Arnold, David Bevington, Harold Bloom, Anne Cheng, Bradin Cormack, Larry Danson, Elizabeth Emens, Henry Finder, Stephen Greenblatt, Elaine Ho, Martha Minow, Tetsu Motoyama, Martha Nussbaum, Richard Posner, Paul Raffield, Matthew Smith, Richard Strier e Marco Wan. Um agradecimento especial para Bernadette Meyler por seu entusiasmo e por suas opiniões inteligentes.

Embora inúmeros amigos e familiares não estivessem ligados profissionalmente ao trabalho, eles fizeram mais do que sou capaz de expressar para me ajudar a concluí-lo: Bob Alsdorf, Matt Alsdorf, Sarah Alsdorf, Mary Ruth Bond, Ina Bort, Jessica Bulman-Pozen, Anne Calabresi, Bill Chinn, Sara Chinn, Kim Depole, Ariela Dubler, Christy Fisher, Adam Freed, Jesse Furman, Lee James, Aly Kassam-Remtulla, Michael Kavey, Emily Koh, Susan Lewis, Joseph Loy, Alison MacKeen, Jay Michaelson, Julie Nestingen, David Pozen, Tom Pulham, Paul Smith, Donna Stoneham, Chiyoko Yoshino, Kaye Yoshino e Michael Yoshino.

Recebi, na Ecco, um enorme apoio em todo o processo, começando com David Halpern. Quanto à parte editorial, Virginia Smith apostou no escuro e Matt Weiland foi quem cuidou, por meio de comentários sinceros, para que o projeto ficasse pronto. Toda a equipe da Ecco – incluindo Rachel Bressler, Suet Yee Chong, Rachel Elinsky, Michael McKenzie, Allison Salzman, Rebecca Urbelis e Nancy Tan – merece o respeito do mundo editorial. Por sua insondável sabedoria, agradeço a Betsy Lerner, minha agente de longa data.

Minha maior dívida profissional é com Robert Ferguson. Decano americano do Direito e da Literatura, ele foi o principal interlocutor em defesa do livro. Mais importante, ele representa para mim o modelo daquilo que um acadêmico – e um ser humano – deve ser.

Quem conhece nossos cachorros sabe que não é exagero agradecer a eles. Shakespeare foi acusado de não gostar de cachorros; como ele não conheceu Billy e Chloe, não preciso modificar minha bardolatria.

Meu mais profundo agradecimento vai para meu companheiro, Ron Stoneham, a quem dediquei este livro. Parafraseando um autor que ele acabou conhecendo bem, não sei como viver e trabalhar para me equiparar à sua bondade.

Bibliografia

Edições das peças usadas

Shakespeare, William. *Antony and Cleopatra*. Org. John Wilders. Arden Shakespeare, 3º grupo. Londres: Thomson Learning, 1995.

_____. *The Comedy of Errors*. Org. R. A. Foakes. Arden Shakespeare, 2º grupo. Londres: Thomson Learning, 1962.

_____. *Hamlet*. Org. Ann Thompson e Neil Taylor. Arden Shakespeare, 3º grupo. Londres, Thomson Learning, 2006.

_____. *King Henry IV, Part 1*. Org. David Scott Kastan. Arden Shakespeare, 3º grupo. Londres, Thomson Learning, 2002.

_____. *King Henry IV, Part 2*. Org. A. R. Humphreys. Arden Shakespeare, 2º grupo. Londres, Thomson Learning, 1981.

_____. *King Henry V*. Org. T. W. Craik. Arden Shakespeare, 3º grupo. Londres: Thomson Learning, 1995.

_____. *King Henry VI, Part 2*. Org. Ronald Knowles. Arden Shakespeare, 3º grupo. Londres, Thomson Learning, 1999.

_____. *King Henry VI, Part 3*. Org. John D. Cox e Eric Rasmussen. Arden Shakespeare, 3º grupo. Londres, Thomson Learning, 2001.

_____. *King Henry VIII*. Org. Gordon McMullan. Arden Shakespeare, 3º grupo. Londres, Thomson Learning, 2000.

_____. *King Lear*. Org. R. A. Foakes. Arden Shakespeare, 3º grupo. Londres, Thomson Learning, 1997.

_____. *Macbeth*. Org. Kenneth Muir. Arden Shakespeare, 2º grupo. Londres, Thomson Learning, 1951.

_____. *Measure for Measure*. Org. J. W. Lever. Arden Shakespeare, 2º grupo. Londres, Thomson Learning, 1965.

_____. *The Merchant of Venice*. Org. John Russell Brown. Arden Shakespeare, 2º grupo. Londres, Thomson Learning, 1955.

_____. *Othello*. Org. E. A. J. Honigmann. Arden Shakespeare, 3º grupo. Londres, Thomson Learning, 1997.

_____. *Richard II*. Org. Charles R. Forker. Arden Shakespeare, 3º grupo. Londres, Thomson Learning, 2002.

_____. *Shakespeare's Sonnets*. Org. Katherine Duncan-Jones. Arden Shakespeare, 3º grupo, ed. rev. Londres, Thomson Learning, 2010.

_____. *The Tempest*. Org. Virginia Mason Vaughan e Alden T. Vaughan. Arden Shakespeare, 3º grupo. Londres, Thomson Learning, 1999.

_____. *Titus Andronicus*. Org. Jonathan Bate. Arden Shakespeare, 3º grupo. Londres, Thomson Learning, 1995.

_____. *The Winter's Tale*. Org. John Pitcher. Arden Shakespeare, 3º grupo. Londres, Thomson Learning, 2010.

Livros

Amar, Akhil Reed. *America's Constitution: a Biography*. Nova York, Random House, 2005.

Andrews, Mark Edwin. *Law versus Equity in* The Merchant of Venice. Boulder, University of Colorado Press, 1965.

Aristóteles. *The Complete Works of Aristotle: the Revised Oxford Translation*. Org. Jonathan Barnes. Princeton, Princeton University Press, 1984.

Bacon, Sir Francis. *The Essays or Counsels Moral and Civil*, 1597. Org. Brian Vickers. Oxford, Oxford University Press, 1999.

Baker, J. H. *An Introduction to English Legal History*. Oxford, Oxford University Press, 2007.

Bartlett, Robert. *Trial By Fire and Water: the Medieval Judicial Ordeal*. Oxford, Oxford University Press, 1986.

Barton, Dunbar Plunket e James Montgomery Beck. *Links between Shakespeare and the Law*. Londres, Butler and Tanner, 1929.

Blackstone, William. *Commentaries on the Laws of England.* 1765-69. Chicago, University of Chicago Press, 1979.
Bloom, Harold. *Shakespeare: the Invention of the Human.* Nova York, Riverhead, 1998.
Bonfil, Robert. *Jewish Life in Renaissance Italy.* Trad. Anthony Oldcorn. Los Angeles, University of California Press, 1994.
Bowers, Fredson Thayer. *Elisabethan Revenge Tragedy 1587-1642.* Princeton, Princeton University Press, 1967.
Bradley, A. C. *Shakespearean Tragedy*, 1904. Nova York, Barnes and Noble, 2005.
Brookhiser, Richard. *America's First Dynasty.* Nova York, Free, 2002.
Brooks, Peter. *Troubling Confessions: Speaking Guilt in Law and Literature.* Chicago, University of Chicago Press, 2001.
Browne, Sir Thomas. *Religio Medici*, em *Religio Medici and Other Writings.* 1643. Nova York, E. P. Dutton, 1951.
Browning, D. C. (org.). *The Complete Dictionary of Shakespeare Quotations.* Poole, New Orchard, 1986.
Bugliosi, Vincent. *Outrage: the Five Reasons Why O. J. Simpson Got Away with Murder.* Nova York, W. W. Norton, 1996.
Bush, George W. *A Charge to Keep.* Nova York, HarperCollins, 1999.
Cabet, Étienne. *Travels in Icaria.* Trad. Leslie Roberts. 1840. Siracusa, Syracuse University Press, 2003.
Cardozo, Benjamin N. *Law and Literature and Other Essays and Addresses.* Nova York, Harcourt, Brace, 1931.
Cochran, Johnnie L., Jr., com Tim Rutten. *Journey to Justice.* Nova York, One World, 1996.
Coleridge, Samuel Taylor. *Lectures and Notes on Shakespe[a]re and Other English Poets.* Org. T. Ashe. Londres, Bell, 1883.
Coon, Dennis e Mitterer, John. *Introduction to Psychology: Gateways to Mind and Behavior.* Belmont, Cengage Learning, 2008.
Danson, Lawrence. *The Harmonies of* The Merchant of Venice. New Haven, Yale University Press, 1978.
Dershowitz, Alan M. *Reasonable Doubts.* Nova York, Simon & Schuster, 1996.
Dimont, Max I. *Jews, God, and History.* Nova York, Mentor, 1994.

Eagleton, Terry. *Literary Theory: an Introduction.* Mineápolis, University of Minnesota Press, 2008.

_____. *William Shakespeare.* Malden, Blackwell, 1986.

Earls, Irene. *Renaissance Art: a Topical Dictionary.* Westport, Greenwood, 1987.

Einstein, Albert. *Ideas and Opinions.* 1954. Org. Carl Seelig. Trad. Sonja Bargmann. Nova York, Wing, 1988.

Eliot, T. S. *Selected Essays*, 1932. Nova York, Harcourt, Brace, 1964.

Ellis, Havelock. 1910. *The Psychology of Sex.* Filadélfia, F. A. Davis Company, 1913.

Fee, Christopher R. e Leeming, David A. *Gods, Heroes, and Kings: the Battle for Mythic Britain.* Nova York, Oxford University Press, 2001.

Forster, E.M. *Aspects of the Novel.* Orlando, Fla.: Harcourt, 1927.

Freud, Sigmund. *The Standard Edition of the Complete Psychological Works of Sigmund Freud.* Vol. 4, *The Interpretation of Dreams.* 1900. Vol. 8, *Jokes and Their Relation to the Unconscious*, 1905. Vol. 12, *The Theme of Three Caskets.* 1913. Vol. 14, *Some Character-Types Met with in Psychoanalytic Work.* 1916. Org. e trad. James Strachey. Londres, Hogarth Press, 1953-66.

Frye, Northrop. *Northrop Frye on Shakespeare.* Org. Robert Sandler. New Haven, Yale University Press, 1986.

Galanter, Marc. *Lowering the Bar: Lawyer Jokes and Legal Culture.* Madison, University of Wisconsin Press, 2005.

Garber, Marjorie. *Shakespeare After All.* Nova York, Pantheon, 2004.

_____. *Shakespeare and Modern Culture.* Nova York, Pantheon, 2008.

Gladwell, Malcolm. *The Tipping Point.* Nova York, Little, Brown, 2000.

Goethe, Johann Wolfgang von. *Wilhelm Meister's Apprenticeship.* Trad. Thomas Carlyle. Londres, Oliver & Boyd, 1824.

Graham, Winston. *The Spanish Armadas.* Nova York, Doubleday, 1972.

Greenblatt, Stephen. *Hamlet in Purgatory.* Princeton, Princeton University Press, 2001.

_____. *Learning to Curse.* Chicago, University of Chicago Press, 1991.

_____. *Will in the World: How Shakespeare Became Shakespeare.* Nova York, W. W. Norton, 2004.

Hall, Edith. *Inventing the Barbarian: Greek Self-Definition through Tragedy.* Oxford, Oxford University Press, 1991.

Hamilton, Alexander, Madison, James e Jay, John. 1787-88. *The Federalist.* Org. Robert A. Ferguson. Nova York, Barnes and Noble Classics, 2006.

Haymes, Freeman Oliver. *Outlines of Equity: a Series of Elementary Lectures.* Filadélfia, T. and J. W. Johnson, 1858.

Hazlitt, William. *Hazlitt's Criticism of Shakespeare: a Selection.* Org. R. S. White. Lewiston, Edward Mellen, 1996.

Helmholz, R. H. *The Oxford History of the Laws of England.* Oxford, Oxford University Press, 2004.

Heródoto. *The Histories.* Trad. G. C. Macaulay. Rev. completa Donald Lateiner. Nova York, Barnes and Noble, 2004.

Holden, William. *William Shakespeare: the Man Behind the Genius.* Nova York, Little, Brown, 2000.

Holmes, Oliver Wendell, Jr. *The Common Law.* 1938. Nova York, Dover, 1991.

Holmes, Stephen. *The Matador's Cape: America's Reckless Response to Terror.* Cambridge, Cambridge University Press, 2007.

Huggett, Richard. *Supernatural on Stage.* Nova York, Taplinger, 1975.

Hutson, Lorna. *The Invention of Suspicion: Law and Mimesis in Shakespeare and Renaissance Drama.* Oxford/Nova York, Oxford University Press, 2007.

Ihering, Rudolf von N. P. *The Struggle for Law* (1872).

Jacob, P. L. *The Arts in the Middle Ages and the Renaissance.* Nova York, F. Ungar, 1964.

Jacoby, Susan. *Wild Justice: the Evolution of Revenge.* Nova York, Harper and Row, 1983.

Rei James VI e I. Basilicon Doron. In *Political Writings*, 1599. Org. Johann P. Somerville. Cambridge, Cambridge University Press, 1994.

_____. *Daemonologie.* 1597. Org. G. B. Harrison. San Diego, The Book Tree, 2002.

_____. *The Political Works of James I.* Org. Charles Howard McIlwain. Cambridge, Harvard University Press, 1918.

Jones, Ernest. *Hamlet and Oedipus.* 1949. Nova York, W. W. Norton, 1976.

Joyce, James. *Ulysses.* 1925. Nova York, Random House, 1986.

Kahn, Paul. *Law and Love: the Trials of King Lear.* New Haven, Yale University Press, 2000.

Kantorowicz, Ernst. *The King's Two Bodies: a Study in Mediaeval Political Theology.* Princeton, Princeton University Press, 1957.

Kelly, Henry Ansgar. *The Matrimonial Trials of Henry VIII.* Palo Alto, Stanford University Press, 1976.

Kerferd, G. B. *The Sophistic Movement*. Cambridge, Cambridge University Press, 1981.

Knight, G. Wilson. *The Wheel of Fire*. 1930. Nova York, Routledge Classics, 2001.

Korda, Natasha. *Shakespeare's Domestic Economies: Gender and Property in Early Modern England*. Filadélfia, University of Pennsylvania Press, 2006.

Kornstein, Daniel J. *Kill All the Lawyers?: Shakespeare's Legal Appeal*. Lincoln, University of Nebraska Press, 2005.

Kushner, Harold. *When Bad Things Happen to Good People*. Nova York, Random House, 1981.

Langbein, John H. *Torture and the Law of Proof: Europe and England in the Ancien Régime*. 1976. Chicago, University of Chicago Press, 2006.

Langbein, John H., Lerner, Renée Lettow e Smith, Bruce P. *History of the Common Law: the Development of Anglo-American Legal Institutions*. Nova York, Aspen, 2009.

Levy, Leonard W. *The Palladium of Justice: Origins of Trial by Jury*. Chicago, Ivan Dee, 1999.

Mack, Maynard. *Everybody's Shakespeare*. Lincoln, University of Nebraska Press, 1993.

Maquiavel, Nicolau. *The Prince*. 1515. Org. Quentin Skinner e Russell Price. Cambridge, Cambridge University Press, 1988.

Meron, Theodor. *Henry's Wars and Shakespeare's Laws: Perspectives on the Law of War in the Later Middle Ages*. Nova York, Oxford University Press, 1993.

Miller, William Ian. *Bloodtaking and Peacemaking: Feud, Law, and Society in Saga Iceland*. Chicago, University of Chicago Press, 1990.

Milton, John. *Paradise Lost*. 1667. Org. David Scott Kastan. Indianápolis, Hacket, 2005.

Montaigne, Michel de. *The Essays of Montaigne*. 1580. Trad. M. A. Screech. Londres, Penguin, 1991.

Morus, Sir Thomas. *Utopia*. 1516. Trad. Clarence H. Miller. New Haven, Yale University Press, 2001.

Nietzsche, Friedrich. *The Birth of Tragedy*. 1871. Stilwell, Digireads, 2007.

Nuttall, A. D. *Shakespeare the Thinker*. New Haven, Yale University Press, 2007.

O'Brien, Michael. *John F. Kennedy*. Nova York, St. Martin's, 2005.

Ovídio. *The Metamorphoses*. Org. e trad. Allen Mandelbaum. Nova York, Harcourt, 1993.

Platão. *The Republic of Plato*. Org. e trad. Allan Bloom. Nova York, Basic, 1991.
Posner, Richard A. *Law and Literature: a Misunderstood Relation*. Cambridge, Harvard University Press, 1988.
_____. *Law and Literature*. Ed. rev. Cambridge, Harvard University Press, 2002.
_____. *Law and Literature*. 3ª ed. Cambridge, Harvard University Press, 2009.
Rymer, Thomas. *A Short View of Tragedy*. Reprod. em *Othello: a Sourcebook*. Org. Andrew Hadfield. Nova York, Routledge, 2003.
Scarry, Elaine. *On Beauty and Being Just*. Princeton, Princeton University Press, 1999.
Schiller, Lawrence e James Willwerth, James. *American Tragedy: the Uncensored Story of the Simpson Case*. Nova York, Random House, 1996.
Sêneca. *Thyestes*. Trad. Jasper Heywood. Org. Joost Daalder. Nova York, W. W. Norton, 1982.
Shapiro, Barbara. *A Culture of Fact: England, 1550-1720*. Ithaca, Cornell University Press, 2000.
Sidney, Sir Philip. *An Aphology for Poetry*. Org. Geoffrey Sheperd. Manchester, Manchester University Press, 1973.
Skinner, B. F. *Walden Two*. Indianápolis, Hackett, 1948.
Sófocles. *Antigone*. Em *Antigone; Oedipus the King; Electra*. Org. Edith Hall. Trad. Humphrey Davy Findley Kitto. Oxford, Oxford University Press, 1998.
Sokol, B. J. e Sokol, Mary. *Shakespeare, Law, and Marriage*. Cambridge, Cambridge University Press, 2003.
Sontag, Susan. *Illness as Metaphor*. Nova York, Farrar, Straus and Giroux, 1978.
The Starr Report: The Findings of Independent Counsel Kenneth W. Starr on President Clinton and the Lewinsky Affair. Nova York, Public Affairs, 1998.
Stewart, Alan. *The Cradle King: The Life of James V & I, The First Monarch of a United Great Britain*. Nova York, St. Martin's Press, 2007.
Stone, Lawrence. *The Crisis of the Aristocracy 1558-1641*. Oxford, Clarendon Press, 1965.
Stretton, Tim. *Women Waging War in Elizabethan England*. Cambridge, Cambridge University Press, 1998.

Toobin, Jeffrey. *The Run of His Life: the People v. O. J. Simpson*. Nova York, Random House, 1996.
Weber, Max. *The Vocation Lectures*. Trad. Rodney Livingstone. Org. David Owen e Tracy B. Strong. Indianápolis, Hackett, 2004.
Weisberg, Jacob. *George W. Bushisms: the Slate Book of Accidental Wit and Wisdom of Our 43rd President*. Nova York, Fireside, 2001.
White, Edward J. *Commentaries on the Law in Shakespeare*. St. Louis, F. H. Thomas Law Books, 1913.
Whitman, James Q. *Origins of Reasonable Doubt*. New Haven, Yale University Press, 2007.
Wills, Garry. *Cincinnatus: George Washington and the Enlightenment*. Nova York, Doubleday, 1984.
Woodward, Bob. *State of Denial*. Nova York, Simon & Schuster, 2006.
Yeats, William Butler. *The Yeats Reader*. Nova York, Scribner, 1997.

Artigos acadêmicos

Altus, Deborah E. e Morris, Edward K. "B. F. Skinner's Utopian Vision: Behind and Beyond Walden Two." *Contemporary Justice Review* 267 (2004), p. 272.
Bate, Jonathan. "Introduction." Em *The Most Lamentable Romaine Tragedie of Titus Andronicus*, de William Shakespeare. Org. Jonathan Bate. Londres, Arden Shakespeare, 2006.
Beran, Michael Knox. "Lincoln, *Macbeth*, and the Moral Imagination." *Humanitas* 2, n. 2 (1998), pp. 4-21.
Berger, Harry Jr. "Marriage and Mercifixion in *The Merchant of Venice*: the Casket Scene Revisited." *Shakespeare Quarterly* 32, n. 2 (1981), pp. 155-62.
Bevington, David. "Shakespeare's Sources." Em: *Macbeth*, de William Shakespeare. Org. David Bevington. Nova York, Random House, 1988.
_____. "Shakespeare's Sources." In *King Lear*, by William Shakespeare – Org. David Bevington. Nova York, Bantam Books, 1988.
Boswell, Jackson Campbell. "Shylock's Turquoise Ring." *Shakespeare Quarterly* 14, n. 4 (1963), pp. 481-3.
Burton, J. Anthony. "An Unrecognized Theme in *Hamlet*: Lost Inheritance and Claudius's Marriage to Gertrude." *The Shakespeare Newsletter* 50 (2000-2001).

Butler, Paul. "Racially Based Jury Nullification: Black Power in the Criminal Justice System." *Yale Law Journal* 105 (1995), pp. 677-725.

Cole, Simon A. e Dioso-Villa, Rachel. "Investigating the '*CSI* Effect' Effect: Media and Litigation Crisis in Criminal Law." *Stanford Law Review* 61 (2009), pp. 1.335-73.

Cover, Robert M. "Nomos and Narrative." *Harvard Law Review* 97 (1983), pp. 4-68.

Dershowitz, Alan M. "Life is Not a Dramatic Narrative." Em: *Law's Stories: Narrative and Rhetoric in the Law.* Org. Peter Brooks e Paul Gewirtz. New Haven, Yale University Press (1996), pp. 99-105.

Dolven, Jeff. "Spencer's Sense of Poetic Justice." *Raritan* 21, n. 1 (2001), pp. 127-40.

Egan, Gabriel. "The Early Seventeenth – Century Origin of the Macbeth Superstition." *Notes and Queries* 49 (2002): pp. 236-37.

Elon, Menachem. "Law, Truth, and Peace: the Three Pillars of the World." *New York University Journal of International Law Politics* 29 (1996), pp. 439-72.

Elster, Jon. "Norms of Revenge." *Ethics* 100 (1990), pp. 862-85.

Finnis, John. "Natural Law." Em *Routledge Encyclopedia of Philosophy*, vol. 6. Org. Edward Craig. Londres, Routledge, 1998, p. 685.

Fish, Morris, J. "An Eye for an Eye: Proportionality as a Moral Principle of Punishment." *Oxford Journal of Legal Studies* 28 (2008), p. 57-71.

Fisher, George. "The Jury's Rise as Lie Detector." *Yale Law Journal* 107 (1997), pp. 575-713.

_____. "The O. J. Simpson Corpus." *Stanford Law Review* 49 (1996-97), pp. 973-1.019.

Frye, Northrop. "Varieties of Literary Utopias." Em: *Utopias and Utopian Thought.* Org. Frank E. Manuel. Boston, Beacon, 1965, pp. 25-49.

Gohn, Jack Benoit. "*Richard II*: Shakespeare's Legal Brief on the Royal Prerogative and the Succession to the Throne." *Georgetown Law Journal* 70 (1982), pp. 943-73.

Greenblatt, Stephen. "Invisible Bullets." Em *Political Shakespeare: Essays in Cultural Materialism.* Org. Jonathan Dollimore e Alan Sinfield. Manchester, Manchester University Press, 1994, pp. 18-47.

Henderson, Edith G. "Relief from Bonds in the English Chancery: Mid--Sixteenth Century." *American Journal of Legal History* 18, n. 4 (1974), pp. 298-306.

Hughes, Alan. "Introduction." Em: *Titus Andronicus*, de William Shakespeare. Org. Alan Hughes. Nova York, Cambridge University Press, 2006.

Kastan, David Scott. "Introduction." Em *The First Part of King Henry the Fourth*, de William Shakespeare. Org. David Scott Kastan. Londres, Arden Shakespeare, 2007, pp. 1-131.

Kerr, Margaret H., Forsyth, Richard D. e Plyley, Michael J. "Cold Water and Hot Iron: Trial by Ordeal in England." *Journal of Interdisciplinary History* 22, n. 4 (1992), pp. 573-95.

Kerrigan, John. "Shakespeare's Poems." Em *The Cambridge Companion to Shakespeare*. Org. Margreta De Grazia e Wells, Stanley W. Cambridge, Cambridge University Press, 2001.

Kolin, Philip C. "*Titus Andronicus* and the Critical Legacy." Em *Titus Andronicus: Critical Essays*. Org. Philip. C. Kolin. Nova York, Garland, 1995.

Lynch, Jack. "The Politics of Shakespeare, the Shakespeare of Politics." Ensaio apresentado no English Speaking Union of Monmouth County, Rumson, Nova Jersey, 17 fev. 2008.

Midgley, G. "*The Merchant of Venice*: a Reconsideration." *Essays in Criticism* 10, n. 2 (1960), pp. 119-33.

Morgan, Edmund. "The Puritans and Sex." *The New England Quarterly* 15, n. 4 (1942), pp. 591-607.

Muir, Kenneth. "Introduction." Em *Macbeth*, de William Shakespeare. Org. Kenneth Muir. Londres, Arden Shakespeare, 2005, pp. xiii-lxv.

Podlas, Kimberlianne. "'The *CSI* Effect': Exposing the Media Myth." *Fordham Intellectual Property Media and Entertainment Law Journal* 6 (2006), pp. 429-65.

Posner, Richard. "The Ethical Significance of Free Choice: a Reply to Professor West." *Harvard Law Review* 99 (1986), p. 1433.

Raffield, Paul. "'*Terras Astraea reliquit*': *Titus Andronicus* and the Loss of Justice." Em *Shakespeare and the Law*. Org. Paul Raffield e Gary Watt. Oxford, Hart, 2008, pp. 203-20.

Ravid, Benjamin. "From Yellow to Red: On the Distinguishing Head-Covering of the Jews of Venice." *Jewish History* 6, n. 1 (1992), pp. 179-210.

Rosenblatt, Jason P. "Aspects of the Incest Problem in *Hamlet*." *Shakespeare Quarterly* 29 (1978), pp. 349-64.

Shelton, Donald E., Kim, Young S. e Barak, Gregg. "A Study of Juror Expectations and Demands Concerning Scientific Evidence: Does the '*CSI*

Effect' Exist?" *Vanderbilt Journal of Entertainment and Technology* 9 (inverno de 2006), pp. 331-68.

_____. "An Indirect-Effects Model of Mediated Adjudication: the *CSI* Myth, The Tech Effect, and Metropolitan Jurors' Expectations for Scientific Evidence." *Vanderbilt Journal of Entertainment and Technology* 12 (outono de 2009), pp. 1-43.

Stevens, John Paul. "The Shakespeare Canon of Statutory Construction." *University of Pennsylvania Law Review* 140 (1992), pp. 1.372-86.

Sunderland, Edson. "Verdicts, General and Special." *Yale Law Journal* 29 (1920), pp. 253-67.

Thompson, Ann e Taylor, Neil. "Notes." Em *Hamlet*, de William Shakespeare. Org. Ann Thompson e Neil Taylor. Londres, Arden Shakespeare, 2006.

Tyler, Tom R. "Viewing *CSI* and the Threshold of Guilt: Managing Truth and Justice in Reality and Fiction." *Yale Law Journal* 115 (2006), pp. 1.050-85.

Vaughan, Virginia Mason, and Alden T. Vaughan. "Introduction." Em *The Tempest*, by William Shakespeare. Londres, Arden Shakespeare, 1999, 1-138.

Zabel, William D. "Interracial Marriage and the Law. Em *Interracialism: Black-White Intermarriage in American History, Literature and Law*. Org. Werner Sollors. Nova York, Oxford University Press, 2000, pp. 54-61.

Artigos de revistas, jornais e blogues

"9/11 By the Numbers", *New York Magazine*, 16 set. 2002. Disponível em: <http://nymag.com/news/articles/wtc/1year/numbers.htm>. Acesso em: 26 jun. 2010.

Adelman, Ken. "Not Lady Macbeth." *Washingtonian Magazine*, 1º nov. 1999, p. 58.

Althouse, Ann. "When is it Considered Socially Acceptable to Joke to a Stranger That People Like You Should All Be Dead?" Blogue de Althouse, postado em 21 dez. 2004. Disponível em: <http://althouse.blogspot.com/2004/12/when-is-it-considered-socially.html>. Acesso em 26 jun. 2010.

Associated Press. "Expert: Shrinkage, Damage In Gloves." *Seattle Times*, 15 jun. 1995.

Benedetto, Richard. "Support for Bush, Military Action Remains Firm." *USA Today*, 24 set. 2001.

Bergman, Barry. "'Who's Going to Believe Us?' Richard Clarke Faults Bush Team's Post-9/11 Policies." *U.C. Berkeley News*, 8 set. 2004. Disponível em: <http://berkeley.edu/news/media/releases/2004/09/08_clarke.shtml>. Acesso em: 26 jun. 2010.

Borger, Julian. "The Making of a Dynasty." *The Guardian* (R.U.), 31 out. 1998.

Brantley, Ben. "Howl? Nay, Express His Lighter Purpose." *New York Times*, 8 mar. 2007.

"Bush Faces New Round of Drug Questions", CNN, 20 ago. 1999. Disponível em: <http:// www.cnn.com/ALLPOLITICS/stories/1999/08/20/president.2000/bush.drug/>. Acesso em: 27 jun. 2010.

"Bush Rejects Taliban Offer To Hand Bin Laden Over", *The Guardian* (R.U.), 14 out. 2001. Disponível em: <http://www.guardian.co.uk/world/2001/oct/14/afghanistan.terrorism5>. Acesso em: 26 jun. 2010.

Declaração do Senador Obama, *Congressional Record* 151 (22 set. 2005), S10365.

Dominguez, Robert. "Summer in the City 2003: One Thing's for Certain, The Shows Go On." *New York Daily News*, 23 maio 2003.

Egan, Timothy. "The Simpson Case: the Jury: With Spotlight Shifted to Them, Some Simpson Jurors Talk Freely." *New York Times*, 5 out. 1995.

Espo, David. "White House Hopefuls Pay Tribute to King." *Seattle Times*, 6 abr. 2008.

Foote, Donna, Miller, Mark e Namuth, Tessa. "A Size Too Small." *Newsweek*, 26 jun. 1995.

Gabinete do Conselho Independente, Transcrição do Testemunho de William Jefferson Clinton, Presidente dos Estados Unidos, diante do Grande Júri Reunido em Painel para o Conselheiro Independente Kenneth Starr. 17 ago. 1998. Disponível em: <http://jurist.law.pitt.edu/transcr.htm>. Acesso em: 26 jun. 2010.

Hakim, Danny e Rashbaum, William K. "Spitzer Is Linked to Prostitution Ring." *New York Times*, 10 mar. 2008.

Hersh, Seymour M. "Torture at Abu Ghraib." *The New Yorker*, 10 maio 2004.

Holden, Stephen. "It's a Sort of Family Dinner, Your Majesty." *New York Times*, 24 dez. 1999.

Ifill, Gwen. "The 1992 Campaign: New York; Clinton Admits Experiment With Marijuana in 1960's." *New York Times*, 30 mar. 1992.

Ingrams, Richard. "Diary: Richard Ingram's Week: Trial of King Tony: His Grounds for War Are Falling Apart, So Who Will Trust Blair on the Euro?" *The Observer* (Londres), 18 maio 2003.

Kane, Paul e Cillizza, Chris. "Sen. Ensign Acknowledges an Extramarital Affair." *Washington Post*, 17 jun. 2009.

Kiely, Kathy e Biskupic, Joan. "Sotomayor's Remarks Cap Emotional Day." *USA Today*, 13 jul. 2009.

Klein, Joe. "The Return of the Hot-Button Issue." *Time*, 4 jun. 2009.

LaSalle, Mick. "Taymor's Titus Twisted and Terrific." *San Francisco Chronicle*, 28 jan. 2000.

Lipkin, Michael. "Justice Breyer Speaks on Shakespeare and Law." *Chicago Maroon*, 19 maio 2009. Disponível em: <http://www.chicagomaroon.com/2009/5/19/justice-breyer-speaks-on-shakespeare-and-law>. Acesso em: 30 jun. 2010.

Lowry, Rich. "Magnificent: This Was Not a Foggy Bottom Speech." *National Review Online*, 21 set. 2001. Disponível em: <http://old.nationalreview.com/lowry/lowryprint092101.html>. Acesso em: 30 jun. 2010.

Margolick, David. "O. J. Simpson Jury Revisits the Gloves, a Stitch at a Time." *New York Times*, 13 set. 1995.

Muskal, Michael. "Sotomayor, Senators Make Nice – For Now." *Los Angeles Times*, 3 jun. 2009.

Newstok, Scott. "'Step Aside, I'll Show Thee a President': George W as Henry V?" (2003). Disponível em: <www.poppolitics.com/archives/2003/05/George-W-as-Henry-V>.

O'Brian, John F. "Opportunity for All." New England School of Law History Project. Disponível em: <http://www.nesl.edu/historyProject/>. Acesso em: 26 jun. 2010.

"Obama's Remarks on the Resignation of Justice Souter", *New York Times*, 1º maio 2009.

"Picture Emerges of Fallujah Siege." *BBC News*, 23 abr. 2004. Disponível em: <http://news.bbc.co.uk/2/hi/middle_east/3653223.stm>. Acesso em: 27 jun. 2010.

Raasch, Chuck. "Sotomayor Speech at Center of Court Nomination." *USA Today*, 4 jun. 2009.

Rove, Karl. "'Empathy' is Code for Judicial Activism." *Wall Street Journal*, 28 maio 2009.

Savage, Charlie. "A Nominee on Display, but Not Her Views." *New York Times*, 16 jul. 2009.

Segal, David. "Macshush! Theater Superstition Warns of Double Trouble if the Name Is Spoken." *Washington Post*, 13 jun. 2006.

Sontag, Susan. "Regarding the Torture of Others." *New York Times*, 23 maio 2004.

Sotomayor, Sonia. "A Latina Judge's Voice." Discurso pronunciado no Simpósio "Dificultando a Tarefa", da Faculdade de Direito da Universidade da Califórnia em Berkeley, em 26 out. 2001.

Thompson, Bob. "The King and We: Henry V's War Cabinet." *Washington Post*, 18 maio 2004.

Vazsonyi, Balint. "From Henry V to Bush II." *Washington Times*, 12 out. 2001.

Weber, Bruce. "Umpires v. Judges." *New York Times*, 12 jul. 2009.

Weigant, Chris. "Is the Media Misinterpreting Obama's 'Empathy' Dog Whistle?" *Huffington Post*, 7 maio 2009. Disponível em: <http://www.huffingtonpost.com/chris-weigant/is-the-media-misinterpret_b_198389.html>. Acesso em: 27 jun. 2010.

Will, George F. "In 'Forgiveness Mode'." *Washington Post*, 16 set. 1998.

Causas judiciais

AT & T Corporation v. Hulteen, 129 S. Ct. 1962, 1980 (2009).
Boumediene v. Bush, 553 U.S. 723 (2008).
Dred Scott v. Sandford, 60 U.S. 393 (1857).
Hamdan v. Rumsfeld, 548 U.S. 557 (2006).
Hamdi v. Rumsfeld, 542 U.S. 507 (2004).
J. E. B. v. Alabama ex rel. T. B., 511 U.S. 127 (1994).
Krimstock v. Kelly, 306 F.3d 40 (2d Cir. 2002).
Marbury v. Madison, 5 U.S. (1 Cranch) 137, 163 (1803).
Parents Involved in Community Schools v. Seattle School Dist. No. 1, 551 U.S. 701 (2007).
Rasul v. Bush, 542 U.S. 466 (2004).

Constituições, estatutos e regulamentos

Acte Against Usurie, 13 Eliz. I, c. 8 (1571).
"Authorization for Use of Military Force Against Terrorists 2001." (P. L. 107-40), *United States Statutes at Large*, 115 Stat. 224.
Constituição dos Estados Unidos, art. III; emendas VI, VII, XIV.
Statute of Marlbridge, 52 Hen. 3, c.6 (1257).

Outras fontes legais

Closing Argument by Ms. Clark e Closing Argument by Mr. Darden em *36, Simpson (No. BA097211). Disponível em: 1995 WL 672671 (argumento final de Clark).
"Excerpts from Closing Arguments on Murder Charges Against O. J. Simpson", *New York Times*, 28 set. 1995.
Senate Committee on the Judiciary, Confirmation Hearing on the Nomination of John G. Roberts, Jr. to be Chief Justice of the United States. S. Hrg. 109-158 sess., 12-15 set. 2005.

Diversos

Acton, Lorde. Carta ao bispo Mandell, 1887.
Falwell, Jerry. Entrevista, CNN, 14 set. 2001. Disponível em: <http:// archives.cnn.com/2001/US/09/14/Falwell.apology/>.
Henry V, DVD, dir. Kenneth Branagh (1989; Hollywood: MGM, 2000).
Obama, Barack. Entrevista a Wolf Blitzer, *The Situation Room*, CNN, 8 maio 2008.
Stewart, Patrick. *Shylock: Shakespeare's Alien*. Peça teatral. Leeds, West Yorkshire Playhouse, 2002.
The Merchant of Venice, DVD, dir. Michael Radford (2004; Sony Pictures Classics, 2005).
Titus, DVD, dir. Julie Taymor (1999; Century City: 20th Century Fox, 2006).